全国高等院校企业竞争模拟大赛指定教材

# 企业管理决策模拟

## BUSINESS SIMULATION

周柏翔◎主编

王其文◎主审

化学工业出版社

·北京·

企业管理决策模拟是运用计算机技术产生模拟的经营环境，模拟参加者组成虚拟的企业，在模拟的市场环境中进行经营决策的训练，目的是培养学生在变化多端的经营环境下，面对竞争对手正确制定决策，以期达到企业的战略目标。

本书以"软件手册—分析规划—决策工具—案例分析"为主线，以熟悉规则为基础，以管理学理论为支撑，以定量分析方法和计算机软件为决策支持，以实战案例作为实证，具体而全面地介绍了 Bizsim 企业管理决策模拟的教学、培训和比赛，反映了企业管理决策模拟近年来的新成果。

本书是全国高等院校企业竞争模拟大赛指定教材，同时本书可作为高等院校管理决策模拟教学和企业培训教材，也可作为企业中、高级管理人员及相关人员的培训和自学参考书。

**图书在版编目（CIP）数据**

企业管理决策模拟/周柏翔主编. —北京：化学工业出版社，2012.8（2023.10重印）

全国高等院校企业竞争模拟大赛指定教材

ISBN 978-7-122-14825-4

Ⅰ. 企…　Ⅱ. 周…　Ⅲ. 企业管理-决策支持系统-研究　Ⅳ. F270.7

中国版本图书馆 CIP 数据核字（2012）第 158904 号

---

责任编辑：宋湘玲　　　　　　　　　　装帧设计：尹琳琳
责任校对：周梦华

---

出版发行：化学工业出版社（北京市东城区青年湖南街 13 号　邮政编码 100011）
印　　装：北京科印技术咨询服务有限公司数码印刷分部
787mm×1092mm　1/16　印张 12¾　字数 297 千字　2023 年 10 月北京第 1 版第 10 次印刷

---

购书咨询：010-64518888　　　　　　售后服务：010-64518899
网　　址：http://www.cip.com.cn
凡购买本书，如有缺损质量问题，本社销售中心负责调换。

---

定　价：39.80 元

# 愿企业管理决策模拟之树长青

本书的书名《企业管理决策模拟》明确了本书的应用范围与方法，所面对的是企业整体的管理问题，需要管理者根据经营环境和自身条件做出决策，包括生产、营销、财务、人力资源、战略等方面的决策；所采用的方法不是直接创办一个企业来管理，而是采取"模拟"的方法，利用技术手段模仿实际的企业在竞争环境里的运作。这里采用的技术手段不是沙盘，而是基于计算机与网络模拟软件 Bizsim。企业管理决策模拟有时简称为"商战模拟"。

该软件是北京大学近 30 年企业管理决策模拟教学与研究之树发出的新枝。此树之根是 1983 年北京大学经济系的张国有老师和我在 PC-1500 机上编制计算机程序。所谓的 PC 并不是后来所说的个人电脑，PC-1500 是夏普公司生产的 20cm×10cm 的大计算器，内存只有 8K，带有 BASIC 语言编程功能。我们在一起反复切磋，商量如何调整各种模拟参数，分析输出的结果是否合理，并编写了《企业竞争模拟组织大纲》，于 1983 年正式在企业管理课上使用，很受学生欢迎。

企业管理决策模拟之树并非我们独创，其思想来自西方发达国家。1979 年，在大连建立了"中国大连工业与科技管理培训中心"，以开放的心态引进西方工商管理的理论与实践。1980 年举办了第一期研修班。张国有老师代表北京大学参加了第一期的学习。研修班引进西方发达国家的全套工商管理课程，包括管理学、战略、生产、财务、会计、人事、营销、管理信息系统、计算机语言、案例分析、竞争模拟等 10 多门课程。在教学方式上令学员大开眼界的是其中的企业竞争模拟训练。半年研修结束后，张国有老师特别想把决策竞争模拟的方式移植过来，但没有软件。他就试着凭自己的记忆和理解提出设计框架，我发挥计算数学专业的特长，在 PC-1500 上用 BASIC 编制计算机程序。因为我们没有接触过美国教师带来的模拟软件内核，只是依据软件实现的功能，所以模拟的核心部分是我们俩合作创新的。可以说，北大的企业管理决策模拟之树是吸收美国模拟软件的营养而生根的。我们合作的成果"决策与竞争模拟"于 1986 年春获得北京大学科研论文一等奖。

现在的学生听到用 8K 内存的"计算机"编程会不由自主地发笑。可想而知，当初软件的功能肯定是很有限的。比如，硬件是单机的，没有网络传输。学生提交的还是纸质决策单，模拟软件只是老师处理数据的工具。所以说，当年的模拟软件可以说是一株幼苗。

北京大学企业管理决策模拟之树是在 20 世纪 90 年代成型的，那就是我和张国有老师以及北京大学计算机实验室的技术人员从 1995 年开始开发、1996 年秋在 MBA 课程中应用的"企业竞争模拟系统"（简称 BUSIMU）。当时，PC 计算机已经广泛应用，正是 486 及 586 的时代，计算机内存扩大了，也有了中文界面的平台。这次开发一方面基于 1983 年模拟软件开发的基础，另一方面是我参加了 IBM 公司管理人员的培训，使用了英文界面的模拟软件，熟悉了软件的功能，但对内核全然不知。这次企业竞争模拟软件开发有以下几个突破：① 使用中文界面；② 使用局域网络，学生和老师通过网络及时传输信息；③ 更全面、丰富的模拟内容。

北京大学企业管理决策模拟之树与时俱进，不断成长。BUSIMU 从 1997 年 5 月成果鉴定的 1.0 版，到 1998 年北京大学出版社的电子出版物 2.0 版，以后经过 2.1 版和 2.2 版，一直到 2011 年的 7.5 版，经历了近 60 个版本的更新。这些更新主要有以下五类。

① 改正软件中的差错。

② 修改软件中不合理之处。主要是对照参赛者的决策与模拟结果，看是否合乎管理学基本原理。

③ 弥补软件中的不足。通过观察学生上课和组织比赛中参赛者的行为，避免学生依靠不正当的方法取胜。

④ 丰富模拟内容。比如，一开始没有引入研发费用、工资系数，模拟情景也比较简单，后来引入了这些内容，还设计了不同难度和不同情景。

⑤ 随着计算机与通信技术的发展改进升级。比如，2005 年从局域网升级为互联网，更方便组织跨地区的比赛。

从 1996 年开始的 BUSIMU，到本教材使用的 Bizsim，北京大学企业管理决策模拟之树发出了新枝。基于 BUSIMU 模拟系统内核，蔡剑、赵文辉、颜军等开发了 Bizsim 模拟系统，界面形式和功能有多种创新。比如，在提供数据界面的同时，运用图形界面可以使软件更形象、生动。在新的先进的开发平台上，可以衍生出更多新的模拟功能。Bizsim 模拟系统在"全国高等院校企业竞争模拟大赛"、"中国青年创新大赛"和"国际青年创新大赛"中使用，获得好评。

参加全国比赛或国际性比赛得奖是很荣耀的事，所以大家会格外关心。参赛者一定会阅读此书，力求提高比赛成绩。然而，应用面更广、受益面更大的应该是上课的学生。

自从全国 MBA 教育指导委员会将《决策模拟》列为 15 门全国研讨课程以来，越来越多的商学院开设此课。但是，根据上海大学孟添 2010 年的调研发现，大约不到 70% 的 MBA 培养院校采用了模拟教学，在这个领域的应用还处在美国 20 世纪 60 年代初的水平。1957 年美国华盛顿大学就率先采用商战模拟的方式进行教学尝试，1962 年有 71% 的 AACSB 学校采用竞争模拟这样的实验教学方式（Dale & Klasson，1962），到 1967 年这一比例就达到 90% 以上（Graham & Gray，1969；Day，1968）[1]，包括世界闻名的哈佛大学商学院。

从计算机与通信技术看，我们现在的水平已经远远超过美国 20 世纪 60 年代的水平。为什么我们在商战模拟教学方面还比较落后呢？有领导不够重视的问题，有教师创新动力不足的问题，也有模拟软件和教材缺乏的问题。

---

[1] 转引自 Faria, A. J. （1987）"A Survey of the Use of Business Games in Academia and Business", *Simulation & Gaming*，18：207-224

与模拟软件相比，商战模拟的教材更为滞后。其中的一个原因是：商战模拟的教材不同于传统商学院课程的教材。传统教材的编写基本是依据课程的知识结构，按照章节顺序编写，按照章节顺序讲授。商战模拟课程的教学方式不是"传授式"，而是以学生为主体，在决策模拟实践过程中学习。它不是另外教给学生多少"新"知识，而是让学生学会运用学过的管理学知识，可以说是教会学生更高层次的"知识"。这些"知识"是不能按章节罗列的。在商战模拟中，每一期都要求学生基于企业战略制定生产、营销、财务、人力资源等全方位的决策，每一期模拟结束之后，学生会面对各种各样的问题，不同的企业碰到的问题也会不同。他们自然会打乱教材的顺序，选择相应的章节参阅，不必按照教材的章节次序阅读。

令人欣喜的是，今年已有几本教材相继问世。不同的教材，可能基于不同模拟系统，教材的编写也有各自的特色。模拟系统和教材的多样化，可以给教师提供选择和参考，从而推动中国决策模拟实验教学的传播。

本书的主编周柏翔教授和其他作者是我相识多年的老朋友，来自不同的院校。他们在教学和指导学生参加大赛中积累了丰富的经验，同时在管理学等诸多领域有自己独到的研究心得。本书是由多位作者参与并按照各自特长分工合作的成果，相信一定会为改进商战模拟类课程的教学和提升企业竞争模拟大赛的水平贡献力量。

作为一名北京大学的教授，我希望北京大学企业管理决策模拟之树枝繁叶茂！作为曾经的中国管理现代化研究会决策模拟专业委员会主任，我祝愿多种商战模拟软件、多本商战模拟教材争芳斗艳，一起装扮经济管理实验教学绚丽多彩的春天！

北京大学光华管理学院教授
中国管理现代化研究会常务理事
王其文
2012 年 6 月 1 日
于北京大学蓝旗营

# 前言

　　企业管理决策模拟是运用计算机技术模拟企业的经营环境，供学员进行管理决策的练习。它能训练学员在变化莫测的经营环境里，面对多个竞争对手，正确制定决策，以期达到企业的战略目标。它要求学员能全面、灵活地运用管理学的知识，如生产管理、市场营销、财务会计等知识和预测、优化、对策、决策等方法，考察学员的分析、判断和应变能力，并能培养团队合作的精神。模拟所具有的竞争性、趣味性、实用性是其他课堂教学形式难以比拟的。

　　这种培训形式出现在 20 世纪 50 年代，80 年代我国很多高校陆续从美国、加拿大、德国、日本等国家引进一些模拟软件，在管理类教学和培训中开始使用。然而，英文界面的企业竞争模拟软件在中国应用有很大的局限性。北京大学从 1995 年开始着手开发中文界面的企业竞争模拟软件，并在之后的教学和比赛中取得了很好的效果。在赛创新港（北京）科技有限公司和北京大学创新研究院、北京大学光华管理学院教授联合努力下，企业竞争模拟软件不断完善。为了适应互联网的发展，开发者们加快了软件更新的步伐。如今，在保留核心思想的同时，他们重写了全部代码，搭建了更好的技术架构，使软件能够适应互联网的趋势，软件命名为 Bizsim。Bizsim 软件融合了北京大学教授 30 余年的企业管理研究成果和举办全国性比赛的经验，是大学本科生、MBA 教学以及企业管理层培训的管理实战平台。

　　本书以"软件手册—分析规划—决策工具—案例分析"为主线，以熟悉规则为基础，以管理学理论为支撑，以定量分析方法和计算机软件为决策支持，以实战案例作为实证，具体全面地介绍了 Bizsim 企业竞争模拟的教学、培训和比赛，反映了企业竞争模拟近年来的最新成果。本书经编写委员会共同协商编写，主要内容包括五部分共 11 章：第一部分软件手册篇（第 1 章），介绍了 Bizsim 企业竞争模拟软件的发展以及安装过程；第二部分教学指南篇（第 2～5 章），全面介绍了企业竞争模拟课程的相关内容，包括教学大纲、模拟规则介绍、学生端操作和教师端管理；第三部分分析规划篇（第 6～7 章），详细阐述了模拟过程中的分析规划方法，包括战略分析以及全面预算管理；第四部分决策工具篇（第 8～9 章），对企业竞争模拟过程中用到的决策工具进行了叙述，为企业竞争模拟决策提供了坚实的理论和工具支持；第五部分案例分析篇（第 10～11 章），以精选的典型比赛为案例，详细分析了管理理论在竞争模拟实战各决策环节中的应用，并对经典比赛进行了复盘分析。最后，本书在附录中介绍了中国传统哲学思想包括阴阳五行在企业竞争模拟中的应用。

　　本书旨在帮助管理类专业学生全面、系统地掌握解决具体实际问题的能力，更好地将课堂所学的各种管理知识融为一体，灵活运用。本书第 1 章由颜军编写，第 2～5 章由李根道编写，第 6～7 章由孙剑锋编写，第 8～9 章由杨隆华编写，第 10～11 章由周成编写，附录部分由文理编写，由李根道进行统稿，由周柏翔担任主编，负责整体策划及部分统稿工作。

王其文教授对本书的编写给予了大力支持，对全书进行了审稿并提出了宝贵意见，在此表示深深感谢。感谢化学工业出版社编辑为本书所付出的辛勤劳动；感谢为本书写作提供资料和意见的全体编委会成员。企业管理决策模拟是发展极为迅速的一个新兴领域，其理论框架和方法体系还处于不断完善阶段，由于编者水平有限，不足之处在所难免，恳请广大读者和同行批评指正。

编者

2012 年 6 月

# 目录

## 第1篇 软件手册篇

## 第2篇 教学指南篇

| 第 3 篇 | 分析规划篇 |

# 第4篇 决策工具篇

# 第5篇 案例分析篇

# 第 1 篇

## 软件手册篇

第 1 章　Bizsim 企业竞争模拟软件

# 第1章 Bizsim 企业竞争模拟软件

## 1.1 Bizsim 简介

Bizsim 企业竞争模拟系统是赛创新港（北京）科技有限公司和北京大学创新研究院、北京大学光华管理学院教授联合开发的企业竞争模拟软件。该软件融合了北京大学教授30 余年的企业管理研究成果和举办全国性比赛的经验，主要用于大学 MBA 教学、企业管理层培训、大学生教育等，通过竞赛的手段培养学员宏观企业管理的能力。

企业竞争模拟是运用计算机技术模拟企业的竞争环境，供模拟参加者进行经营决策的练习，适合学校进行管理学教育和企业进行人员培训之用。

利用计算机进行企业竞争模拟从 20 世纪 50 年代成为一种很受欢迎的教学方式，80年代初期，在我国管理教学中开始采用。1996 年的国际企业管理挑战赛在中国大陆赛区的比赛由《中国日报》社主持，吸引了 96 个队参加，包括了大多数提供 MBA 学位教育的国内著名的管理学院；此后，我国每年都参加这一国际比赛，并取得了很好的成绩。同时，国内各个学校也陆续从美国、加拿大、德国、日本等国家引进一些模拟软件。然而，英文界面的企业竞争模拟软件在中国应用有很大的局限性。

北京大学从 1995 年开始着手开发中文界面的企业竞争模拟软件，并在 1996 年秋为MBA 学生开设的《经营决策分析》课中使用，效果很好。学生在应用学习的过程中，对软件提出了许多宝贵意见。经过不断加工改进，在 1997 年 5 月通过技术鉴定，参加鉴定会的有北京大学、清华大学、中国人民大学、首都经贸大学以及全国企业家协会的专家、教授。此软件于 1997 年 12 月获得第二届全国普通高校优秀计算机辅助教学软件三等奖。在 1998 年 5 月 5 日，利用互联网成功地进行了远程竞争模拟，参赛的 10 个队中在北京以外有浙江大学、南开大学、哈尔滨工业大学和中山大学的代表队。软件的 3.3 版本于1998 年 8 月由北京大学出版社正式出版发行。2000 年全国大学生电脑节"企业经营决策竞争模拟比赛"使用了该软件。该软件的开发与应用软件进行的决策模拟教学实践，获得2001 年北京大学优秀教学成果一等奖、北京市教育教学成果一等奖和 2001 年全国优秀教学成果二等奖。2003 年全国 MBA 培养院校企业竞争模拟比赛使用了此软件，有来自 23个高校的 112 个队报名参赛。在比赛中，根据参赛队的建议，软件不断改进。

在竞争模拟中要把学员分成多个小组，每组代表一个企业。模拟按期进行，各企业在期初要制定本期的决策，包括生产、运输、市场营销、财务管理、人力资源管理、研究开发、战略发展等方面，并在规定时间内按要求输入计算机。软件根据各企业的决策，依据模拟的市场需求决定各企业的销售量，各企业可以及时看到模拟结果。然后，各企业再根据所处的状况，制定出下一期的决策，直到模拟结束。一般做一期决策需要一个多小时，一个比较完整的模拟过程一般需要6～8期。在每期模拟结束时，软件会按照多种经营指标对各企业进行排序。在整个模拟结束后，要按照多项指标加权平均评出竞争模拟的优胜者。

企业竞争模拟能训练学员在变化多端的经营环境里，面对多个竞争对手，正确制定企业的决策，达到企业的战略目标。它要求参加者能全面、灵活地运用管理学的知识，如生产管理、市场营销、财务会计等知识和预测、优化、对策、决策等方法，考察学员的分析、判断和应变能力，并能培养团队合作的精神。竞争模拟所具有的竞争性、趣味性、实用性是其他课堂教学形式难以比拟的。

为了适应互联网的发展，开发者们加快了软件更新的步伐。如今，在保留核心思想的同时，他们重写了全部代码，搭建了更好的技术架构，使软件能够适应互联网的趋势，软件命名为Bizsim。希望新的品牌，新的架构能为更多的人带来便利的体验。

该软件的目标是让国内更多的人能够享受到企业竞争模拟系统带来的方便、快捷，让Bizsim走出国门，走进世界各国大学的校门，让世界名校的讲堂上也能出现"中国制造"的身影。

## 1.2　大赛介绍

Bizsim企业竞争模拟系统被应用于众多的全国性比赛乃至世界大赛中作为比赛平台，下面介绍其中影响力最大的两项比赛。

### 1.2.1　全国企业竞争模拟大赛

《决策模拟》是全国MBA指导教育委员会推荐的课程之一，为了进一步推动全国计算机教学模拟方法的应用，2001年开始全国MBA教育指导委员会和北京大学光华管理学院联合举办了企业竞争模拟大赛，旨在提高青年人的现代管理知识水平和管理实践能力，激发创新精神，培养管理创新能力，比赛依靠北京大学两代教授20余年研发的企业竞争模拟平台进行。通过计算机在互联网上模拟企业经营所需要的市场经济环境，以及经营过程中的各种决策变量（包括生产、营销、财务、人事等方面）和现实环境中不可避免的偶然因素，参与者分别扮演CEO（首席执行官）、CMO（市场总监）、COO（生产运营总监）、CFO（财务总监）、CHO（人力资源总监）等角色，在计算机模拟的企业内外部环境下针对企业运营的各方面逐期作出决策，系统将参考企业内外部环境对经营绩效作出评价。每10～20家企业组成一个市场，依据报名情况进行随机分组，每轮比赛共有8～9期决策。

全国企业竞争模拟大赛到2012年已经成功举办了十余届，一直受到全国各高校老师和学生的大力支持，参与的学校超过百所，近万支队伍参加过比赛，受到媒体广泛的关注，搜狐网对历届比赛都进行过专题报道。

最初，比赛的承办单位只有北京大学光华管理学院，随着国家对经济管理实验教学的重视和中国管理现代化研究会工作的开展，北京大学经济管理实验教学中心、中国管理现代化研究会决策模拟专业委员会从 2008 年起成为承办单位。同时，具体承办模拟决赛的学校也作为承办单位。

从 2008 年开始，《中国研究生》杂志、《学位与研究生教育》杂志作为协办单位。

从 2010 年开始，全国企业竞争模拟大赛分为全国 MBA 培养院校企业竞争模拟大赛和全国高等院校企业竞争模拟大赛。其中，全国高等院校企业竞争模拟大赛使用由赛创新港（北京）科技有限公司提供的 Bizsim 企业竞争模拟系统作为平台进行比赛。

第九届（2010）全国高等院校企业竞争模拟大赛由全国高校教育技术协作工作委员会、中国管理现代化研究会决策模拟专业委员会主办，广东商学院、北京大学光华管理学院、北京大学经济管理实验教学中心、中国管理现代化研究会决策模拟专业委员会承办。有来自全国 21 个省（市、自治区）43 所高校的 370 支队伍参加此次比赛。最后有合肥工业大学、河源职业技术学院、湖南工学院、华北电力大学、上海海事大学、西南交通大学、西南政法大学的 11 支队伍参加在广东商学院举行的决赛。

第十届（2011）全国高等院校企业竞争模拟大赛由全国高校教育技术协作工作委员会、中国管理现代化研究会决策模拟专业委员会主办，北京大学光华管理学院、北京大学经济管理实验教学中心、中国管理现代化研究会决策模拟专业委员会承办。有来自全国 22 个省（市、自治区）69 所高校的 789 支队伍参加此次比赛。最后有安徽中医学院、北京物资学院、合肥工业大学、河源职业技术学院、内蒙古科技大学、南昌航空大学、同济大学、上海海事大学、西南交通大学、西南政法大学、广东商学院、华南农业大学、四川师范大学、中北大学、华北电力大学、山东工商学院的 21 支队伍参加在北京大学举行的决赛。

第十一届（2012）全国高等院校企业竞争模拟大赛有来自全国 22 个省（市、自治区）88 所高校的 1120 支队伍报名参加比赛。目前大赛仍在紧张进行中。

最近三届的大赛参赛队伍数量如图 1-1 所示。

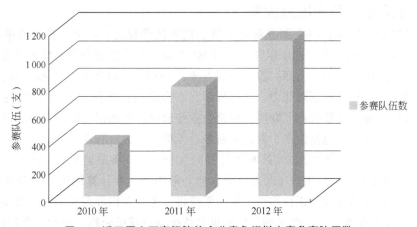

图 1-1　近三届全国高等院校企业竞争模拟大赛参赛队伍数

## 1.2.2 国际青年创新大赛

国际青年创新大赛（原中国青年创新大赛）是在企业竞争模拟大赛的基础上发展而来的。2006 和 2007 年的全国性比赛吸引了全国上百所高校上万名选手的参与，得到了媒体和大众的广泛关注。

2009 年中国青年创新大赛得到了科技部、中国科协、YBC 组织以及北京大学的有力支持。比赛在全国展开管理、技术和产品、人文和艺术领域的创新比赛，以提升全民的创新创业意识和创新热情。

2010 年中国青年创新大赛由北京大学携手深圳国际贸易促进委员会共同举办，其决赛和 2010（深圳）国际创意、设计、品牌博览会（以下简称"创博会"）同时举办，中国青年创新大赛和深圳"创博会"有各种的优势和资源，双方共同举办（深圳）国际创意、设计、品牌博览会暨中国青年创新大赛。利用中国青年创新大赛在互联网的优势和高校推广渠道，再加上创博会实体展览和业界的渠道，2010 年（深圳）国际创意、设计、品牌博览会暨中国青年创新大赛在影响力、知名度、参与者广度等都超过了以往的创新大赛和创意博览会。

中国青年创新大赛受到社会的广泛关注，2011 年是"中国—东盟建立对话关系 20 周年"、"中国—东盟友好交流年"，中国青年创新大赛作为"中国—东盟建立对话关系 20 周年"系列纪念活动的重点活动之一，更名为"中国—东盟国际青年创新大赛"，比赛走向国际化。比赛以网络为平台吸引国际众多关注和从事创新的青年参与。大赛通过组织中国和东盟青年参与创新与创业竞赛，加深各国青年的友谊，选拔和培养经济社会的未来领袖。本次创新大赛在政府的领导下，依托北京大学雄厚的教学科研实力和深厚的创新文化底蕴以及基于深圳市的优秀创新环境，通过这次活动加强中国—东盟战略伙伴关系，在更高层次上促进双方的互利共赢和共同发展。

2011 年国际青年创新大赛由中华人民共和国教育部主办，中华人民共和国外交部、中国—东盟合作基金、深圳市政府作为支持单位，由北京大学、深圳国际贸易促进委员会承办。其中管理模拟比赛作为青年创新大赛的比赛项目之一，以赛创新港（北京）科技有限公司提供的 Bizsim 企业竞争模拟系统作为比赛平台，吸引了包括东盟国家在内的 3 000 多支队伍共 10 000 多人参加。

国际青年创新大赛自举办比赛至今，进行宣讲过的学校达 50 余所，参与的选手覆盖国内 29 个省、市、自治区，500 多所高校以及东盟 10 国家。共有超过 5 万人参加，数 10 万人关注；还有来自社会各界敢于创新的人士参加。国际青年创新大赛得到了广大青年学子的热烈响应，很多学生反馈希望比赛能够常年举办，给他们以个人展示创新能力的平台，也得到了参与学校老师及领导的重视，为学校的学生培养了社会实践能力。

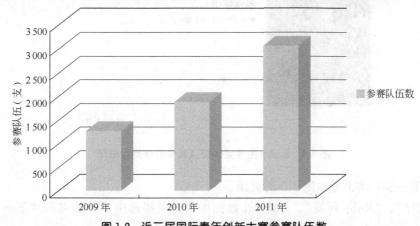

图 1-2　近三届国际青年创新大赛参赛队伍数

最近三届的国际青年创新大赛参赛队伍数量如图 1-2 所示。

# 1.3 软件的安装

Bizsim 系统采用 B/S 架构，使用用户（包括教师和学生）无需任何安装过程，使用通用浏览器访问服务器即可，兼容各种主流终端（如 PC，IPAD），操作系统（如 Windows，Linux，MacOS），和浏览器（如 IE，FireFox，Chrome，Safari）。其服务器安装也可以支持各种主流平台（如 Linux，Windows，MacOS），下面以用户最常使用的 Windows 为例，介绍安装过程。

Bizsim 系统在 Windows 平台安装非常简单，采用安装包文件，可一次性安装好系统需要的全部运行环境。安装程序之前确保系统的 80 端口是关闭的（暨 IIS 关闭），并保证系统的 3306 端口没有被占用（Mysql 需要用）。将光盘插入 Windows 服务器光驱内，可以看到其中有如图 1-3 所示的这样一个文件。

图 1-3　Bizsim 企业竞争模拟软件

双击该图标即可进入安装程序，如图 1-4 所示。

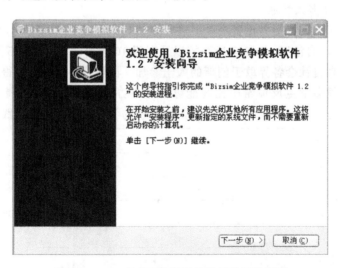

图 1-4　Bizsim 企业竞争模拟软件安装向导截图

点击下一步，将出现如图 1-5 的页面。

"主程序"、"Ruby 环境"、"Mysql 数据库"三项都选中，然后点击"下一步"（图 1-6）。

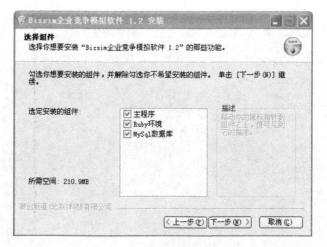

图 1-5　选择组件截图

图 1-6　选择安装位置截图

选择程序的安装的目录，注意不要选择中文目录，选择完毕后点击"安装"开始程序的安装。安装过程耗时 5～10 分钟左右（依服务器配置而定），需要占用 200M 的硬盘空间。安装完成后桌面会自动创建一个程序图标，如图 1-7 所示。

图 1-7　启动 Bizsim 企业竞争模拟系统

双击该图标，会启动一个 DOS 窗体，2 分钟后系统启动完毕。点 DOS 窗体右上角关闭按钮则关闭 Bizsim 服务。

系统有序列号限制，保证软件只能在一台服务器上运行，禁止随意复制。第一次启动的时候，会有如图 1-8 所示的提示。

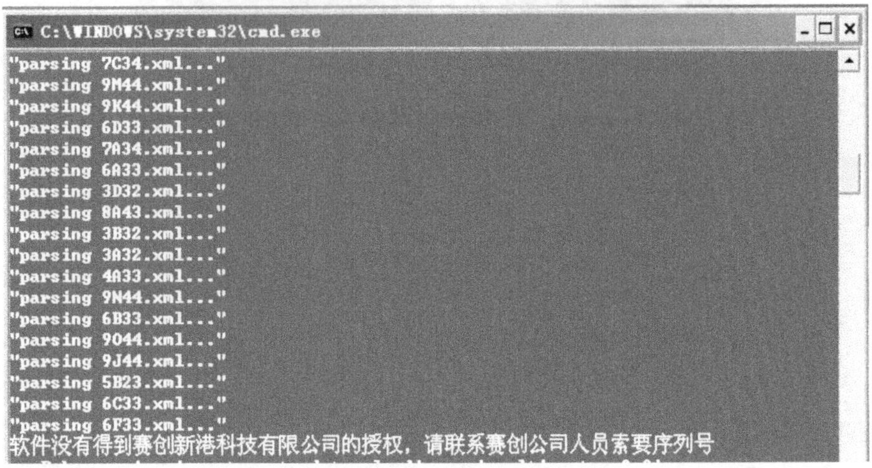

图 1-8　第一次启动截图

此时请联系公司的技术人员，技术人员将发给您序列号，以便继续执行。

拥有正确系列号后 Bizsim 可以顺利启动。此时拿另外一台电脑，确保其余服务器的网络连接是畅通的，输入"http://192.168.1.100"（假设 Windows 服务器 IP 为 192.168.1.100），即可开始使用软件。

# 第 2 篇

## 教学指南篇

# 第 2 章 教学大纲

## 2.1 教学方式

采用实战模拟教学模式，在企业管理决策模拟的同时辅以基本的企业管理理论知识以及适当的真实案例分析。将理论与实践有效结合起来，让同学们在增进理论知识的同时加深对企业运营的认识。

## 2.2 教学目的

**(1) 培养企业管理的宏观意识**

平时的课堂学习中，学生仅能学习单一学科知识，不能将多学科知识综合穿插应用，对企业的认识总是过于片面。通过企业竞争模拟演练，可以全面分析企业运营与管理的全过程，培养同学们在企业管理中的大局观。

**(2) 增强专业理论素养**

商业实战模拟是一个很好地将企业管理理论与实践相结合的平台，通过企业竞争模拟演练不仅加深同学们对企业的认识，同时极大地增强和巩固他们的企业管理理论知识，以及相关的专业能力，如信息搜集与统计分析、计算机操作等。

**(3) 培养团队精神**

综合管理一个企业需要各个部门的紧密而有效的配合，同学们在企业竞争模拟中扮演着一个企业的领导团队，他们之间既有分工又有合作，团队合作可以有效地提升同学们的沟通与交流能力，培养其协作精神。

另外，提升同学们分析与解决问题以及科学研究等多方面综合能力。

## 2.3 企业管理决策模拟课程建设的意义

通过本课程的学习，学生能够具备全面、系统地解决具体实际问题的能力，能更好地将课堂上所学的各种管理知识融为一体。这也是对于创新型人才培养的需要。

## 2.4 主要相关专业课程

主要课程包括：财务管理、生产管理、运筹学、市场营销、战略管理、信息管理等。

## 2.5 课程主要内容

① 准备工作：企业竞争模拟课程介绍；团队组建。
② 系统操作及规则介绍。
③ 赛区设置与试运行模拟。
④ 实战模拟。
⑤ 理论分析与讲解。
⑥ 赛况分析与点评。
⑦ 学员总结报告。

## 2.6 成绩考核

每个虚拟公司由 3～5 名同学组成一个团队经营。每个同学的成绩主要由实战模拟成绩和总结报告成绩两部分构成，总结报告包括每个人的书面总结以及团队的演讲或多媒体展示的报告形式两方面。也可适当地结合笔试，考试内容为比赛规则以及赛况数据分析。

## 2.7 课程安排（建议）

该课程的开设具体需结合各学校实际情况，建议按照 36 课时开课。具体企业竞争模拟过程可灵活多变。建议性课程时间安排如表 2-1 所示。

表 2-1 课程安排

| | |
|---|---|
| 企业竞争模拟课程准备工作 | 1 课时 |
| 系统操作及规则讲解 | 1 课时 |
| 试运行模拟 | 2 课时 |
| 实战模拟——初赛，大约 8 期（含每期简要点评） | 16 课时 |

| | |
|---|---|
| 初赛后随机抽取同学做自我分析与点评对手 | 1 课时 |
| 初赛后相关经济管理理论分析与讲解 | 2 课时 |
| 实战模拟——决赛，大约 8 期(含每期简要点评) | 8 课时 |
| 决赛后随机抽取同学做自我分析与点评对手 | 1 课时 |
| 决赛后各团队做讲演式总结报告并回答师生提问 | 2 课时 |
| 提交个人书面总结报告 | 2 课时 |

　　相对而言，短期集中授课比长时期延续效果要好，需根据实际情况开设课程。

# 第3章 模拟规则

模拟规则是系统原理的描述，也是系统对决策进行检查、修正、计算与评价的主要依据，企业经营的参考数据和数据之间的关系也都是在此查阅。这里要注意的是：由于每次比赛设置的情景和参数不同，相应的规则也会发生变化。下面以某次比赛为例对模拟规则进行详细介绍。

模拟规则分为如下几个部分。

## 3.1 一般规则

模拟参加者要服从模拟管理者的领导和指挥，按时、按规定的方式提交决策。

参加本次模拟的有10（根据具体参赛情况而定）个组，代表10个相同类型、相同规模的企业（或称公司），它们可以生产2种产品，在3个市场上销售。模拟情景难度属第5级（共9级）。

各企业每期（假定一期为一个季度）做一个决策。各企业要在管理者指定的时间之前将决策输入计算机（在网络上运行时）或将决策交给模拟管理者（在单机上运行时）；否则，模拟管理者可以将该企业上期的决策作为该企业本期的决策。

企业做决策时应考虑本企业的现状、历史状况、经营环境以及其他企业的信息，综合运用学过的管理学知识，发挥集体智慧与创造精神，追求成功的目标。

企业做决策时一定要注意决策的可行性。比如，安排生产时要有足够的机时、人力和原材料，买机器要有足够的资金。当决策不可行时，模拟软件将改变企业的决策。这种改变带有随意性，并不遵循优化原则。

## 3.2 市场机制

各市场对各种商品的需求与多种因素有关，符合基本的经济规律。对某企业的需求量依赖于该企业的决策及状况（包括对商品的定价、广告费、促销费用及市场份额等），也依赖于其他企业的决策及状况。同时，需求量也与整个市场的容量、经济发展水平、季节变动等因素有关。

价格、广告和促销费的绝对值会影响需求，与其他企业比较的相对值也会影响需求。企业对产品的广告影响该产品在各个市场上的需求，可能有滞后作用。促销费包括营销人员费用等，企业在各市场的促销费影响它在该市场的各种产品的需求。

企业的研发费、工人工资会影响产品的等级，等级高的产品可以较高的价格出售。

模拟中发布的动态消息是对下期的经济环境、社会变革、自然现象等突发事件的预测，事件是否真正发生以及将造成多大影响都具有随机性，决策者要有风险意识。

# 3.3 产品分销

企业本期生产产品的75％和在工厂的库存的全部可以运往各市场销售。销售后的剩余作为库存，供以后在该市场销售，不能运到其他市场。产品分销过程中的费用见表3-1、表3-2。

表3-1 产品运输固定费用 单位：元

| 产品A | 企业1 | 企业2 | 企业3 | 企业4 | 企业5 | 企业6 | 企业7 | 企业8 | 企业9 | 企业10 |
|---|---|---|---|---|---|---|---|---|---|---|
| 市场1 | 500 | 2 000 | 700 | 1 800 | 900 | 1 600 | 1 100 | 1 400 | 1 200 | 1 300 |
| 市场2 | 2 000 | 500 | 1 800 | 700 | 1 600 | 900 | 1 400 | 1 100 | 1 300 | 1 200 |
| 市场3 | 4 000 | 4 000 | 4 000 | 4 000 | 4 000 | 4 000 | 4 000 | 4 000 | 4 000 | 4 000 |
| 产品B | 企业1 | 企业2 | 企业3 | 企业4 | 企业5 | 企业6 | 企业7 | 企业8 | 企业9 | 企业10 |
| 市场1 | 6 000 | 10 000 | 6 200 | 9 800 | 6 400 | 9 600 | 6 600 | 9 400 | 7 000 | 9 000 |
| 市场2 | 10 000 | 6 000 | 9 800 | 6 200 | 9 600 | 6 400 | 9 400 | 6 600 | 9 000 | 7 000 |
| 市场3 | 12 000 | 12 000 | 12 000 | 12 000 | 12 000 | 12 000 | 12 000 | 12 000 | 12 000 | 12 000 |

［注意］ 只要有产品运往市场，就要付固定运输费用。

表3-2 产品运输变动费用 单位：元

| 产品A | 企业1 | 企业2 | 企业3 | 企业4 | 企业5 | 企业6 | 企业7 | 企业8 | 企业9 | 企业10 |
|---|---|---|---|---|---|---|---|---|---|---|
| 市场1 | 25 | 100 | 35 | 90 | 45 | 80 | 55 | 70 | 60 | 65 |
| 市场2 | 100 | 25 | 90 | 35 | 80 | 45 | 70 | 55 | 65 | 60 |
| 市场3 | 200 | 200 | 200 | 200 | 200 | 200 | 200 | 200 | 200 | 200 |
| 产品B | 企业1 | 企业2 | 企业3 | 企业4 | 企业5 | 企业6 | 企业7 | 企业8 | 企业9 | 企业10 |
| 市场1 | 300 | 500 | 310 | 490 | 320 | 480 | 330 | 470 | 350 | 450 |
| 市场2 | 500 | 300 | 490 | 310 | 480 | 320 | 470 | 330 | 450 | 350 |
| 市场3 | 600 | 600 | 600 | 600 | 600 | 600 | 600 | 600 | 600 | 600 |

［注意］ 变动运输费用是每个产品的运输费用。

## 3.4 库存与预订

### 3.4.1 库存

剩余原材料可存在企业的仓库，库存费为每元原材料每期 0.05 元。

成品可存于工厂的仓库或各市场的仓库，单位成品每期库存费如下。

产品 A：20.00 元。

产品 B：80.00 元。

计算库存费时按期初和期末库存量的平均值计算，在期末支付。

### 3.4.2 预订

当市场对某企业的产品需求多于企业在该市场的库存加本期运去的总量时，多余的需求按以下比例变为对下期的订货，到时按本期和下期价格低者付款。企业下期运到该市场的产品优先满足上期订货。若上期订货不能被满足，剩余的不再转为下期订货（见表 3-3）。

表 3-3　库存与预订的关系

| 项　目 | 产品 A | 产品 B |
|---|---|---|
| 市场 1 | 50.0% | 40.0% |
| 市场 2 | 50.0% | 40.0% |
| 市场 3 | 20.0% | 20.0% |

　　［注意］　某企业不能满足的需求，除了转为下期订货，其余的可能变为对其他企业的需求。

## 3.5 生产作业

(1) 生产单个产品所需要的资源（表 3-4）

表 3-4　生产单个产品所需资源

| 项　目 | 产品 A | 产品 B |
|---|---|---|
| 机器（时） | 100 | 200 |
| 人力（时） | 150 | 250 |
| 原材料（单位） | 300 | 1 500 |

(2) 班次

第一班正班：6:00～14:00。第一班加班：14:00～18:00。

第二班正班：14:00～22:00。第二班加班：22:00～次日 2:00。

一期正常班为 520 小时（一季度 13 周，每周 40 小时），加班为 260 小时。机器可在两班使用，但第一班加班和第二班用的机器总数不能多于企业机器总数。第一班加班用的机器在完工后的 4 小时也不能用于第二班正常班。

机器价格为 40 000 元，折旧期为 5 年，每期（季度）折旧为 5.0%，不管使用与否。若购买机器，本期末付款，下期运输安装，再一期才能使用，使用时才计算折旧。

# 3.6 研究开发

## 3.6.1 研发的作用

企业要生产某种产品，需先投入基本的研发费用，其数量相当于下面的等级 1。它包括为生产该新产品需要的专利的获得、设施的购置和技术的培训等。

为了提高该产品的等级，企业还需要进一步投入研发费。它包括为提高产品质量的技术革新和生产工艺的改进等。这些费用相当于表 3-5 中的等级 2，3，4，5。若产品等级高，可以增加客户的需求。在计算成本时，将本期的研发费用平均分摊在本期和下一期。

## 3.6.2 研发的费用

各种产品达到不同等级需要的累积研发费用（简单加总）如表 3-5。

表 3-5　各种产品的累积研发费用　　　　　　　　　　　　单位：元

| 产品 | 等级 1 | 等级 2 | 等级 3 | 等级 4 | 等级 5 |
|---|---|---|---|---|---|
| 产品 A | 100 000 | 200 000 | 300 000 | 400 000 | 500 000 |
| 产品 B | 200 000 | 350 000 | 480 000 | 600 000 | 700 000 |

［说明］　工人工资系数对产品等级的影响是在研发费用基础上的进一步调整。比如，研发费决定的产品等级为 3，考虑工资系数后，产品等级调节后的区间为（3.0，3.9）。

考虑研发费的产品等级的提高要循序渐进，每期最多提高一级。

研发费用只在模拟难度级别大于 4 时考虑；否则，产品等级设为 1。

# 3.7 人员招聘、退休与解聘

## 3.7.1 新工人招聘

每期招收工人数不得超过当时工人总数的 50%。

本期决策招收的新工人在本期为培训期。新工人每人花培训费 500 元。培训期间新工人的作用和工资相当于正式工人的 25%。经过一期培训后，新工人成为熟练工人。

## 3.7.2 工人退休或解聘

企业每期有 3% 的工人正常退休。企业决策时，可以根据情况解聘工人。决策单中的解聘工人数是退休和解聘人数之和。根据政府规定，退休和解聘人数之和不能多于期初工人数的 10%。

本期退休或解聘的工人不参加本期的工作，企业要给退休或解聘工人每人一次性生活安置费 1 000 元。

［注意］ 当决策不符合以上要求时，模拟时软件将给予修改。

## 3.8 资金筹措

### 3.8.1 银行贷款

模拟开始时各企业有现金 2 000 000 元。为了保证企业的运营，每期期末企业至少应有 2 000 000 元现金，若不足，在该企业信用额度范围内，银行将自动给予贷款补足。企业也可以在决策时提出向银行贷款。但是，整个模拟期间从银行贷款的总数不得超过 8 000 000 元的信用总额。

银行贷款的本利在本期末偿还，年利率为 8%（每期的利率为年利率的 1/4）。

### 3.8.2 国债

企业每期末都可以买国债，年利率为 6%。若购买国债，在本期末付款，本利在下期末兑现。

### 3.8.3 发债券

企业为了筹集发展资金或应付财政困难，可以发行债券。当期发行的债券可以在期初得到现金。企业某期发行的债券数额与尚未归还的债券之和不得超过企业该期初净资产的 50%。

各期要按 5% 的比例偿还债券的本金，并付利息。债券的年利率为 12%。企业模拟开始几期，可能已经发行了债券。未偿还的债券总量可在企业信息里查看。

本期发行的债券本利的偿还从下一期开始。债券不能提前偿付或拖延。

## 3.9 纳税与分红

### 3.9.1 税务

企业缴税是企业对国家应尽的义务，也是评价企业经营绩效的一项重要指标。税金为本期净收益的 30%，在本期末缴纳。

本期净收益为负值时，可按该亏损额的 30% 在下一期（或以后几期）减税。

### 3.9.2 分红

企业分红的条件：

① 应优先保证期末剩余的现金数量超过 2 000 000 元；

② 分红数量不能超过企业该期末的税后利润。

[注意] 考虑到资金的时效性，企业累计缴税和累计分红按 7％的年息计算。

# 3.10 现金收支次序

企业中的现金收支次序如下。

| 期初现金 | ＋银行贷款 | ＋发行债券 | |
| --- | --- | --- | --- |
| －部分债券本金 | －债券息 | －培训费 | －退休费 |

－基本工资（工人至少得到第一班正常班的工资）　　　　　　　　－机器维护费

| ＋紧急救援贷款 | －购原材料 | －特殊班工资差额（第二班差额及加班） | |
| --- | --- | --- | --- |
| －研发费用 | －管理费 | －运输费 | －广告费 |
| －促销费 | ＋销售收入 | －存储费 | ＋上期国债本息 |
| －本期银行贷款本息 | | －上期紧急救援贷款本息 | |
| －税金 | －买机器 | －分红 | －买国债 |

（注："＋"表示贷方；"－"表示借方。）

[警告] 当资金不足时，将按以上次序支出，并修改决策。如果现金不够支付机器维护费以前的项目，会得到紧急救援贷款。此贷款年利率为 40％，本息需在下期末偿还。

# 3.11 评判标准

每期模拟结束后，软件根据各企业的经营业绩评定一个综合成绩。评判的标准包含七项指标：本期利润、市场份额、累计分红、累计缴税、净资产、人均利润率、资本利润率。其中计算人均利润率的人数包括本期解聘的和本期新雇的工人，计算资本利润率的资本等于净资产加未偿还的债券。

评定的方法是先按这些指标分别计算标准分，再按设定的权重计算出综合评分。

各项指标的权重分别为：0.2，0.15，0.1，0.1，0.2，0.1，0.15。其中市场份额是按各个产品在各个市场的销售数量的占有率，分别计算标准分后再求平均的。

标准分的算法是先求全部企业某指标的均值和标准差，用企业的指标减去均值，再除以该指标的标准差。标准分为 0 意味着企业的这一指标等于各企业的均值；标准分为正，表示该指标较好；若为负，表示该指标不佳。

在计算标准分时，会考虑上期综合评分的影响，也会根据企业的发展潜力进行调整。如果企业所留现金小于本期期初现金或本期费用，这意味着经营的连续性不佳，其标准分将适当下调。

软件将公布各企业七项指标各自的名次与综合评分。模拟结束后，除了综合评分领先的企业可以总结交流经验，其他企业也可以就某个成功的单项指标进行总结。

## 思 考 题

1. 系统会对决策进行可行性检查，如果不可行会进行修正，直到可行。请思考：决策的不同方面会出现哪些不可行的情况，以及被修改产生影响的严重性。

2. 观察 3.3 节中的表 3-1、表 3-2，推测各个企业和市场之间的地理位置关系。

3. 一名工人每天工作时间上限是多少？一台机器每天工作时间上限是多少？

4. 3.10 节中的现金收支，哪些计入收入，哪些计入成本？

5. 通过银行贷款或者企业债券筹得资金去买国债是否划算？

# 第 4 章  学生端操作

## 4.1  登录和注册

　　使用 Bizsim 系统不需要安装特定的客户端,只需要使用通用的浏览器即可。打开浏览器,在地址栏输入系统的访问地址 http：//www.bizsim.cn(在各个学校的安装或者特定活动和比赛中,可能使用其他的地址,请按照管理员或者活动组织者的通知),即可看到软件的首页(如图 4-1 所示)。

图 4-1  软件首页截图

　　页面右上角有注册和登录链接。如果已经有账号和密码可以点击"登录"进入登录界面。如果没有账号和密码,可以点击"注册"进入注册页面。注册时填入合法的 E-mail 地址,并设定昵称和密码,提交即可完成注册。登录和注册之后系统都会跳转到"我的比赛"页面。

### 4.1.1  界面解释

　　在首页上部有系统操作的主要导航栏,各自功能如下。

① 首页：返回系统的首页。

② 比赛首页、大赛论坛、大赛博客：举办全国高等院校企业竞争模拟大赛的网站。

③ 我的比赛：查看和进入自己创建、管理、参加的比赛，查看和管理自己的团队，查看和进入自己管理的赛区，创建新的比赛等。

④ 人机对战：创建人与电脑的对战，随意进行练习。

⑤ 赛区：查看系统内所有赛区，进一步查看各赛区下的比赛，如果比赛尚未开始可以报名，如果已经开始可以查看比赛进程和结果。

## 4.1.2 团队管理

比赛以团队为单位进行，每个人需要组建或者加入团队才能参加比赛。在"我的比赛"版块下面左侧"我的团队"菜单，点击可以进入"我的团队"管理界面（如图 4-2）。

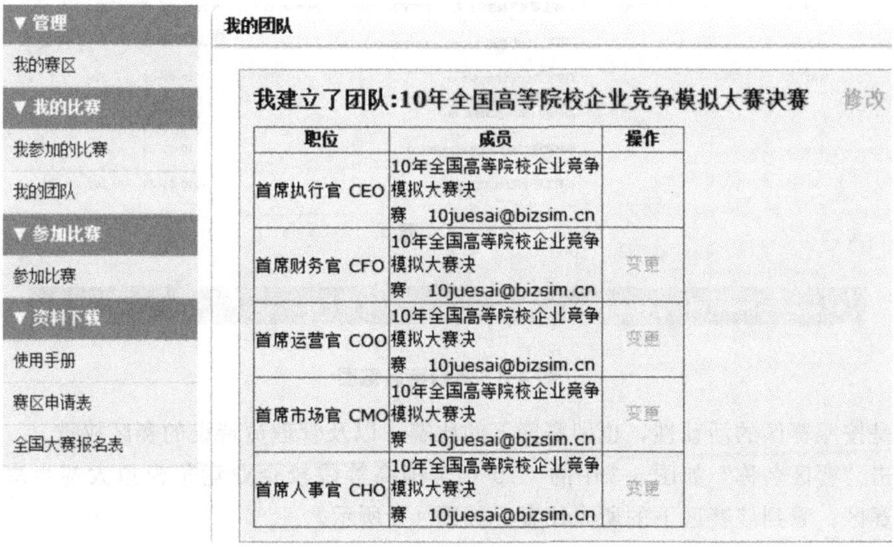

图 4-2 团队管理界面截图

在此可以看见自己组建的和加入的团队。每个人只可以组建一个团队，但可以加入多个团队。如果还没有组建团队，可以点击"建立团队"，来组建团队。填好团队名称，提交即完成组建团队，新组建的团队，自己担任团队中的所有角色。如果想变更团队的成员，点击对应职位右侧的"变更"。输入想要邀请进来的成员的登录账号即可。

在团队管理的下半部分可以看到自己已经加入的团队列表，如果想加入一个团队，需要该团队的组建者也就是 CEO 在团队管理里面把某个职位变更为自己。

## 4.2 参加比赛

点击主导航栏"赛区"，查看所有赛区，找到要参加比赛的赛区，如图 4-3 所示。

如果赛区数目较多不方便找到，可以使用系统提供的各种检索功能，根据赛区所属的省份、赛区 ID、赛区名称、赛区管理员等搜索，也可以按照赛区名称排序。默认赛区排

**图 4-3 查看赛区截图**

序方式是按照赛区的活动性，也即赛区下的比赛，以及管理员特设的赛区权重。

点击"赛区名称"如图 4-3 中的"10 年全国高等院校企业竞争模拟大赛半决赛"可以进入赛区，看到该赛区下的所有比赛，如图 4-4 所示。

**图 4-4 进入赛区查看比赛截图**

其中处于"报名中"状态的比赛右侧有一个"报名加入"按钮，点击即可参加。

报名后"报名加入"按钮（图4-4）变成一个时钟（图4-5），表示等待审批状态，需要该比赛的管理员批准加入后才能进入比赛。

**图 4-5  报名加入比赛截图**

获得审批后，右侧状态变为对钩，此时可以从"我的比赛"版块进入比赛，如图4-6所示。

**图 4-6  进入"我的比赛"截图**

如果比赛的管理员设置了报名密码，需要输入密码才能报名，如图4-7所示。

密码正确则直接报名成功，不需要管理员审批，如图4-8所示。

报名成功后，可以到"我的比赛"下面进入比赛，进行具体操作。

图 4-7　输入密码截图

图 4-8　报名成功截图

# 4.3 观摩比赛

对于自己没参加的比赛，也可以随时进行观摩。正在进行中的比赛，在列表的右侧有"赛况"链接，点击后可以看到比赛的公共报表，实时地观摩比赛的进度和成绩，如图 4-9～图 4-10 所示。

已经结束的比赛，列表右侧除了"赛况"还有"赛果"，点击可以看到该比赛所有队伍的得分排名情况，如图 4-11 和图 4-12 所示。

图 4-9　观摩比赛截图

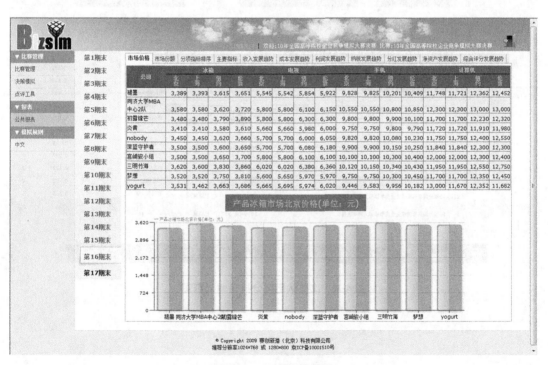

图 4-10　比赛成绩截图

图 4-11　已结束的比赛截图

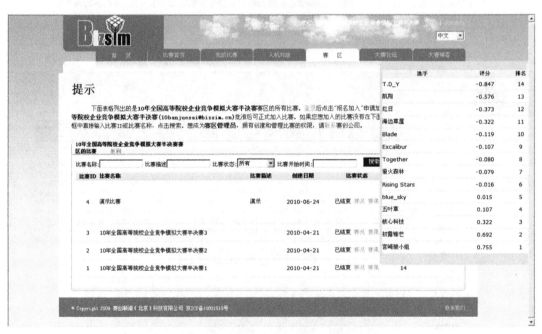

图 4-12　比赛队伍得分排名情况截图

# 4.4　人机对战

人机对战，是一种自动的比赛，学生可以随时自主创建，不需要老师和其他学生的配合，按照自己想要的时间和进度进行比赛。

比赛中只有两个队伍，一个是学生自己，一个是计算机，计算机的决策不会变，所以比赛难度很低，主要用来帮助学生熟悉系统的操作，理解规则和原理。

点击主导航栏"人机对战"，如图4-13所示。

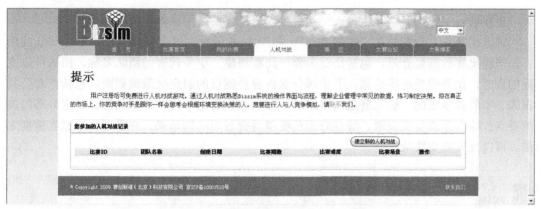

**图4-13 主导航栏的"人机对战"截图**

点击"建立新的人机对战"，可以开始新的比赛，如图4-14所示。

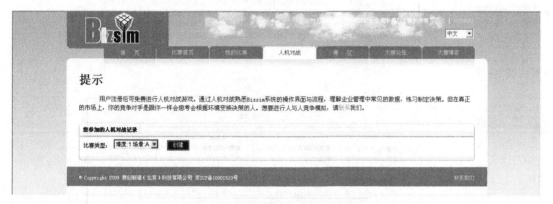

**图4-14 "建立新的人机对战"截图**

选择好"比赛难度"和"比赛场景"，即可开始比赛，如图4-15所示。

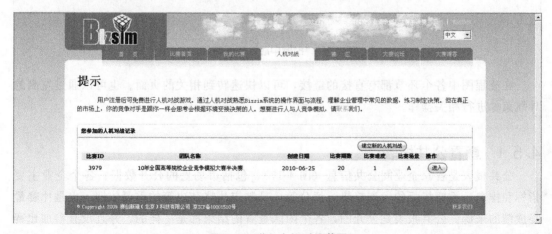

**图4-15 进入人机对战截图**

## 4.5 制定决策

正在进行中的比赛，学生进入比赛后可以制定当前期的决策。

进入比赛首先看到的是"控制中心"，如图 4-16 所示。该页有两部分：上半部分的内容是当前比赛的概要介绍，包括比赛名称、比赛规模、学生代表的团队名称、团队可以支配的资源、比赛的进度等信息；下半部分的内容是建议的制定决策流程图，包括查看公共报表、了解竞争概况、研究制定战略路线、分工和查看企业内部外部数据、制定分部门决策要点、综合汇总提交决策、等待管理员模拟后查看当前期结果。在管理员模拟当前期之前，可以反复提交决策。

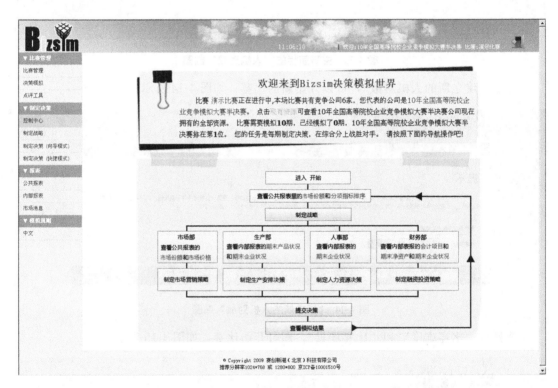

**图 4-16 "控制中心"界面截图**

在流程图中各个环节都有直接的链接，可以快速转到相关的页面。也可以通过左侧的导航菜单进行相关操作。

### 4.5.1 查看公共报表

公共报表是各家企业间公共信息（图 4-17），包括市场上的公开数据、各个企业主要指标和排名、重要指标的发展趋势、评分等，是制定战略和决策的重要依据，也是比赛最终成绩的来源。公共报表是公开的，各个团队查看的结果都是一样的，并且没有参加比赛的人也可以看到。

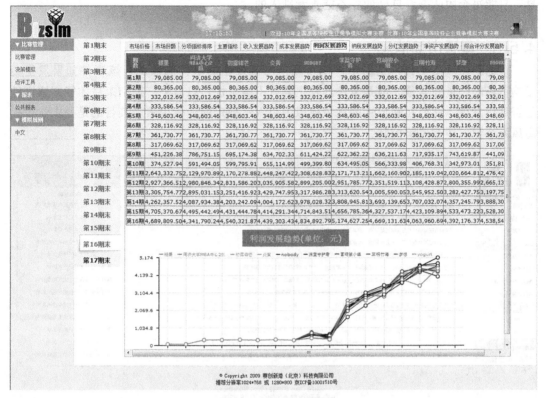

图 4-17　公共报表截图

## 4.5.2　查看内部报表

内部报表是关于企业内部的全部信息（图 4-18），在其中可以看到本企业的会计、产品、资源、业绩等所有数据，是制定战略和决策的重要依据之一。内部报表属于保密信

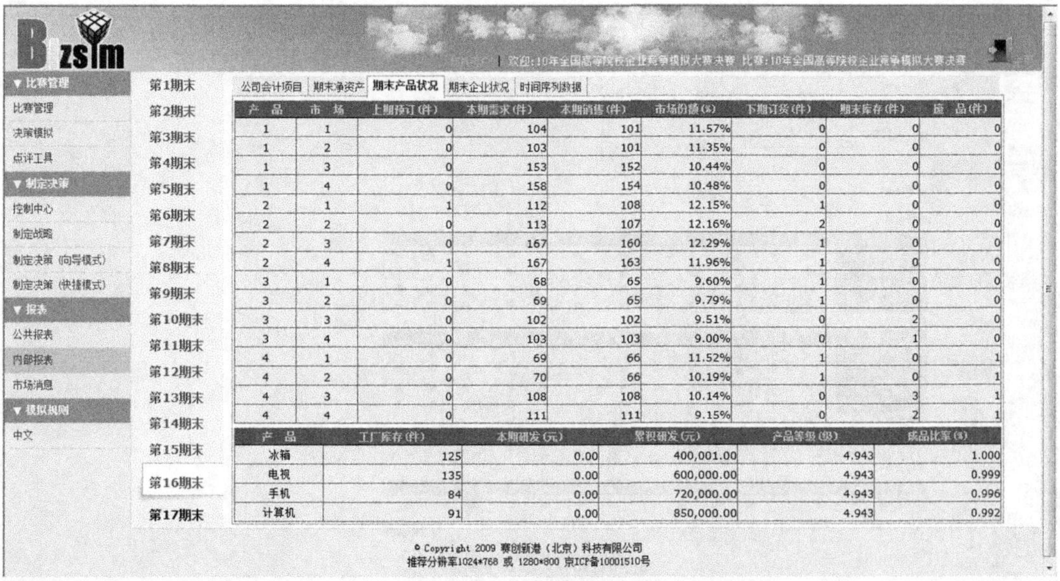

图 4-18　内部报表截图

息，只能每个团队查看自己的，不能查看别人的。

### 4.5.3 查看市场消息

市场消息（图 4-19）是对下一期市场上可能发生的事件的预测，该事件如果发生会影响市场的销量和容量。但是事件的发生具有不确定性，只有下一期结束后才能知道事件是否真正发生。此处在确定性的竞争模拟中引入不确定的随机因素，其目的是要求学生提高风险意识，注意风险控制。

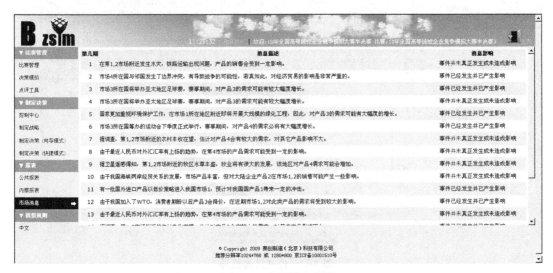

图 4-19　市场消息截图

### 4.5.4 制定战略

战略是对企业经营宏观上的决定，是企业路线的选择，对具体的决策具有指导意义。不过在该模拟系统里面填的战略内容，主要是定性的以及企业文化的内容。系统仅仅记录，供团队随时查阅、参考和修订，系统并不进行任何计算或者评价，如图 4-20 所示。

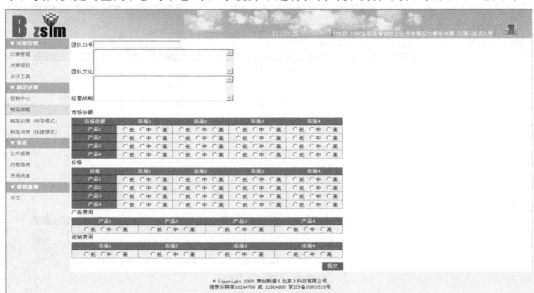

图 4-20　制定战略界面

### 4.5.5　提交决策

　　决策是团队对于企业运营的全部指令和决定的总和，是经营战略的具体体现，是学生与系统交互的核心内容，也是系统对学生成绩评定的主要依据。

　　提交决策分为两种模式：向导模式和快捷模式。

　　学生在两种模式下看到和提交的内容完全一样，只是形式有所差别。向导模式界面更友好，适合对系统和商战模拟不熟悉的新手使用，可以使学生更容易接受，思路更清晰，如图 4-21 所示；快捷模式操作更便捷，适合对系统和商战模拟比较熟悉的老手使用，可以更高效完成决策，功能更强大。

**图 4-21　向导模式界面**

　　向导模式下，把整个决策拆分成几个部门模块，每个模块对应一个按钮，点击按钮出现相应模块的向导。除此之外，向导模式还在页面显示企业的一些重要资源和状态，可供随时参考，如图 4-22 所示的价格决策向导。

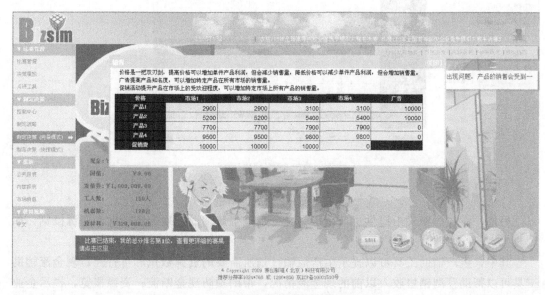

**图 4-22　价格决策向导**

填好一个模块的决策数据后，数据存在当前页面中，填好每个模块后，点击"提交"按钮，即可把全部数据提交到服务器保存，如图 4-23 所示。

**图 4-23 完成决策界面**

快捷模式下，即把所有决策数据集中在一张表单里面，方便一次快速填写，和统观全局，如图 4-24 所示。

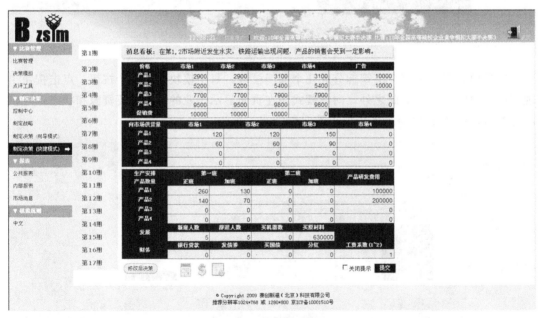

**图 4-24 快捷模式界面**

另外，在快捷模式中提供了几个工具，分别是生产辅助、现金流辅助和资源概览，如图 4-25 所示。

其中，生产辅助工具可以提示生产运输计划所需要的资源数量和可行性；现金流辅助工具可以帮助预测销售收入以前的现金流情况，帮助预防现金断流；资源概览，提示企业重要资源，与向导模式中的功能类似。

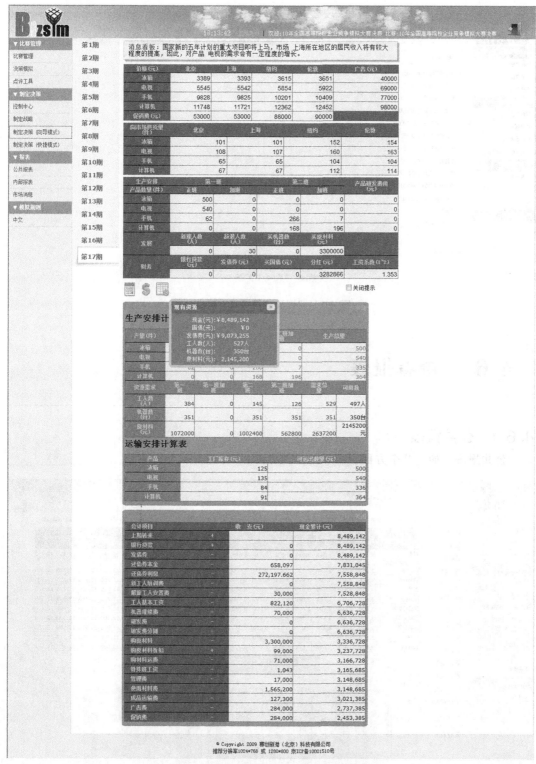

图 4-25 快捷模式下的辅助工具界面

参赛者提交决策后，系统会对决策进行检查，对于决策中不可行（数值超限、资源不能满足等原因）的部分会给予修正，同时给出检查和修正的结果，如图 4-26 所示。

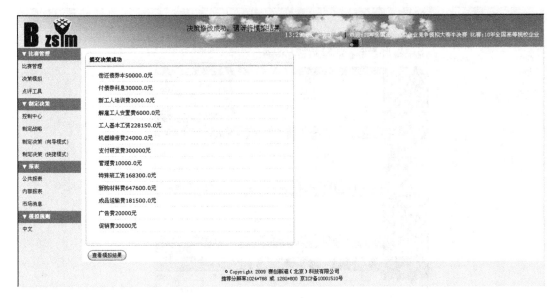

**图 4-26 "提交决策成功"界面**

# 4.6 查看报表

## 4.6.1 公共报表

公共报表有如下几个方面。

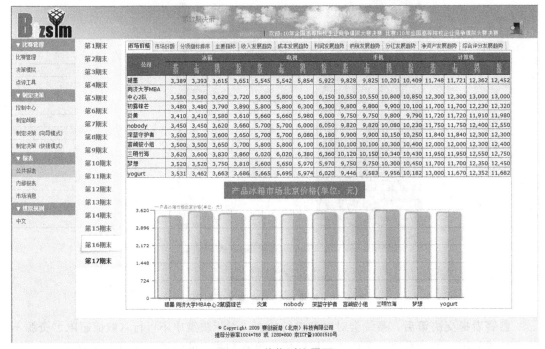

**图 4-27 价格对比界面**

**（1）市场价格**

各家企业各个产品在各个市场上价格的对比，如图 4-27 所示。

**（2）市场份额**

各家企业各个产品在各个市场上份额的对比，如图 4-28 所示。

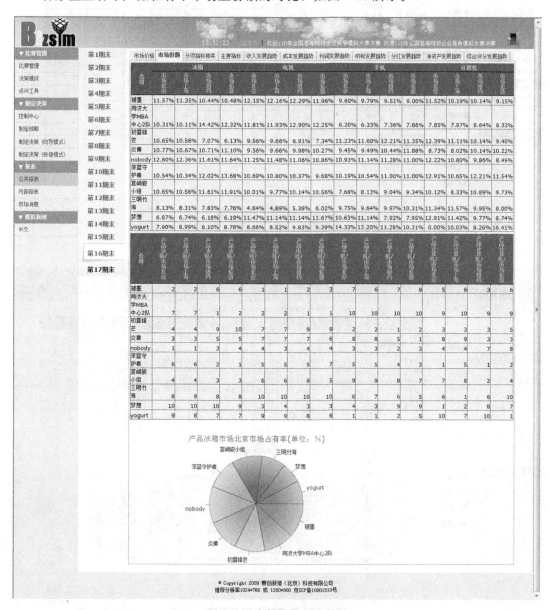

图 4-28　市场份额对比界面

**（3）分项指标排序**

列举各家企业的主要指标的排名，如图 4-29 所示。

**（4）主要指标**

列举各家企业的主要公开指标的数值，如图 4-30 所示。

**（5）收入发展趋势**

各家企业收入发展趋势图和数据，如图 4-31 所示。

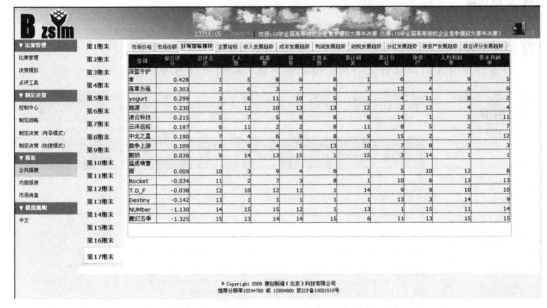

图 4-29　分项指标排序界面

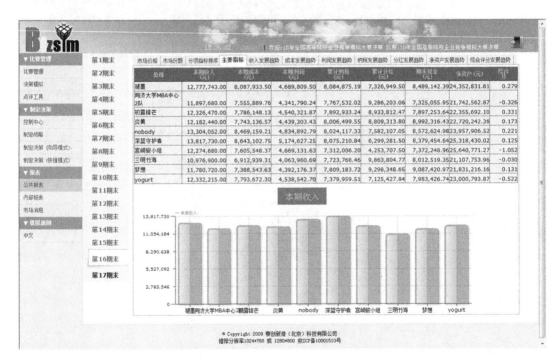

图 4-30　主要指标排名界面

（6）成本发展趋势

　　各家企业的成本发展趋势图和数据，如图 4-32 所示。

（7）利润发展趋势

　　各家企业利润发展趋势图和数据，如图 4-33 所示。

（8）纳税发展趋势

　　各家企业纳税发展趋势图和数据，如图 4-34 所示。

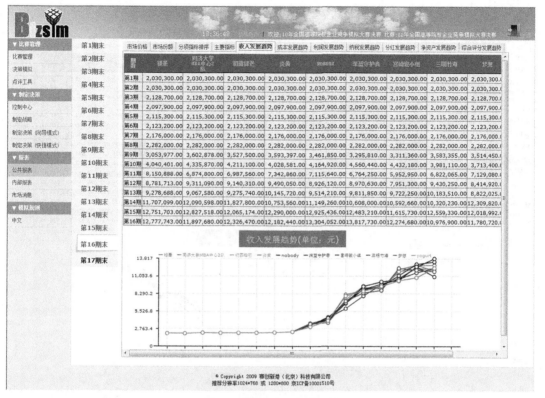

图 4-31　收入发展趋势界面

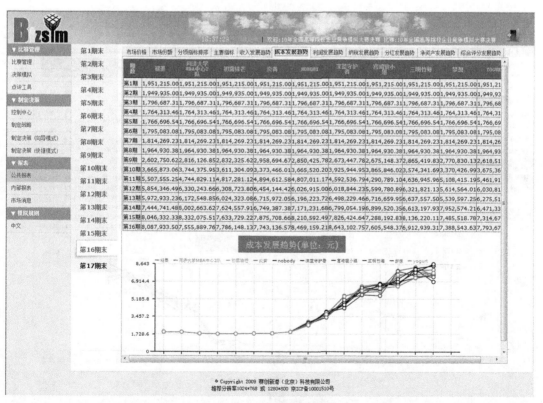

图 4-32　成本发展趋势界面

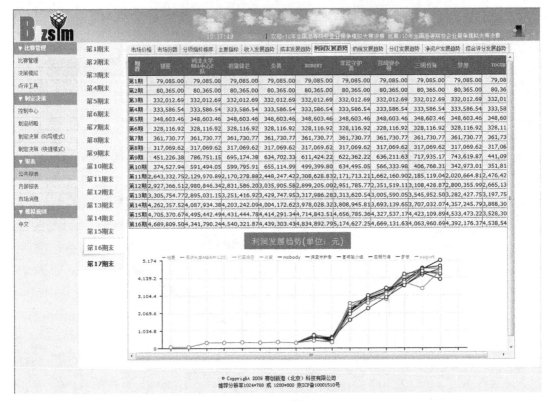

图 4-33　利润发展趋势界面

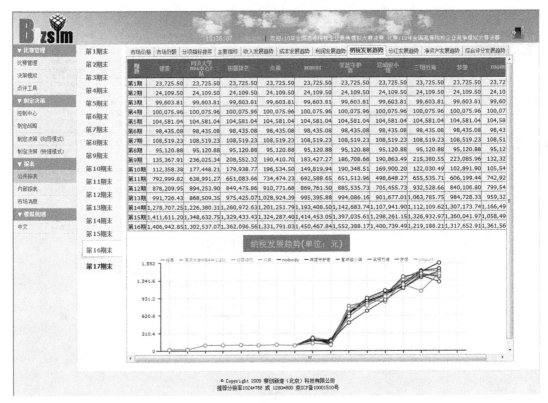

图 4-34　纳税发展趋势界面

## （9）分红发展趋势

各家企业分红发展趋势图和数据，如图 4-35 所示。

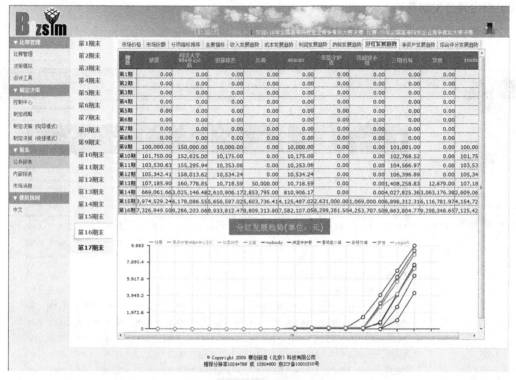

**图 4-35　分红发展趋势界面**

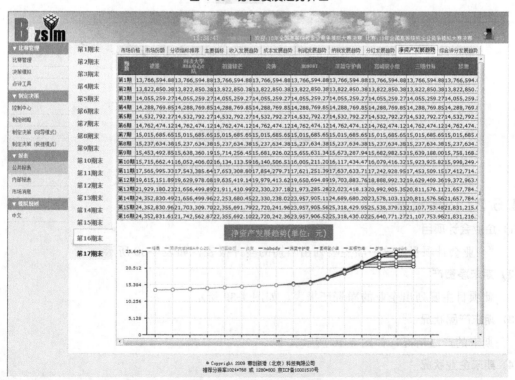

**图 4-36　净资产发展趋势界面**

**(10) 净资产发展趋势**

各家企业净资产发展趋势图和数据，如图 4-36 所示。

**(11) 综合评分发展趋势**

各家企业综合评分发展趋势图和数据，如图 4-37 所示。

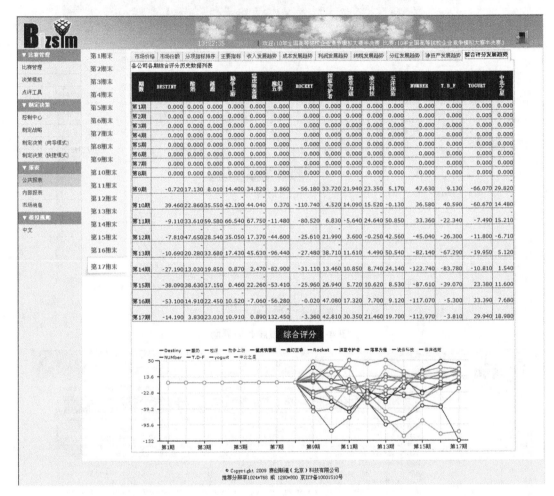

图 4-37　综合评分发展趋势界面

## 4.6.2　内部报表

**(1) 企业会计项目**

"企业会计项目"这一项主要列出当期的会计报表，如表 4-38 所示。

**(2) 期末净资产**

此项目主要列出企业的净资产报表，如图 4-39 所示。

**(3) 期末产品状况**

期末的产品情况，如图 4-40 所示。

**(4) 期末企业状况**

此项目列出企业主要参数和指标，如图 4-41 所示。

**BZSIM** 18:41:59 次级:10年全国高等院校企业竞争模拟大赛决赛 比赛:10年全国高等院校企业竞争模拟大赛决赛

| 比赛管理 | | 公司会计项目 期末净资产 期末产品状况 期末企业状况 时间序列数据 |
| --- | --- | --- |

| 第16期会计项目 | 收 支(元) | 本期收入(元) | 本期成本(元) | 现金累计(元) |
| --- | --- | --- | --- | --- |
| 上期转来 | | | | 8,117,692.07 |
| 银行贷款 | +0.00 | | | 8,117,692.07 |
| 发行债券 | +0.00 | | | 8,117,692.07 |
| 还债券本金 | -658,097.25 | | | 7,459,594.82 |
| 还债券利息 | -291,940.58 | | 291,940.58 | 7,167,654.24 |
| 新工人培训费 | -0.00 | | 291,940.58 | 7,167,654.24 |
| 解雇工人安置费 | -30,000.00 | | 321,940.58 | 7,137,654.24 |
| 工人基本工资 | -1,112,328.36 | | 1,434,268.94 | 6,025,325.88 |
| 机器维修费 | -70,000.00 | | 1,504,268.94 | 5,955,325.88 |
| 紧急贷款 | +0.00 | | | 5,955,325.88 |
| 研发费 | -0.00 | | | 5,955,325.88 |
| 研发费分摊 | (0.00) | | 1,504,268.94 | |
| 购原材料 | -3,300,000.00 | | | 2,655,325.88 |
| 购原材料折扣 | +231,000.00 | 231,000.00 | | 2,886,325.88 |
| 购材料运费 | -71,000.00 | | 1,575,268.94 | 2,815,325.88 |
| 管理费 | 36,000.00 | | 1,611,268.94 | 2,779,325.88 |
| 特殊班工资 | -365,959.44 | | 1,977,228.38 | 2,413,366.44 |
| 使用材料费 | (2,637,200.00) | | 4,614,428.38 | |
| 成品运输费 | -1,070,175.00 | | 5,684,603.38 | 1,343,191.44 |
| 广告费 | -284,000.00 | | 5,968,603.38 | 1,059,191.44 |
| 促销费 | -284,000.00 | | 6,252,603.38 | 775,191.44 |
| 销售收入 | +12,546,743.00 | 12,777,743.00 | | 13,321,934.44 |
| 废品损失 | -19,313.20 | | 6,271,916.58 | 13,302,621.24 |
| 折旧费 | (1,750,000.00) | | 8,021,916.58 | |
| 产品库存变化 | (-57,653.08) | | 7,964,263.50 | |
| 原材料存储费 | -90,690.00 | | 8,054,953.50 | 13,211,931.24 |
| 成品存储费 | -32,980.00 | | 8,087,933.50 | 13,178,951.24 |
| 上期国债返回 | +0.00 | | | 13,178,951.24 |
| 上期国债利息 | +0.00 | 12,777,743.00 | | 13,178,951.24 |
| 还银行贷款 | -0.00 | | | 13,178,951.24 |
| 银行贷款利息 | -0.00 | | 8,087,933.50 | 13,178,951.24 |
| 还上期紧急贷款 | -0.00 | | | 13,178,951.24 |
| 上期紧急贷款利息 | -0.00 | | 8,087,933.50 | 13,178,951.24 |
| 纳 税 | -1,406,942.85 | | | 11,772,008.39 |
| 买机器 | -0.00 | | | 11,772,008.39 |
| 分 红 | -3,282,866.00 | | | 8,489,142.39 |
| 买国债 | -0.00 | | | 8,489,142.39 |

**图 4-38 "企业会计项目"界面**

**BZSIM** 18:42:29 次级:10年全国高等院校企业竞争模拟大赛决赛 比赛:10年全国高等院校企业竞争模拟大赛决赛

| 公司会计项目 期末净资产 期末产品状况 期末企业状况 时间序列数据 |

| 项 目 | | 金 额(元) | 累 计(元) |
| --- | --- | --- | --- |
| 现 金 | + | 8,489,142.39 | 8,489,142.39 |
| 国 债 | + | 0.00 | 8,489,142.39 |
| 原材料 | + | 2,145,200.00 | 10,634,342.39 |
| 产 品1 | + | 279,230.77 | 10,913,573.16 |
| 产 品2 | + | 476,653.85 | 11,390,227.01 |
| 产 品3 | + | 555,595.38 | 11,945,822.39 |
| 产 品4 | + | 730,264.62 | 12,676,087.01 |
| 研发费用待摊 | + | 0.00 | 12,676,087.01 |
| 机器原值 | + | 35,000,000.00 | 47,676,087.01 |
| 机器折旧 | - | 14,250,000.00 | 33,426,087.01 |
| 债券 | - | 9,073,255.40 | 24,352,831.61 |
| 未投产机器原值 | + | 0.00 | 24,352,831.61 |
| 合 计 | | | 24,352,831.61 |

**图 4-39 "期末净资产"界面**

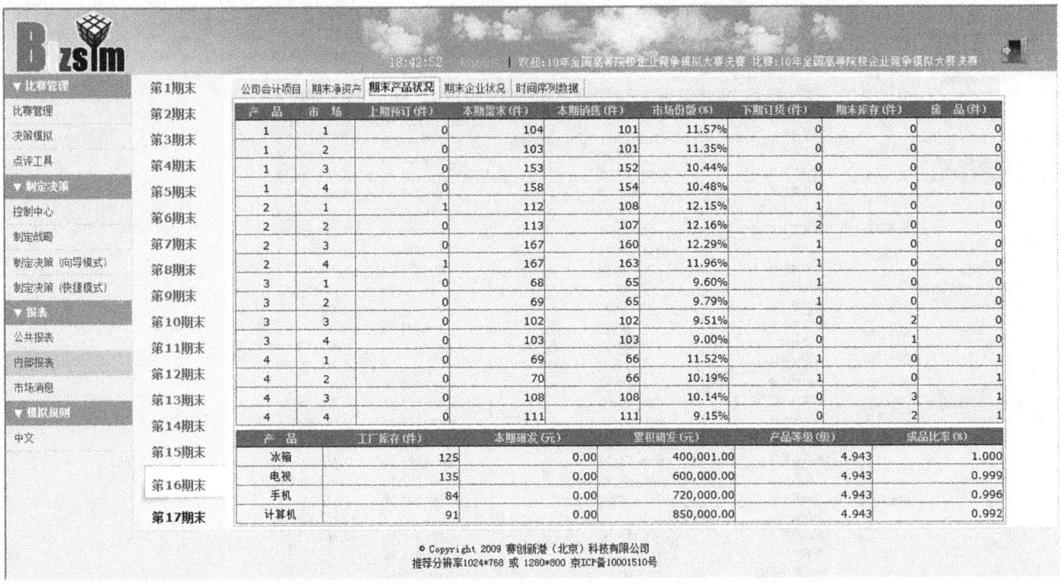

| 产 品 | 市 场 | 上期订货(件) | 本期需求(件) | 本期销售(件) | 市场份额(%) | 下期订货(件) | 期末库存(件) | 废 品(件) |
|---|---|---|---|---|---|---|---|---|
| 1 | 1 | 0 | 104 | 101 | 11.57% | 0 | 0 | 0 |
| 1 | 2 | 0 | 103 | 101 | 11.35% | 0 | 0 | 0 |
| 1 | 3 | 0 | 153 | 152 | 10.44% | 0 | 0 | 0 |
| 1 | 4 | 0 | 158 | 154 | 10.48% | 0 | 0 | 0 |
| 2 | 1 | 1 | 112 | 108 | 12.15% | 1 | 0 | 0 |
| 2 | 2 | 0 | 113 | 107 | 12.16% | 2 | 0 | 0 |
| 2 | 3 | 0 | 167 | 160 | 12.29% | 1 | 0 | 0 |
| 2 | 4 | 1 | 167 | 163 | 11.96% | 1 | 0 | 0 |
| 3 | 1 | 0 | 68 | 65 | 9.60% | 1 | 0 | 0 |
| 3 | 2 | 0 | 69 | 65 | 9.79% | 1 | 0 | 0 |
| 3 | 3 | 0 | 102 | 102 | 9.51% | 0 | 2 | 0 |
| 3 | 4 | 0 | 103 | 103 | 9.00% | 0 | 1 | 0 |
| 4 | 1 | 0 | 69 | 66 | 11.52% | 1 | 0 | 1 |
| 4 | 2 | 0 | 70 | 66 | 10.19% | 1 | 0 | 1 |
| 4 | 3 | 0 | 108 | 108 | 10.14% | 0 | 3 | 1 |
| 4 | 4 | 0 | 111 | 111 | 9.15% | 0 | 2 | 1 |

| 产 品 | 工厂库存(件) | 本期研发(元) | 累积研发(元) | 产品等级(级) | 成品比率(%) |
|---|---|---|---|---|---|
| 冰箱 | 125 | 0.00 | 400,001.00 | 4.943 | 1.000 |
| 电视 | 135 | 0.00 | 600,000.00 | 4.943 | 0.999 |
| 手机 | 84 | 0.00 | 720,000.00 | 4.943 | 0.996 |
| 计算机 | 91 | 0.00 | 850,000.00 | 4.943 | 0.992 |

图 4-40 “期末产品状况”界面

| 指 标 | 数 值 | 排 名 |
|---|---|---|
| 工人数 | 624 | 9 |
| 机器数 | 406 | 4 |
| 原材料 | 1,586,100.00 | 12 |
| 现 金 | 9,323,900.61 | 13 |
| 累计折旧 | 16,985,000.00 | 5 |
| 银行信用额度 | 0.00 | 6 |
| 国 债 | 0.00 | 2 |
| 债 券 | 10,751,462.80 | 5 |
| 累计研发费 | 2,700,000.00 | 10 |
| 本期利润 | 4,761,347.95 | 4 |
| 本期交税 | 1,428,404.39 | 4 |
| 累计交税 | 8,803,242.29 | 6 |
| 交税信用 | 0.00 | 1 |
| 累计分红 | 7,735,843.81 | 7 |
| 净资产 | 26,529,283.97 | 8 |
| 人均利润率 | 7,630.37 | 3 |
| 总资本利润率 | 0.1277 | 3 |
| 综合评分 | 0.109 | 8 |

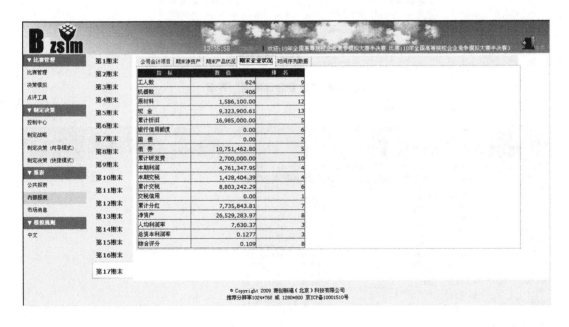

图 4-41 “期末企业状况”界面

**(5) 时间序列数据**

所有发生过的市场相关的数据的列表，方便利用分析工具进行分析，如图 4-42 所示。

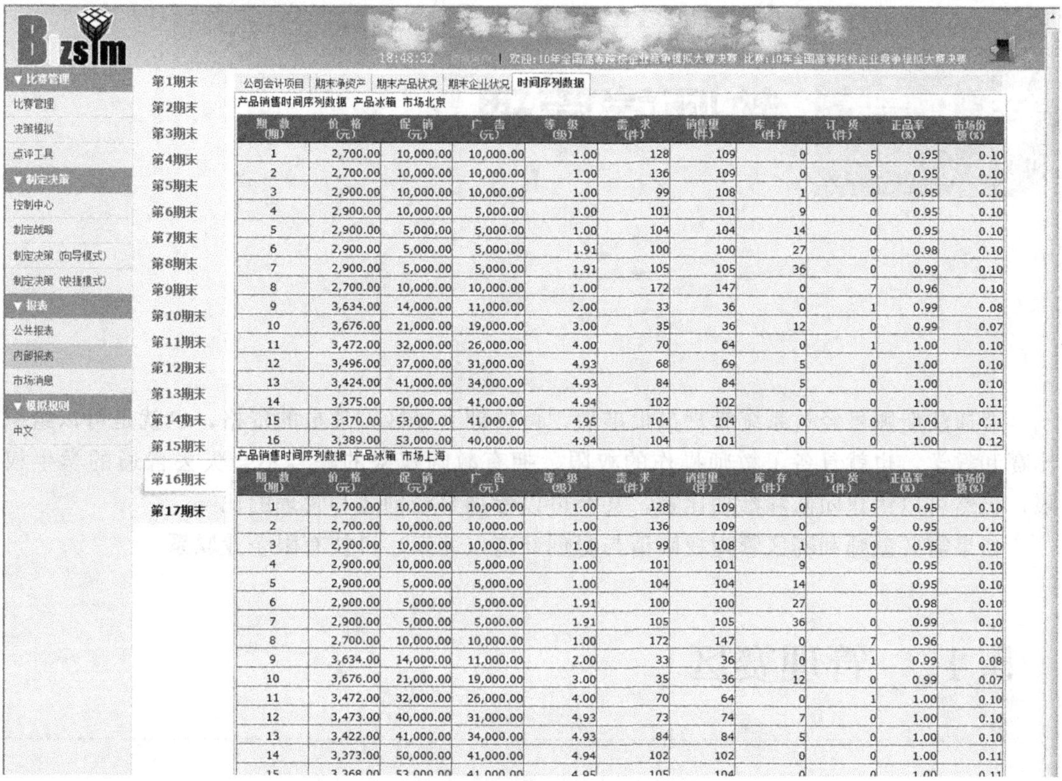


产品销售时间序列数据 产品冰箱 市场北京

| 期数(期) | 价格(元) | 促销(元) | 广告(元) | 等级(级) | 需求(件) | 销售量(件) | 库存(件) | 订货(件) | 正品率(%) | 市场份额(%) |
|---|---|---|---|---|---|---|---|---|---|---|
| 1 | 2,700.00 | 10,000.00 | 10,000.00 | 1.00 | 128 | 109 | 0 | 5 | 0.95 | 0.10 |
| 2 | 2,700.00 | 10,000.00 | 10,000.00 | 1.00 | 136 | 109 | 0 | 9 | 0.95 | 0.10 |
| 3 | 2,900.00 | 10,000.00 | 10,000.00 | 1.00 | 99 | 108 | 1 | 0 | 0.95 | 0.10 |
| 4 | 2,900.00 | 10,000.00 | 5,000.00 | 1.00 | 101 | 101 | 9 | 0 | 0.95 | 0.10 |
| 5 | 2,900.00 | 5,000.00 | 5,000.00 | 1.00 | 104 | 104 | 14 | 0 | 0.95 | 0.10 |
| 6 | 2,900.00 | 5,000.00 | 5,000.00 | 1.91 | 100 | 100 | 27 | 0 | 0.98 | 0.10 |
| 7 | 2,900.00 | 5,000.00 | 5,000.00 | 1.91 | 105 | 105 | 36 | 0 | 0.99 | 0.10 |
| 8 | 2,700.00 | 10,000.00 | 10,000.00 | 1.00 | 172 | 147 | 0 | 7 | 0.96 | 0.10 |
| 9 | 3,634.00 | 14,000.00 | 11,000.00 | 2.00 | 33 | 36 | 0 | 1 | 0.99 | 0.08 |
| 10 | 3,676.00 | 21,000.00 | 19,000.00 | 3.00 | 35 | 36 | 12 | 0 | 0.99 | 0.07 |
| 11 | 3,472.00 | 32,000.00 | 26,000.00 | 4.00 | 70 | 64 | 0 | 1 | 1.00 | 0.10 |
| 12 | 3,496.00 | 37,000.00 | 31,000.00 | 4.93 | 68 | 69 | 5 | 0 | 1.00 | 0.10 |
| 13 | 3,424.00 | 41,000.00 | 34,000.00 | 4.93 | 84 | 84 | 5 | 0 | 1.00 | 0.10 |
| 14 | 3,375.00 | 50,000.00 | 41,000.00 | 4.94 | 102 | 102 | 0 | 0 | 1.00 | 0.11 |
| 15 | 3,370.00 | 53,000.00 | 41,000.00 | 4.95 | 104 | 104 | 0 | 0 | 1.00 | 0.11 |
| 16 | 3,389.00 | 53,000.00 | 40,000.00 | 4.94 | 104 | 101 | 0 | 0 | 1.00 | 0.12 |

产品销售时间序列数据 产品冰箱 市场上海

| 期数(期) | 价格(元) | 促销(元) | 广告(元) | 等级(级) | 需求(件) | 销售量(件) | 库存(件) | 订货(件) | 正品率(%) | 市场份额(%) |
|---|---|---|---|---|---|---|---|---|---|---|
| 1 | 2,700.00 | 10,000.00 | 10,000.00 | 1.00 | 128 | 109 | 0 | 5 | 0.95 | 0.10 |
| 2 | 2,700.00 | 10,000.00 | 10,000.00 | 1.00 | 136 | 109 | 0 | 9 | 0.95 | 0.10 |
| 3 | 2,900.00 | 10,000.00 | 10,000.00 | 1.00 | 99 | 108 | 1 | 0 | 0.95 | 0.10 |
| 4 | 2,900.00 | 10,000.00 | 5,000.00 | 1.00 | 101 | 101 | 9 | 0 | 0.95 | 0.10 |
| 5 | 2,900.00 | 5,000.00 | 5,000.00 | 1.00 | 104 | 104 | 14 | 0 | 0.95 | 0.10 |
| 6 | 2,900.00 | 5,000.00 | 5,000.00 | 1.91 | 100 | 100 | 27 | 0 | 0.98 | 0.10 |
| 7 | 2,900.00 | 5,000.00 | 5,000.00 | 1.91 | 105 | 105 | 36 | 0 | 0.99 | 0.10 |
| 8 | 2,700.00 | 10,000.00 | 10,000.00 | 1.00 | 172 | 147 | 0 | 7 | 0.96 | 0.10 |
| 9 | 3,634.00 | 14,000.00 | 11,000.00 | 2.00 | 33 | 36 | 0 | 1 | 0.99 | 0.08 |
| 10 | 3,676.00 | 21,000.00 | 19,000.00 | 3.00 | 35 | 36 | 12 | 0 | 0.99 | 0.07 |
| 11 | 3,472.00 | 32,000.00 | 26,000.00 | 4.00 | 70 | 64 | 0 | 1 | 1.00 | 0.10 |
| 12 | 3,473.00 | 40,000.00 | 31,000.00 | 4.93 | 73 | 74 | 7 | 0 | 1.00 | 0.10 |
| 13 | 3,422.00 | 41,000.00 | 34,000.00 | 4.93 | 84 | 84 | 5 | 0 | 1.00 | 0.10 |
| 14 | 3,373.00 | 50,000.00 | 41,000.00 | 4.94 | 102 | 102 | 0 | 0 | 1.00 | 0.11 |
| 15 | 3,368.00 | 53,000.00 | 41,000.00 | 4.95 | 105 | 104 | 0 | 0 | 1.00 | 0.11 |

图 4-42 “时间序列数据”界面

## 练 习 题

1. 注册一个账号，组建一个团队，学习一遍新手训练营。
2. 创建一场人机对战，并通读系统规则。
3. 提交若干次决策，初期可以随意提交不必考虑业绩好坏。
4. 浏览并分析系统中的各个报表。

# 第5章 教师端管理

普通注册账号经过系统管理员批准后，可以拥有赛区管理员的资格，也就是可以组织比赛和教学，也就具备了教师操作的权限。拥有教师权限的账号不会失去普通的学生权限，仍然可以组建团队和参加比赛，甚至可以参加自己创建和管理的比赛。

如果需要教师和赛区管理权限请与赛创新港（北京）科技有限企业联系。

## 5.1 管理赛区

具有赛区管理员权限的账号登录后，点击主导航栏的"我的比赛"，即可看见自己的赛区（如图5-1所示），可以查看和管理已经建立的比赛，也可以建立新的比赛。

图 5-1 "我的比赛"界面

新建比赛：点击图5-1中的"新建比赛"按钮，即可进入新建比赛的界面，如图5-2所示。填好比赛的名称、描述、期数、难度和场景，就可以提交创建比赛。

可以选择是否使用报名密码和自动创建用户。如果使用报名密码，需要将密码分发给报名的学生，学生凭密码报名后，不需要老师审批。如果使用自动创建用户，则不需要学生注册账号和报名，可以直接把自动生成的账号分发给学生。学生登录后就可以看到新创建的比赛，登录后可以随意修改密码。

图 5-2 "新建比赛"的界面

## 5.2 管理比赛

点击图 5-1 中比赛列表右侧的"进入管理"按钮，即可进入比赛进行管理。

### 5.2.1 审批报名

在比赛管理页面下部可以看到当前报名的全部学生团队的列表（如图 5-3 所示），可以同意或者拒绝某个团队的报名，也可以通过手工填入团队 CEO 账号的方式主动添加团队，进入比赛审批报名。

［注意］ 手工添加的工作一定要在比赛开始之前进行，比赛一旦开始，就不能对报名情况进行改变！

### 5.2.2 开始和结束比赛

在比赛管理页面的上部，可以控制比赛开始和结束，也可以在结束之后重新继续比赛。另外，系统支持对比赛的一些隐含参数进行调整，大部分参数是市场方面的参数。参数调整使得比赛更丰富，可以变化出更多的场景，并且可以为学生提供针对性的训练。但是调整范围限制较为严格，防止误操作导致严重破坏平衡性。比赛一旦开始，虽然允许调整参数，但是会导致比赛无法准确回退，需要学生加以注意。

图 5-3 "报名审批" 界面

# 5.3 组织教学

## 5.3.1 决策模拟

模拟相关操作只能在比赛开始后结束前进行。点击决策模拟菜单可以进入模拟控制界面，如图 5-4 所示。

## 5.3.2 模拟

点击图 5-4 中的"模拟"链接，可以进行对应期的模拟，模拟会需要 1～10 秒的时间，模拟之后，马上就可以看到模拟的结果，可以到公共报表和内部报表中查看。如果有参赛团队没有提交决策，点击后会给出提示，教师可以选择强制用默认决策提交并进行模拟，或者暂时不进行模拟，如图 5-5 所示。

## 5.3.3 检查决策

在进行模拟之前，可以点击"检查决策"，来查看学生提交决策的情况。对已经提交的决策，可以删除或者复制同一比赛下的其他选手，如图 5-6 所示。

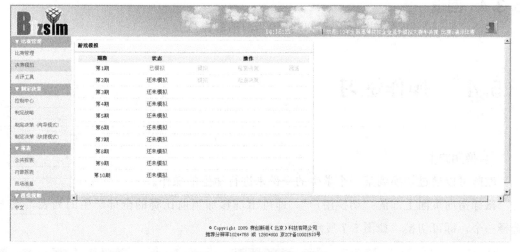

图 5-4 "模拟控制"界面

图 5-5 "教师模拟"界面

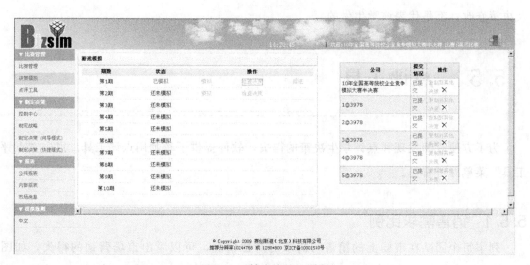

图 5-6 "检查决策"界面

### 5.3.4 回退

点击"回退"链接，并确认，可以撤销当前期的模拟。

## 5.4 操作练习

[切换用户]

教师可以通过切换到某一个学生的身份来进行学生的操作。

鼠标指向页面上部的"切换用户"，即可出现参加当前比赛的全部学生的列表，点击选择一个，即可切换，如图 5-7 所示。

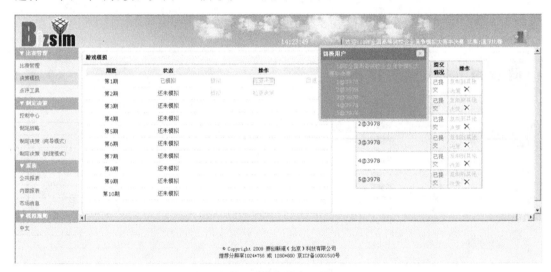

图 5-7 "切换用户"界面

在完成身份切换后，教师可以看到报表以及与决策相关的菜单。教师进行报表查看以及决策修改，都是代表该学生做的。

## 5.5 点评工具

为了方便教师发现和点评学生决策的得失，软件提供了教师用点评工具。点击"点评工具"菜单即可看见。

### 5.5.1 销售需求比例

列举每个团队在市场上的销售与需求的对比情况，可以看出市场营销的得失，如图 5-8 所示。

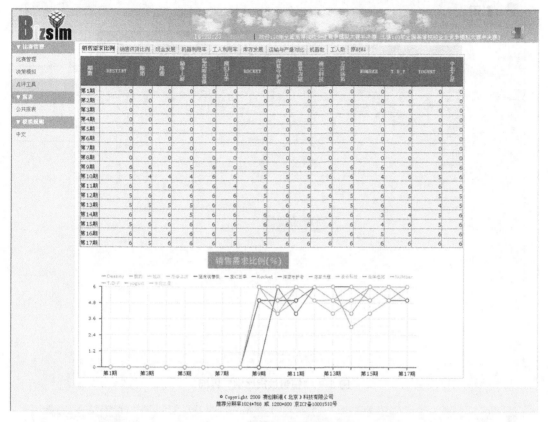

**图 5-8 "销售需求比例"界面**

## 5.5.2 销售供货比例

列举每个团队在市场上的销售与供货的对比情况，可以看出供货的合理性得失，如图 5-9 所示。

## 5.5.3 现金发展

系统给出每个团队的现金发展趋势，可以发现现金流管理的得失，如图 5-10 所示。

## 5.5.4 机器利用率

企业中的季度平均机器工作时间，反映机器产能挖掘得失，如图 5-11 所示。

## 5.5.5 工人利用率

企业中季度平均工人工作时间，反映工人产能挖掘得失，如图 5-12 所示。

## 5.5.6 库存发展

企业中的库存发展情况，反映库存的控制得失，如图 5-13 所示。

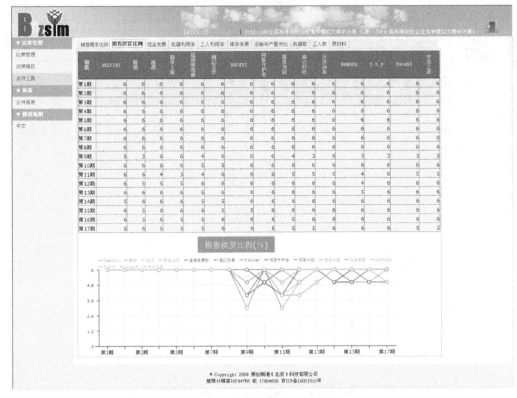

图 5-9 "销售供货比例"界面

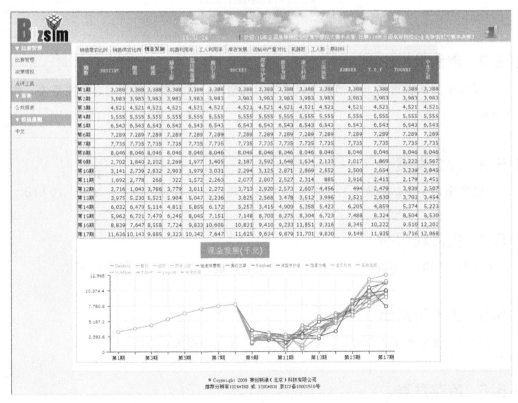

图 5-10 "现金发展"趋势界面

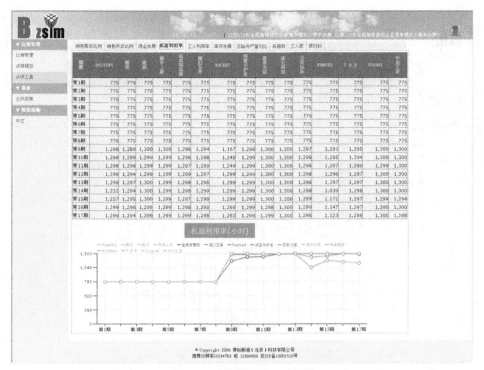

图 5-11 "机器利用率"界面

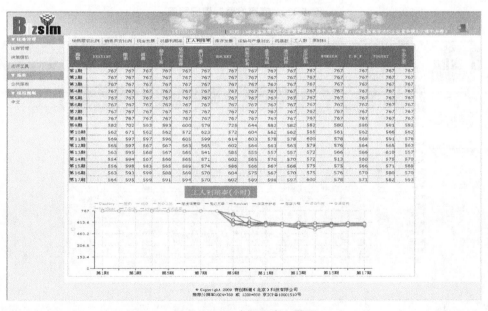

图 5-12 "工人利用率"界面

## 5.5.7 运输与产量对比

企业中运输与产量对比的差值,反映扩张得失以及运营配合,如图 5-14 所示。

## 5.5.8 机器数

机器数量的发展趋势,反映扩张得失,如图 5-15 所示。

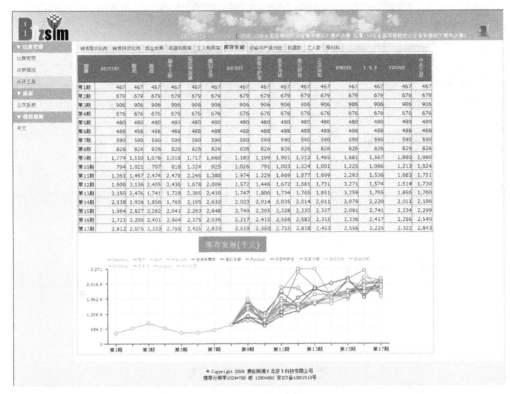

图 5-13 "库存发展" 情况界面

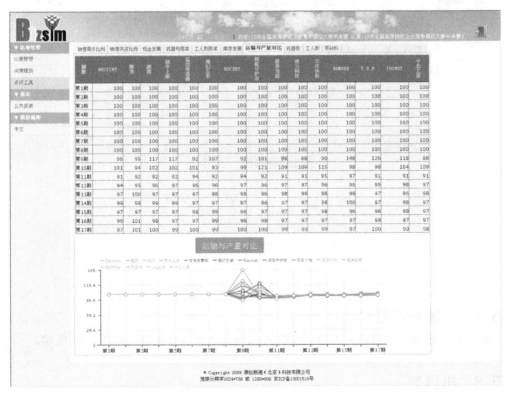

图 5-14 "运输与产量对比" 界面

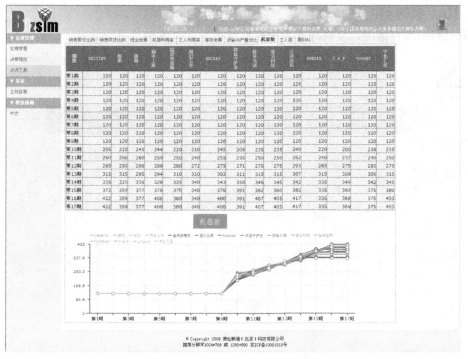

图 5-15 "机器数"发展趋势界面

## 5.5.9 工人数

"工人数"趋势，反映扩张和人力资源得失，如图 5-16 所示。

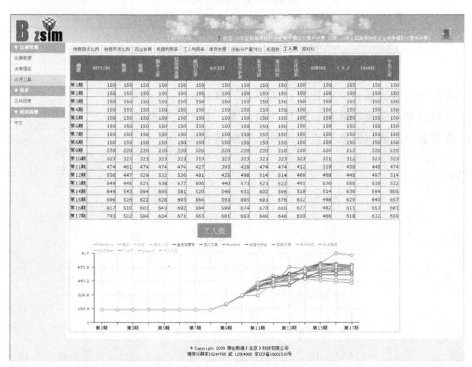

图 5-16 "工人数"趋势界面

### 5.5.10 原材料

原材料的库存情况，反映运营和库存控制得失，如图 5-17 所示。

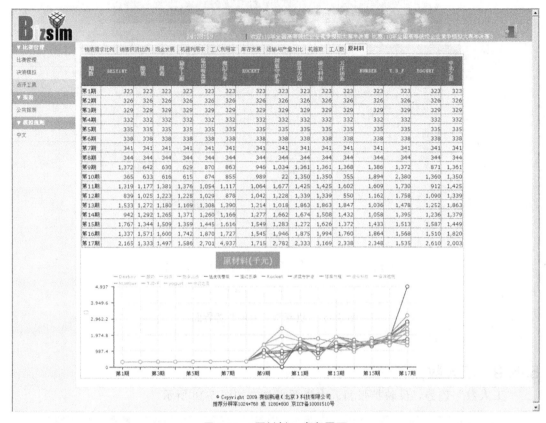

图 5-17 "原材料"库存界面

## 练 习 题

1. 到负责的赛区新建一个比赛，调整比赛参数。
2. 添加或者创建参赛队员，然后开始比赛，并把比赛模拟几期。
3. 查看各个报表以及教师点评工具，理解其含义。

# 第3篇

## 分析规划篇

# 第6章 战略规划

## 6.1 历史背景分析

历史背景包括比赛规则、公共信息和内部信息。比赛选手在参与决策的开始，企业已经在给出的市场规则下运作了数期，具体运作时间由比赛组织者设定，一般情况下模拟 8 期。在已模拟的时间内，系统保留了这几期的历史数据，即公共信息和内部信息中给出的数据，这些数据有助于参赛者了解市场，为后面的比赛提供分析的依据。当然，参赛者先要熟悉比赛中的市场规则和这些数据的具体内容，以便进行正确的分析。市场规则包括一般规则、市场机制、产品分销、库存与预订、生产作业、研究开发、人员招聘退休与解雇、资金筹措、纳税与分红、评判标准等，在前面的章节已有介绍，这里不再详细叙述。

## 6.2 战略分析

本书将企业竞争模拟的战略制定划分为短期阶段性战略和长期规划战略来进行讲解。其中短期阶段性战略分为三个部分：初期战略、中期战略和后期战略。长期规划战略主要针对某一个具体的项目进行讨论，例如，研发、分红、原材料等。通过了解一些决策的长期整体规划，才能对当期的决策进行有针对性地制定，避免因小失大。这也给比赛选手一个很重要的启示：由于比赛是一个长期决策过程，比赛胜负取决于最后一期的分数，因此，前期决策的制定应该尽量为以后的决策服务，而不能只顾眼前利益。

### 6.2.1 短期阶段性战略

因为在企业竞争模拟中每一期决策所代表的时间是"一个季度"，所以"短期"在这里强调当期决策的重要性，即对当期决策做到合理规划。而"阶段性"是指考虑整个比赛过程，将 8 期（注：比赛期数依照每次比赛规则而定）的比赛分为三个战略阶段：初期、中期和后期。也有相关书籍，将这三个阶段分为扩张阶段、稳定阶段和决胜阶段，后者主要是从企业发展特征划分，但其对应的时间段基本相同。

接下来将分别讨论初期、中期和后期这三个阶段战略的制定。

## (1) 初期战略

在企业竞争模拟中，初期主要指比赛开始的前两期。在这个阶段，比赛选手面临着企业在之前运作中遗留的诸多问题。这些问题可能主要表现在：生产力落后；产品结构不合理；市场业绩低迷；企业资源闲置；利润低或亏损。

比赛选手接手企业后的首要问题是找出之前企业运作的症结，并熟识正确的改善做法，以便达到未雨绸缪，让企业顺利进入比赛中期，达到合理预期。接下来，主要讨论初期各项战略的制定，以便解决企业前期运作中遗留的问题，以及在战略制定中需要注意的问题。

### 战略要点一：产品研发

由于在接手企业的第一期，企业一般只能生产 A，B 两种产品，但在整个比赛阶段，企业共有四种产品可供生产，也就是说 C，D 产品还没有研发。因此这也就使得比赛选手面临两个问题需要解决。

问题一：A 和 B 产品是否继续研发？

问题二：C 和 D 产品是否开始研发并且生产？

关于第一个问题。要了解是否需要继续研发，首先需了解研发的作用。通过对产品研发的投入，可以增加产品的市场需求，进而增加产品在市场上的竞争力和企业利润，而且这种研发效果具有持续性，因此根据"早研发早受益"的优势，一般情况在早期是不采用停研的方式的。

关于第二个问题，C 和 D 产品是企业产品结构中必不可少的战略性产品，一般情况下，一个好的企业能够协调好四种产品的生产结构，并合理进行研发。那么，在开始阶段是否研发并投入生产，就要根据历史分析和企业自身的方针而定了。下面归纳三种开局研发战略。

① 缓慢型开局。缓慢型开局是指企业对 C，D 两种产品均不进行研发，只生产 A 和 B 两种产品的战略。

② 推进型开局。推进型开局是指企业研发 C 和 D 产品中的一种产品并且进行生产的战略。

③ Rush 型开局。Rush 型开局是指企业同时研发 C 和 D 产品并且将两种产品投入生产。

当然，在介绍了这三种开局之后，很多人会有疑问。比如，这些开局的优势和劣势是什么？是否有参考标准来决定采用哪种开局方式？下面的表格（表 6-1），可以让大家清楚了解这三种开局对企业的影响。

表 6-1　三种开局优劣对比

| 开局方式 | 需要工人数 | 成本投入 | 对早期扩张的益处 | 产品后期竞争力 |
| --- | --- | --- | --- | --- |
| 缓慢型 | 多 | 少 | 大 | 小 |
| 推进型 | 中 | 中 | 中 | 中 |
| Rush 型 | 少 | 多 | 小 | 大 |

很显然，研发的投入必然会增加成本，并且减少企业初期的可用现金，这样就使得企业购买机器的能力下降，但产品研发等级的提高会增加产品的竞争力，从而增加产品的贡

献率。推迟研发则会在产品等级上落后，产品竞争力下降。那么如何选择开局方式呢？对此提供一些讨论的要点，供比赛选手参考。

① 比赛开局受到工人数与机器数的限制。在某些背景下，机器相对于人力资源过剩，即使雇佣最多的工人也不能将机器最大化利用。在这个时候，就需要考虑研发 C 产品或 D 产品，或两种产品同时研发。因为生产 C 产品与 D 产品一般需要工人较少，这样就能使得机器最大化的利用。这也是"机器至上"的原则。

② 比赛开局各产品的边际贡献率不同。如果要考虑在初期获得更大的利润，或者在某种产品上积累优势，那么就要分析每种产品的边际贡献率。比赛初期可以主要研发产品贡献率高的产品而放弃贡献率较低的产品，这样可以在早期获得较多的利润，但缺点是可能某些产品在后期的增长点较大，这样在早期放弃研发就可能导致产品的相对竞争力下降。

③ 长期规划战略的限制。企业通过对历史背景的分析，在制定长期规划的时候，根据自己的实际情况，可能有自己明确的发展方向，是主要研发，注重产品"质量"，还是主要扩张注重产品"数量"。这在不同程度上也属于一种博弈。

### 战略要点二：扩张

在企业竞争模拟的竞技系统中，企业获利的主要渠道是销售产品，因此应该尽可能地扩大产能，也就是购置机器和雇佣工人。

那么，首期购买多少机器比较合适？

应该明确企业限制资源应予以最大程度的利用。当对此达成认同后，便可以计算出企业最大化的机器扩张幅度。为此要首先计算一下第 1 期可用于购买机器的现金来源。

期末剩余现金。期末剩余现金是在第一期决策执行后所得，一般要通过预算得知。

可发行债券。发行债券是一项很重要的融资手段，很多刚刚接触比赛的选手都会忽略这一点。比赛初期可发行大量债券。

根据以上计算所得，可以假设剩余资金为 500 万元，可发行 600 万元，机器 10 万元每台，那么最大购买机器能力为 110 台。但是，是否要进行最大程度的机器扩张，还需要注意协调工人扩张的问题。根据规则可知，雇佣工人的数量最大为本期工人数的 50%（具体数值根据规则而定），其工作效率只相当于本期的 1/4，而机器需要到第 3 期才能使用。那么是否可以在第 3 期雇佣到足够的人数，以满足机器最大化生产呢？关于这一点，需要明确合理的人机比例，做出合理预期。

根据以上问题，可以得到一个前期发展的必要方案，就是在机器到达之前尽可能地雇佣足够的工人，也就是说，如果要在第一期购置大量的机器，必须为此准备足够的工人。根据经验，很多情况下，相对于机器的产能，工人数较多。因此，提出以下方案供比赛选手参考。

① 机器扩张。在早期尽可能地扩张，一般采取两种方案，一是确保第一期扩张最大化，二是确保前两期扩张最大化。后一种方案是考虑到了工人协调性问题。

② 工人扩张。为第 3 期规模性生产雇佣足够工人，一般情况下，前两期工人可以考虑全额雇佣。

### 战略要点三：生产安排

通常用机器数量来衡量生产力，实际上一个更有效的方法是用有效的机器工作时间来衡量。在比赛的第 1 期，比赛选手刚刚接手企业，无法改变机器的数目。因为根据规则，本期购买的机器，要在第 3 期才能使用，所以，要改善企业的生产安排，使企业的机器得到充分的利用。

注意观察历史决策，可以发现原有决策一般是将所有的生产活动安排在一班正班和一班加班。初看起来，这样做的好处是工人工资成本比较低，且便于管理，但这种安排实际上造成了巨大的产能浪费。

生产的班次安排曾经是一个大家争论不休的问题，A，B，C，D 四种产品怎样的班次组合才最优呢？在综合评分的七项指标中，利润是最重要的，可以说利润决定着一切。在产品结构既定的前提下，为了追求最大利润，一味地节省生产成本，其代价就是雇佣更多的工人，而人均利润率又是综合评分中一项重要指标。考虑一下，如果第一班反过来生产 C 和 D，则可以少雇多少人，人均利润率的提升又将会有多大？

常规做法是将劳动密集型产品 A 和 B 安排在单位工时工资比较低的第一班正班生产，而把依靠大规模机器生产的 C 和 D 产品安排在第二班正班及第二班加班生产。这样的排班是生产成本最低的，在其他条件不变的情况下也是利润最大的。这样的排班，固然有助于降低成本提高利润，但还需考虑到比赛的评分指标中还有一项"人均利润率"。2006 年全国大赛中在人均利润率方面表现较为突出的队伍如"FINO"，从预赛、复赛到全国决赛，其人均利润率均保持着赛区较高水平。根据对其实战数据分析，他们是均衡战略思想突出的典型代表，产能、研发、市场份额、市场价格均表现得较为均衡，而其往往在最后两期，从市场份额上可以明显地看出开始转产 C 和 D 产品。

生产环节是控制成本的重要一环，人均利润率中的分母就产生于此，分子则与此直接相关。如何安排生产以使企业综合评分最高是生产部门的重要研究任务。在大赛交流及实战中，把 A，B 与 C，D 完全颠倒过来的做法基本上没人认同，因为这意味着巨额成本。一般比较受认同的还是遵循生产成本最低原则；也可视情况将劳动密集型产品与机器密集型产品在排班时相结合，如 AC，BD 或 AD，BC。可以认为，比赛中前期是一个原始积累的过程，利润显得尤为重要，况且人均利润率只是一个当期指标，建议使用 AB，CD 组合。在比赛后期适当考虑调整一下班次或产品结构（即减少 AB 产量，重点生产 CD），以控制工人规模。中前期遵循利润最大原则，后期遵循综合分最高原则。

对于曾经流行一时的、感性地认为前期应该以生产劳动密集型产品 A 和 B 为主，后期以生产 C 和 D 为主的观点，应在具体环境下具体分析。并非 A 和 B 在后期就一定要转产，也并非 A 和 B 在前期就一定要主打。如 2007 年 MBA 大赛预赛，该情景中 A 产品一枝独秀，在实施四产品战略的情况下，将总产能的 1/3 用来生产 A 也是不为过的，即使到最后。而预赛 124 赛区是唯一不与其他 10 个赛区情景一致的（本章中通常所说，2007 年 MBA 大赛预赛情景不指该赛区），此情景中 A 的盈利能力自始至终都不尽如人意，该赛区以小组第一晋级来自合肥工业大学的"奇云股份"队在比赛第 4 期就彻底放弃了 A 产品，大展 B，C，D 产品的战略，让人大开眼界。

在各产品盈利能力均衡的前提下，生产成本最低排班模式一般见以下两种情况（表6-2 和表 6-3）。

表 6-2　生产成本最低模式一

| 第一班正班 | 第一班加班 | 第二班正班 | 第二班加班 |
| --- | --- | --- | --- |
| A | | | |
| B | | | |
| C | | C | |
| | | D | D |

表 6-3　生产成本最低模式二

| 第一班正班 | 第一班加班 | 第二班正班 | 第二班加班 |
|---|---|---|---|
| A | | | |
| B | | B | |
| | | C | |
| | | D | D |

其基本原则是首先将 A 安排在第一班正班，D 安排在第二班加班，再到第二班正班，B 与 C 视其产量情况而定。如果 A 产品一枝独秀也存在第一班只生产 A。

对于第一班加班，我们认为一般不会使用，因为这意味着对产能的浪费。但特殊情况也是客观存在的。如 2006 年管理大赛决赛与 2007 年 MBA 大赛决赛情景中首期情况是工人相对机器而言极其少，在遵循生产排班成本最低的前提下几乎只有在第一期选择同时上 C 和 D 才能保证产能不浪费，甚至即使选择了同时上 C 和 D 也还不可避免的需要安排第一班加班。此种情况下，到底是将班次颠倒过来还是使用第一班加班需要在模型中进行数据分析。从获知的内部数据来看，2006 年参赛队伍"Cool"选择了同时生产四种产品，并且少量使用了第一班加班，2007 年参赛队伍"一休"首期选择新产品只进 D，但为了既不浪费产能又不颠倒班次而选择首期仅生产 B 和 D。

### 战略要点四：初期分红

第 1 期分红，主要考虑的是其对企业长远发展的影响。比如分红 20 万元，净资产也就减少 20 万元，而可发行的债券同时减少 10 万元，企业可运用的资金就少了 30 万元。在各企业运营能力一样的假设下，这 30 万元差距将一直存在，同时由于比赛之初资金相对缺少 30 万元，在机器购买上理应相对较少，如 4 台机器，然而机器差异也存在累积与放大效应。

一般情况下，具备分红能力的是第一期与后三期。在 8 期比赛中，这一次分红将被作为单项指标各期均计算一次，同时又还考虑上期分数的影响而在第五期时被累计计算四次，假设所有企业前五期的分红决策只发生于第一期，不论分红与否。下面来分析一下第一期分红对前五期的分数贡献：

首先取公式"本期综合分＝上期综合分数×0.5＋本期七项指标标准分计算分数×0.5－现金不足下调分数"，如表 6-4。

表 6-4　第一期分红对前五期的分数贡献

| 期数 | 分数贡献 | 期数 | 分数贡献 |
|---|---|---|---|
| 1 | $0.5i$ | 4 | $0.9375i$ |
| 2 | $0.75i$ | 5 | $0.96875i$ |
| 3 | $0.875i$ | | |

注：其中 $i$ 为第一期本企业分红与所有企业分红均值比较计算加权折合所贡献的分数。

如果第一期只有一家企业适量分红而其他所有企业不分红的话，那么结果是这家企业凸现出来，而其他企业相差无几，就是 15 家企业为 1 家企业贡献分数，如果是 15 家企业都分红，而只有一家企业不分红，那么就是这一家企业就为 15 家企业贡献分数。这是两种极端对比，事实上这里存在一个博弈过程。关于第一期分红到底分多少合适，目前尚无定论，根据实战统计一般是 5 万~10 万。

比如，在权重为 0.1 的情况下，分红的企业越多，想要超过没有分红的企业 0.01 的综合分需要的资金越少。在其假设的前提下，最多为 12 100 元；分红的企业越少，我们想获得不为负的综合分所需要的资金越少，在五家企业分红时，最多为 40 382 元。但该结论并非就是支持首期分红，因为这是在不考虑分红机会成本的前提下进行的分析。

关于首期分红，主要是一个机会成本问题，也就是分红与该部分资金买机器或其他投资的边际效益问题。理想情况下，当第一期分红对分数的边际贡献等同于该部分资金用在扩张等方面所带来的利润对分数的边际贡献时，达到最优。但这几乎不具有实际可操作性，一般只是一个感性的认识。

从机器扩张角度分析，如首期未分红 20 万元，则在机器购买上具有一定优势，假设同等营运能力，机器价格 8 万元，每台机器利润贡献 1 万元，"超额"机器的运营资金由"超额"债券补足。由于机器购买的滞后性，其影响应为第三期至以后各期。在"8＋8(9)"模式比赛中，第六期一次性补足分红差额（考虑分红的利息），通过计算分析可知，机器优势则由第三期的 4 台延续至第七期大约可扩大为 9 台，第八、九期机器优势大约 5 台。若在"6＋10(11)"模式比赛中，第八期一次性补足分红差额，计算可得第九期机器优势大约为 12 台，第十、十一期机器优势大约为 8 台。若与首期分红 10 万元比较则机器优势减半。

从累计利润角度分析，假设从第 3 期开始以后各期的加权平均资本利润率为 11％，则首期分红 20 万元意味着在"8＋8(9)"模式比赛中累计利润损失 40 万元左右，在"6＋10(11)"模式比赛中累计利润损失 50 万元左右。如按净资产收益率计算则损失更大。分红减半则利润损失减半。

可见首期分红主要在于中前期的单项分数贡献，而后期则有赖于其"1/2 次方"递减的持续影响，但不利于企业的原始积累及利润冲刺。

通常"首期分红"应结合自身战略，比如采取"先发制人"策略的可以考虑首期分红，因为此时前两期利润是足够高的，资金相对比较宽裕；而"厚积薄发"策略由于前期投入过多，资金相对更为紧张，则不必太在乎第一期的分红。有些参赛团队认为首期分红造成的中前期分数差距，主要是一种心理战，他们所坚持的首期适当分红并非有严格的数据分析而是从心理博弈角度考虑。

**(2) 中期战略**

中期主要指第三期开始到决胜期的前两期或前三期。中期是整个比赛变数较少的阶段，虽然中期的竞争进入了白热化，但在企业合理运作的条件下，企业状况一般以稳中求胜为主。由于在中期对抗中往往力求稳扎稳打，企业很少临时变换扩张规划或者研发规划。

**战略要点一："订货"与"库存"**

中间几期是对整个企业运营最终结果起决定性作用的几期。为了获取最大利润，最大限度地加速资金周转，理论上的"零库存零订货"（即双零状态）是每一家企业的理想（不考虑有意的库存策略），但事实上要做到这一点实属不易，市场中的不确定因素太多，当然不少企业能做到至少是部分市场做到。一般市场决策的结果会有以下几种：零库存零存货、少量库存、少量订货、大量库存、大量订货等。一般在此，比较大也是比较有价值的争议是少量库存与少量订货孰优孰劣。如果出现非战略性的大量库存或大量订货，说明决策出现重大失误。下面就假设现在每个市场的供货数是100,需求的价格弹性为10。

先来看少量库存,如果平均每个市场有一个存货(这已经是很少的库存了),在现行价格下,这16个存货的总销售收入为10万元,成本为7万元,我们要把这10万元库存(1‰的数量)卖出去得降价0.1‰,总收入将增加9万元,利润增加2万元(因为降价是针对所有产品)。事实上10万元(或9万元)库存对企业的影响更重要的是资金运转而不是2万元利润。实际上那9万元收入以及2万利润并没丧失,只是现在尚未实现。

再来看少量订货,也是假定平均每个市场一个订货(这个订货量也已经很小),实际上就相当于平均每个市场有3个需求未被满足,需求过剩3‰,这就意味着价格定低了0.3‰,收入也就减少了3万元,利润同样减少3万元。产生订货实际上就是产品的价值没有实现最大化。

因此从利润及长远收益的角度来看少量库存是优于少量订货的,但从短期资金运转来看少量订货更有益于企业正常运营。

结合需求计算公式"本期实际需求(指企业在货源充足下,最大的需求)=本期理论需求+上期订货+其他企业缺货数一定比例",更进一步支持了少量库存更优的观点,因为只有当企业出现少量库存时才能证实产品潜在的价格空间已经被充分挖掘。故而可以认为最优的市场状态为"全面1库存"而非"双0状态"。到底如何取舍需结合企业的具体情况:如果企业在扩大规模上比较谨慎,预留资金充足或市场把握能力较强的话,则可以考虑少量库存;如果企业在扩大规模上比较冒险,预留资金不富余或市场把握能力有限的情况下则应更多考虑加速回笼资金以免现金断流,影响企业正常运作。

如果一个企业能做到的话,最好从第二期末开始每一期都保留"全面1库存",那么企业的市场价值将达到最大,没有一个产品会廉价出售。这将十分有力地促进企业的原始积累与长远发展。

**战略要点二:"研发"与"扩张"**

企业的投资方向有很多,如购买机器、研发不同的产品,甚至"分红"都可以被看作是一个投资项目。面对如此多的选择,如不做冷静的分析,难免手忙脚乱或乱投一气。

这里分析的关键是理清投资期、投资量和回收期与回收量。将这几个数据先整理清楚,再分析其他条件。下面以研发与机器的扩张为例来进行分析。

例如,在第二期考虑用10万元购买机器或进行产品研发。

每台机器支付购买金额10万元。第四期投入使用,每期利润如果为1万元,五期共能盈利5万元。

对比用10万元进行产品研发,该产品价格可提升200元,未来五期共销售该产品1 000单位,合计增加收入20万元,扣除研发费用增加盈利10万元。

简单从数字上看似乎投入研发更有利。但我们还需要进行进一步的分析。

购买机器是资产形态的转换,不影响净资产;产品研发是分两期摊销的费用,净资产将先减少后增加。如图6-1所示。

仔细对比分析会发现:购买机器不影响财务资源(这里指现金和企业债券等),而产品研发因导致净资产减少从而债券发行额度也会相应减少。考虑到这一点,产品研发所占用的资源至少相当于购买1.5台机器。

**(3)后期战略**

后期也就是最后两期或最后三期,这几期企业开始考虑最后一期的分数排名问题,这

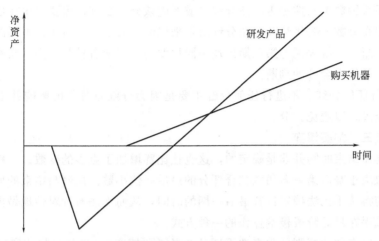

**图 6-1 购买机器和研发产品对净资产影响**

个时候企业在分数上的重要性远远高于任何一项指标，比赛胜负的关键也在于分数。那么在最后几期内，如何让分数能够领先，也就成了后期战略的主要内容。接下来讨论在比赛后期中常遇到的几种战术。

**战略要点一：战略库存**

战略库存，即在最后一期前储备较多的产品，这种库存有两种方式。

① 减少运往市场的产品数量。这种方法比较容易，但是会在最后一期造成运输费的浪费，也有可能因此产生更多的废品。

② 提高市场产品价格使产品库存在市场上。这种方法比较困难，很有可能因为价格制定得不合理，导致库存过多或没有办法完成库存的预期。但是，如果有恰当的库存，可以在最后一期减少运输到市场的库存费用。

战略库存是比赛中最常见的一种战略。最后一期的分数的重要性是具有决定性的，所以，应该尽可能将最后一期的分数调高。很显然，对分数的最大影响因素就是"利润"，因为每一项指标都与"利润"相关。那么如何使企业在最后一期的利润达到最大化呢？

前期和中期的比赛操作对"最后一期"的影响已经无法改变，但是可以通过"战略库存"来使最后一期利润得到提高，但是，很明显"战略库存"也使得在库存的那一期利润减少，所以适当地控制"库存量"也是很重要，不要因小而失大。

**战略要点二：分红博弈**

根据比赛规则，比赛共七项指标，但这七项指标的权重却根据每次比赛背景的安排而有所差异。那么在最后分数的调整上，分红起到了什么作用呢？

首先，单一考虑分红本身，肯定是分红的金额越大，在这项上所得到的分数越多。但是，分红并不仅仅影响这一样指标，分红同时还影响了净资产和资本利润率这两项指标。分红必然会导致企业净资产的减少，但同时却增加企业的资本利润率。出于这两方面的考虑，就需要分析分红是否划算的问题。而在分析此问题的时候，这三项指标的权重和各竞争企业在这三项指标上的状况都起到了决定性作用。也因此，企业在这种情况下表现为两种战略。

① 倒数第三期适当分红，最后两期尽可能分红。倒数第三期是最后一期可以购买机器的一期，因为最后两期购买机器已经无法在比赛中使用，所以这种购买机器的行为是没

有必要的。那么倒数第三期是否应该分红，或者应该分多少红，需要对比在最后一期机器所带来的利润在分数上的优势和这期分红所带来优势。对于这种对比，不同的企业可能会作出不同的判断，也就表现为第三期出现不同程度的分红或者扩张行为。当然，胜负的关键在于企业对此作出合理的判断。

② 不进行任何分红。不进行任何分红主要是因为分红对分数的影响并不明显，或者企业自身资金匮乏以避免扣分。

**战略要点三：加赛博弈**

比赛的具体结束时间并非是确定的，这也让比赛增加了更多的变数。一般情况下，比赛是否加赛取决于赛区第一名团队综合评分的最后一位小数。加赛与结束的概率显然是相同的，这就使得选手无法确定比赛最后一期的时间，从而无法有针对性地做出决策。这也是为了避免选手在最后阶段极端操作的一种方式。

当然，尽管有如此规则，很多选手还是选择了"博弈"，也就是将比赛确定为某一期结束，然后有针对性地进行决策，而不考虑之后的比赛状况。例如，在企业成绩落后的时候，很多选手明白自己即使稳定操作也不可能取胜，那么在这种情况下一般考虑准备"加赛"。这个时候，可以采取的策略有减少分红进而为加赛购买机器，另外还可以为加赛期进行"战略库存"。

## 6.2.2  长期规划战略

长期规划战略要求比赛选手对每一个项目具有整体性把握，这就需要选手们清楚资金投入是否能够达到预期效果，同时了解这种结果对比赛全局具有何种影响。前期的失误决策很可能会在后期产生明显的"蝴蝶效应"，也就是微小误差可能会导致结果偏差的急剧放大。因此，对每一次决策都要有一个整体规划，这也是比赛能够取得最终胜利的前提。长期战略的规划主要从下面几个方面进行：研发规划、产能扩张规划、工资系数规划、原材料规划。

**(1) 研发规划**

企业要生产某种产品，需先投入基本的研发费用，其数量相当于表 6-5 中的等级 1。它包括为生产该新产品需要的专利的获得、设施的购置和技术的培训等。

为了提高该产品的等级，企业还需要进一步投入研发费。它包括为提高产品质量的技术革新和生产工艺的改进等。这些费用相当于表 6-5 中的等级 2，3，4，5。若产品等级高，可以增加客户的需求。在计算成本时，将本期的研发费用平均分摊在本期和下一期。各种产品达到不同等级需要的累积研发费用（简单加总）如表 6-5 所列。

**表 6-5  产品研发费用表**　　　　　　　　　　　　　　　单位：元

| 项目 | 等级 1 | 等级 2 | 等级 3 | 等级 4 | 等级 5 |
|------|--------|--------|--------|--------|--------|
| 产品 1 | 100 000 | 200 000 | 300 000 | 400 000 | 500 000 |
| 产品 2 | 200 000 | 350 000 | 480 000 | 600 000 | 700 000 |
| 产品 3 | 300 000 | 480 000 | 600 000 | 720 000 | 850 000 |
| 产品 4 | 500 000 | 600 000 | 700 000 | 820 000 | 950 000 |

在研发的决策过程中，通常需要关注两个问题：第一，研发会增加成本；第二，研发

能促进需求的增加。其中，增加的成本是确定的，但是需求增加的幅度却是未知的，只能通过经验以及一些合理的推测进行预期。因此，这样的投资也具有风险性。

当然，研发的决策中也有一些供比赛选手参考的要点。

① 早研发早受益。因为研发具有长期效应，研发作用为研发当期及以后各期。很显然，如果在比赛结束的当期研发，那么这一期的研发作用也就只能作用一期了。

② 研发的边际效益递减。边际效益递减是最基本的经济学原理之一，这也就是说应该合理停止研发的投入。因为继续研发已经不能增加企业利润，这种投入只能增加成本。

③ 研发费用的合理会计分摊原则应该是"谁受益谁承担"，作为投资规划处理，其研发的受益期是当期及以后各期而并非只有系统分摊成本的两期，故应将所有受益期按一定原则分摊，计算投资回报，而不是简单地根据对系统成本分摊期的投资受益关系来指导投资决策。这一点也说明，早期研发的回报率显然高于后期研发。

④ 研发分摊导致本期和下期成本增加，影响利润。这点尤其在最后两期要特别注意，因为如果在比赛结束的前一期进行了研发，那么研发费用的一半将被分摊到最后一期，这样会影响最后一期的利润，导致分数的降低。这样的投资行为是很不恰当的。除非研发在当期所带来的效益多于成本的分摊，才能增加利润，但这种可能性显然是很小的。当然，不排除在特殊背景下的可能，这需要比赛选手做好合理的推测与判断。

在比赛中，将研发问题上升到战略高度是有必要的，这种必要表现为一种具有风险性的投资。下面讨论比赛中常见的研发方案。

① 持续研发。持续研发就是在早期不间断地投入研发，表现为产品在每期都提升一个等级。这种研发方式在比赛中比较普遍，主要体现"早研发早受益"的基本要点。但要注意合理考虑研发回报率的问题。

② 停止研发。停止研发主要是在研发到一定等级后便不再继续投入研发资金。这主要是考虑到"研发效益边际递减"，或者是在最后两期决胜期避免分数下降。当然，一般认为达到合理的等级，停止研发是有必要的，这就需要比赛选手对比赛背景进行合理分析。

③ 跨级研发。跨级研发即在某一期投入多期的研发费用，由于产品在每一期最多上升一个等级，那么产品在下期不投入研发费用也将提高等级。跨级研发与持续研发的相同点依然是产品每期均提高等级，不同点在于跨级研发将研发成本集中分摊在本期和下期两期内，因此之后便不产生研发费用分摊问题。这样做的坏处是大量增加了本期和下期的成本，导致这两期利润降低，好处是使得之后几期的成本降低。这种策略一般是为了避免影响最后决胜期的利润采用的。

### (2) 产能扩张规划

由比赛规则可知机器的折旧是按季度（一个季度为一个经营周期）而不是按使用时间来计算的，因此最大限度地使用机器并不会加速机器折旧；同样，由于系统的简化处理，最大限度地使用机器也不会降低机器效率，机器产出效率始终为100%。因此，对现有生产能力的最大利用是让所有机器每天都运行20小时，不是迫不得已一般不会用第一班加班。当大家都认同这一点时，产能的扩大问题就成了机器规模的扩张问题。

这是一个由数家初始条件完全一样的企业共同经营的完全竞争市场（随着各家企业的运营开始，该市场会转向于垄断竞争市场。垄断竞争市场与完全竞争市场的特征比较接近，二者的主要差别在于垄断竞争市场上同种产品是有差异的。然而就是这一点不同，导致垄断竞争市场和完全竞争市场的价格竞争有很大差异）。正常情况下任何一家企业都左右不了市场，各企业的制胜很大程度上取决于生产规模。总的来说，最后拿第一的企业其机器规模不一定最大，但肯定也不会是最小。机器规模最大的企业排名往往也不会太落后，机器规模相当的企业们的差距主要体现在各自的运营能力。那么怎样才能最有效、最快速地扩大机器规模呢？

首先要明确，机器规模的分析不是简单看最后一期的机器数量排名，而是给各期的机器数量设一个权重，如最简单的就是通过各期的机器数量求平均值来对比机器规模。比较好的方法是设按期数递增的权数折算机器规模，最标准的方法是根据自己的"对手还原模型"，推导出对手每一期的具体机器数，然后计算累计折旧，累计折旧从根本上反映了机器总规模。因而所说的极度扩张不是让某一期的机器数最多，而是要追求最后的累计折旧最高，此时说明机器总规模最大。

普通情景下，当企业正常运营时，一台机器能创造至少3万元的收入，其中有至少1万元利润（在比赛后期比较明显），这是机器制胜思想之所以受人们追捧的根源所在。在全国高水平比赛中，几乎每一家企业都在冒着资金断流、破产的风险最大限度地购买机器。然而要做到这点，企业必须具备以下能力。

① 一张计算完全准确的会计科目表，与比赛系统的计算结果无任何差异（这只是一个最基本的财务要求）。

② 具备准确地预算3期（各种收入、费用、利润等）的能力，只有具备这个能力才能清楚地认识到这次买多少机器才算到了极限；再多买一台的话企业的正常运营就会受到威胁。

③ 具有财务上"贴零"运行的勇气。关于"贴零"运行的两层含意：首先是保证收入实现以前的闲置资金贴为零或接近零，即不浪费一分钱，这是一件很容易做的事，有一张精确的会计科目计算表即可；其次是在极限扩张中以后各期的预算也贴零，充分利用财务资源，将企业潜能发挥到极限，当然这对市场预测的准确度要求是特别高的。

具体的扩张思路一般有两种：各期均平稳地购买机器；跳跃式地购买机器。对于这两种思路均见有参赛队伍实施，并且从最后的机器总效果来看并无明显的优劣之分。第一种思路是应用很广泛的，因为这不仅仅有利于招聘人员的平稳性，更有利于市场的把握（主要在于其扩张的节奏很平稳）；第二种思路对操控能力则要求更高，一般是买一期歇一期的间歇式购买。跳跃式购买一般也分为两种情况，一种是主动型的战略型选择，另一种是被迫的战略性调整。对于前者只要成熟驾驭并无显著问题，对于后者则是迫于市场、财务状况与预计的差异，导致其扩张步伐被迫大幅调整，这往往会导致在工人市场方面与之不协调，给生产调整也会带来诸多问题。

**(3) 工资系数规划**

在比赛中，工资系数是唯一与工人积极性相关联的指标。提高工资系数可以更有效地激励工人，从而一定程度上提高产品等级、降低废品率（进而提高市场占有率）等，进而提高产品的市场竞争力。关于工资系数，到底定位在什么水平比较合适？这是值得深入研究与分析的。

工资系数的主要影响要从两方面考虑，一是成本，二是收益。

成本就是增加的工资部分，同时考虑这部分资金用于别处的机会成本（如广告促销），机会成本是人们经常忽视的。

首先，收益主要是减少废品，在减少废品的同时通过提高正品率增加收入，因此我们需要明白废品的数量和废品损失的计算公式。

其次，收益要提高产品等级，从而相应增加需求。

收益中常被人们忽视的是市场占有率，比如产能为 300 台机器时废品率 5%（工资系数为 1）与废品率为 0% 会相差 15 台机器的有效产能，市场占有率也会相差不少。

下面来看废品数量及废品损失的计算方式。关于废品数量的精确计算，比赛规则并未明确写到，根据实战研究，废品数量是各市场单算，等于本市场供货量乘以废品率（1－正品率），然后四舍五入。由此可见废品为 0 不一定就要求正品率为 1，当正品率 0.999 或 0.996 或更少时也能使废品为 0。废品的销售全部不计入当期的销售收入，废品损失等于各市场废品数量乘以价格再乘以 40%，因此废品的实际损失包括生产成本、销售成本和废品折价三部分，相当于损失了 140%。因此可以想一下一个废品 D 会损失多少？

此计算方式也提醒选手在比赛中要注意一个细节，比如原计划某个市场供货 100，而此时该产品的正品率为 99.5%，那么供 100 个货就会有一个废品，而供 99 个就不会有废品。这是很值得注意的，这也是利润点，假如这个产品是废品 D 的话就直接少了 1 万多元的利润。供过去就是废品，因此应该将这个产品调到别的市场。如果每个市场都面临这样的问题，那么这个产品可选择留在工厂。同样，如果在工资系数及供货下某个市场该有 1.49 个废品，那么就别让它变成 1.50。如果所有市场都忽视了这个细节，那么每期都会损失几万元的利润。

在财务不受制约的情况下，并且不考虑市场占有率这一指标（该指标难以货币化），也不考虑正品率的延续性，最优的工资系数应基本满足"（增加的收入＋减少的废品损失）－增加的工资支出"达到最大，也就是使得当期的利润最大。最简单的方法就是在比较健全的模型中输入不同的工资系数，同时再对应地输入各产品正品率，在合理调整各情况下废品数量小数点问题时直接看哪个工资系数下利润最大即可。

下面为新手提供一个比赛经验。关于工资的背景一般有两种：一种是低工资背景（基本工资为 3 元），在这种情况应使工资系数提高，并尽可能减少废品；另外一种是高工资系数，这种情况下提高工资系数会大量提高成本，因此工资系数不需做调整，而是在整个比赛中保持基本工资。

当然，综合考虑下，在确定工资系数时一定要慎重考虑机会成本，具体策略需结合具体情况而定。在不使用银行贷款的期数如前两期与后三期，这几期应完全遵循当期利润最大化原则确定工资系数，而在中间几期则需衡量银行贷款的机会成本，因情景而异。因为不耗用银行贷款时，这种机会成本是相对较小的，此时是用现金带来利润增加，期末会增加企业的营运资金，更何况在不耗用银行贷款的期间，一般都是现金相对富余的时候；而在用银行贷款期间，是用银行贷款额度带来利润的增加，实际上是减少了企业的营运资金，因为增加的税后利润额度一般都远远低于偿还的贷款额度。

### (4) 原材料规划

比赛规则中有规定：本期购买的原材料只有 50%（这个比例根据背景不同而产生变化）可用于本期生产，这就产生了一个原材料库存问题。为了保证一个合理的原材料剩余量，每期的现金流不至于受购买原材料数目影响太大，同时降低库存成本，应尽量使本期所购买的原材料数满足"本期末的库存原材料数≈0.5＊下期生产所需原材料数"，同时参考原材料购买的优惠折扣，以降低购买成本。其中，"下期生产所需原材料数≈（本期原材料耗用数额/本期机器数）＊下期机器数（产品结构不变的情况下）"。原材料采购涉及融资，若预计下期资金紧张，可以在本期适量多采购原材料，以缓解下期现金压力。

由于原材料购买支出是一项重要的财务支出，因此原材料的购买技巧也成为一个重要的财务操作手法。在决策过程中，对于判断某个方案是否可行，主要比较这个方案所带来的经济收益和由此而需要多付的成本：如果收益大于成本，方案可行；如果收益小于成本，不可行。

先来看一下，假设在比赛中期正常的原材料采购量已达 200 万，此时若多买 300 万原材料所带来的利益是：每个原材料能带来 0.06 元的优惠价格（大于 200 万原材料价格为 0.94 元），共获利益 300 万 ＊ 0.06 元＝18 万元。

成本是：①需要多付每个单位 0.02 元的运输费用，共 300 万 ＊ 0.02 元＝6 万元；②需要支付这些多余的每个原材料的库存费用 0.05 元，共 300 万 ＊ 0.05 元＝15 万元。

从以上计算很容易发现，实际上多买原材料是用 21 万元的成本换来 18 万元的收益。故而仅从利润角度来看，在比赛中前期试图通过超额采购原材料以求赚取部分利润显然是不可取的。

如果是在比赛最后一期超额购买 300 万原材料则需要进一步分析，一般人们往往认为从利润角度来说这是可取的。因为如果简单地认为比赛第 16 期是最后一期，那么就会得出结论：原材料的单位库存费是 0.05/2＝0.025 元，此时库存成本为 7.5 万元（300 万 ＊ 0.025），故获利 18－（6＋7.5）＝4.5 万元。事实上并非如此，以上结论得出的过程忽略了两项重要因素：首先是假设没有加赛，其次没有考虑第 15 期将这些富余资金投资国债所获收益的机会成本。

首先假设不加赛，那么上述结论从数量上来说并没问题，可以看其投资国债的机会成本。由于这 282 万元（购买 300 万原材料所需资金，300 万 ＊ 0.94 元）如果能用于购买第 16 期超额原材料，那么现金必然是在第 15 期末富余的，故其国债投资于第 15 期末，到比赛停止时国债收益为 282 万 ＊ 0.015 元＝4.23 万元，考虑机会成本，在不加赛的情况下购买原材料所获收益为 4.5 万元－4.23 万元＝0.27 万元。

然后假设加赛，由于后面现金越来越多，意味着 16 期还可以继续保持这 282 万元的国债。可以在第 17 期再获得 4.23 万元的利息收入，而买原材料将继续失去 4.23 万元的利息收入。同时这期需要再支付另外 50％的库存费用 7.5 万元，则损失增加为 4.23 万元＋7.5 万元＝11.73 万元。也就说第 16 期超额购买 300 万原材料和第 15 期末购买国债 282 万元相比分别有 50％概率获利 0.27 万元和 50％概率损失 11.73 万元。

以上问题讨论仅仅是从利润角度来考虑，同时假设第 15 期有足够富余资金。但是从评分标准来看，当"本期末现金＜Max（期初现金，本期成本）"时，本期分数会适当下调，并且还存在上期分数对下期分数的影响。然而第 15 期末购买 282 万元国债则是对该现金问题的极大挑战，而第 16 期初采购 300 万原材料则并无此问题。假设因为第 15 期末购买国债导致现金不足分数被下调 0.2，其中 0.1 的影响力延续到第 16 期，而此时比赛结束，那么这也是分数上极大的亏损。关于现金不足导致分数下调问题在后面的篇章将详细讨论。

关于最后一期的原材料采购问题还有一个探讨问题就是：是否可以通过增发债券采购超额原材料，此时一般银行贷款已经耗用殆尽，除企业富余现金外，剩下的资金来源只有债券，首先对第 16 期此操作进行分析，假设增发 98 万元债券采购超额原材料 100 万（基本原材料采购已满 200 万），即设不加赛此时获利为 100 万×(0.6−0.2−0.25)＝15 万元，无须偿还债券利息；假设遭遇加赛则材料本身亏损 100 万×(0.6−0.2−0.5)＝−10 万元，共亏损 12.94 万元，故从概率角度来说在第 16 期发行 98 万债券购买超额原材料是不可取的。然而第 17 期通过发行债券采购这超额 100 万债券虽然在利润上是可取的，但是如此微薄的利润几乎可以忽略，但是由此带来的资本利润率的分母则增加 98 万，该指标必然降低，因此是否执行该操作还必须结合计算标准分，往往也是得不偿失。

## 6.3 对手分析

### 6.3.1 竞争对手分析概述

《孙子兵法》云：知己知彼，百战不殆。在这个竞争异常激烈的社会，尤其在商界里，"商场如战场"的比喻毫不夸张。他们——从商场全身而退的人们感慨万千！马云曾说：今天很残酷，明天更残酷，后天会美好，但绝大多数人死在明天晚上，见不到后天早晨的太阳，唯一的办法，那就是希望，让你的竞争对手今天先挂掉。牛根生更曾告诫我们：当你忘掉竞争对手的时候也就是市场忘记你的时候。从他们的话语里不难读出竞争对手在这场战争中的重要地位。要想站在胜利的巅峰，就必须重视自己的竞争对手，通过对其全面分析了解他们，然后超过他们。所谓对手分析，即利用一切可利用方法技术对竞争对手各项指标进行全面综合分析，以了解竞争对手的信息，获知竞争对手的发展策略以及行动，最后作出最适当的应对决策。

企业竞争模拟系统，是通过计算机模拟现实商战，但可以视为是一场没有"流血"的商战。同现实商场一样，要想名列前茅，必须要重视自己的对手。下面对竞争对手进行分析。

**(1) 竞争对手背景分析**

通过获取的竞争对手的大量历史比赛决策数据，对其做系统的全面的分析，得出在各种历史背景下竞争对手的决策风格。

**(2) 竞争对手财务状况分析**

竞争对手财务状况分析主要包括盈利能力分析、负债情况分析和现金流分析等。在企业竞争模拟中主要是指通过对手历史期数据（包括当前期），如对手销售收入、成本、利润等指标对其盈利能力进行分析，寻找到自己和对手的差距，为以后决策提供参考。现金对于企业就像血液对于人，因此，现金流分析也是企业竞争模拟财务分析中的重点。通过对竞争对手各期末净资产、现金和本企业各期对现金的需求等指标的分析估计出竞争对手累计已耗用银行贷款额度和累计已发行的长期债券，从而得出其现金流情况。

**(3) 竞争对手产品状况分析**

在企业竞争模拟比赛中，竞争对手产品状况分析主要包括产量与销量分析、库存与预定分析和产品研发分析等。在比赛中主要通过竞争对手各期财务指标分析得出其各期机器的扩张情况，由此获得竞争对手各期的生产能力。然后结合本企业市场份额、销售量和各竞争对手市场份额计算出各竞争对手产品销售量。在得出竞争对手生产能力和销售量的基础上结合各竞争者（包括本企业）市场价格、广告促销水平和研发水平综合分析对手的库存和预定情况。

### (4) 竞争对手市场决策分析

市场是什么？市场就是这场商战的主战场。谁能抢夺这块战场，谁就是这场商战的胜者。在这块商战战场上广告促销和价格又是所有竞争者的主战武器。如果连竞争对手使用的武器都不了解的话，必然沦为失败者。由此可见，在对手市场决策分析中，对竞争对手广告促销和市场价格的分析是多么重要。在对竞争对手的广告促销和市场价格分析前，先对各个竞争者的市场份额进行分析，从整体上明确竞争对手及本企业在市场上所处的位置。只有在了解了竞争对手及本企业在市场上所处位置和对手广告促销和市场价格的基础上才能准确掌握竞争对手的市场决策动向，以及时作出准确的市场决策。得市场者得天下！

### (5) 在对竞争对手分析中注意的问题

在竞争对手分析中要注意各个假设条件的设定，同时在竞争对手的选择时一定要具有针对性，最后在对竞争对手进行分析时也要具有针对性。

## 6.3.2 竞争对手决策者分析

在现实中，作为一个决策者，你可以是个风险规避者，也可以是个风险爱好者。决策者的风格往往体现了一个企业的企业文化和价值观，这是企业成功与否的关键因素之一。一个敢于冒险、勇于创新的决策者，会对企业做大刀阔斧的改革，会不断地为企业寻求新的增长机会；一个性格稳重的决策者，会注重企业的内涵增长，注重挖掘企业的内部潜力。所以，研究竞争对手的决策者，对于掌握企业的战略动向和工作重点有很大的帮助。所谓竞争对手决策者分析即分析竞争对手决策者的姓名、年龄、性别、教育背景、主要经历、培训经历、过去业绩等。

在企业竞争模拟中，通过网络连接了来自全国各地的竞争者一起以企业竞争模拟系统为平台，在此竞技。如此，要分析竞争对手决策者姓名、年龄、性别、教育背景、主要经历等就不是太现实也没有太多的必要。在这个比赛里，主要做的是收集比赛前主要竞争者过去的比赛数据，通过这些数据的分析，得出竞争对手决策者的决策风格包括其性格，比如对手是个风险爱好者还是个风险规避者。

### (1) 第一步——数据搜集

在这里，首先要确定竞争对手，也就是要收集谁的数据。然后要明确数据收集对象，也就是应该收集什么样的数据。

在选择竞争对手时通常有两种方法：第一种是通过以往经验，即曾与该竞争者一起做过比赛，对其实力比较熟悉，因此，可以很简单地确定是否将其列为竞争对手；第二种是通过简单数据分析的方法，在此主要对比各个竞争者在前一轮比赛中的排名、累计纳税和最后一期的利润。

收集数据的目的是要得出竞争对手的决策风格和性格，因此，在此选择收集的数据如下。

① 价格相关数据。收集竞争对手在前一轮比赛中基期、第一期、第二期的价格，同时还应收集自己在前一轮比赛中相应的数据。注：这里"基期"指比赛中的初始决策期的前一期（通常为第 9 个季度），第 1 期即初始期（通常为第 9 个季度）。

② 研发相关数据。通常收集竞争对手前一轮比赛所在赛区各企业各期研发排名，和竞争对手前期产品组合。此处前期通常指第一期和第二期，特殊情况下也可包括后面几

期，视情况而定。

（2）第二步——数据分析及结论。

下面通过举例的形式来对以上相关数据进行分析。

① 价格相关数据分析及结论，下面给出一组价格相关数据，如表6-6所示。

表6-6　产品价格的相关数据　　　　　　　　　　　　　单位：元

| 项目 | 产品1 | | 产品2 | | 产品3 | | 产品4 | |
|---|---|---|---|---|---|---|---|---|
| | 自己 | 对手 | 自己 | 对手 | 自己 | 对手 | 自己 | 对手 |
| 基　期 | 4 000 | 4 000 | 6 700 | 6 700 | 8 900 | 8 900 | 10 600 | 10 600 |
| 第一期 | 4 800 | 5 000 | 8 000 | 8 250 | 10 200 | 10 500 | 12 000 | 12 400 |
| 第二期 | 5 000 | 5 100 | 8 200 | 8 350 | 10 800 | 11 200 | 12 800 | 13 300 |

在对上面数据进行分析前先做如下假设：

a. 自己与竞争对手实力相当；

b. 在第一期和第二期自己与对手产量相同。

对于这点可以这样理解，因为在第一期和第二期大家机器数一样，然后基于第一种假设，那么人数也会基本一样。如此一来，4种产品的结构也会一致，即4种产品产量相当。因此预期销量也一致。

在企业竞争模拟里，制定价格时通常考虑三大因素：价格、研发、广告和促销。基于a和b两种假设，自己与对手的研发水平会一样，同时广告和促销水平也会相当。这样需求不同的主要影响因素就是价格。如上面价格相关数据表所示，是什么导致自己与对手价格的不一致呢？这就是彼此对上述三大因素对需求影响大小的主观判断的不一致。正如前面所说到的，作为一个决策者，既可以是个风险规避者，也可以是个风险爱好者。对于一个风险规避者，他就会强化价格对需求的影响，弱化研发、广告和促销对需求的影响。对于风险爱好者就恰好相反。这就导致了上面价格相关数据表中自己与对手价格的不一致，可以认为对手对于风险的偏好程度高于自己。掌握了自己与对手的风险偏好程度以后，在第一、二两期价格的制定时，就可以很好地把握对手，相应地也就能更好地把握市场。

② 研发相关数据及结论。表6-7为前一轮比赛中各企业的各期研发排名。

表6-7　竞争对手各期研发排名

| 项目 | 第一期 | 第二期 | 第三期 | 第四期 | 第五期 | 第六期 | 第七期 | 第八期 |
|---|---|---|---|---|---|---|---|---|
| 企业1 | 1 | 1 | 1 | 1 | 1 | 1 | 1 | 1 |
| 企业2 | 1 | 1 | 1 | 1 | 1 | 1 | 1 | 1 |
| 企业3 | 1 | 1 | 1 | 3 | 3 | 3 | 3 | 3 |
| 企业4 | 1 | 1 | 1 | 3 | 3 | 3 | 3 | 3 |
| 企业5 | 5 | 5 | 5 | 5 | 5 | 5 | 5 | 5 |
| 企业6 | 5 | 5 | 5 | 5 | 5 | 5 | 5 | 5 |
| 企业7 | 5 | 5 | 5 | 5 | 5 | 5 | 5 | 5 |
| 企业8 | 9 | 9 | 9 | 8 | 8 | 8 | 8 | 8 |
| 企业9 | 9 | 9 | 9 | 8 | 8 | 8 | 8 | 8 |
| 企业10 | 5 | 5 | 5 | 10 | 10 | 10 | 10 | 10 |

表 6-8 为对手第一、二期产品生产情况。

**表 6-8 对手第一、二期产品生产情况**

| 项目 | 第一期 | | | | 第二期 | | | |
|---|---|---|---|---|---|---|---|---|
| | 产品 1 | 产品 2 | 产品 3 | 产品 4 | 产品 1 | 产品 2 | 产品 3 | 产品 4 |
| 企业 1 | 产 | 产 | 产 | 产 | 产 | 产 | 产 | 产 |
| 企业 2 | 产 | 产 | 产 | 产 | 产 | 产 | 产 | 产 |
| 企业 3 | 产 | 产 | 产 | 产 | 产 | 产 | 产 | 产 |
| 企业 4 | 产 | 产 | 产 | 产 | 产 | 产 | 产 | 产 |
| 企业 5 | 产 | 产 | 未产 | 产 | 产 | 产 | 产 | 产 |
| 企业 6 | 产 | 产 | 未产 | 产 | 产 | 产 | 产 | 产 |
| 企业 7 | 产 | 产 | 未产 | 产 | 产 | 产 | 产 | 产 |
| 企业 8 | 产 | 产 | 产 | 未产 | 产 | 产 | 产 | 产 |
| 企业 9 | 产 | 产 | 产 | 未产 | 产 | 产 | 产 | 产 |
| 企业 10 | 产 | 产 | 未产 | 产 | 产 | 产 | 产 | 产 |

注：① "产"代表该企业当期生产该产品，"未产"代表该企业当期未生产该产品。
② 表 6-7~6-8 中"企业 10"为我们竞争对手。

由表 6-7 可以得出竞争对手在研发决策上的风格是低研发风格，由表 6-8 可得出竞争对手在开局战略选择上是生产产品 1，2，4 的推进风格。

除以上列举的对价格和研发的分析外，还可以分析对手其他方面的决策风格，如分红战略的选择、库存战略的选择等，这在后面战略选择中还会详细介绍。总之，对于竞争对手分析的第一步就是要了解竞争对手的决策者，了解其性格、决策风格，包括竞争对手的一切。

## 6.3.3 财务状况分析

**(1) 盈利能力分析**

盈利能力通常采用的指标是利润率，用来比较竞争对手与本企业的利润率指标，并与行业的平均利润率比较，判断本企业的盈利水平处在什么样的位置上；同时要对利润率的构成进行分析。在企业竞争模拟系统中通常需要分析成本贡献率和机器贡献率，看哪个指标是优于竞争对手的，哪个指标比竞争对手低，从而采取相应的措施提高本企业的盈利水平。其中成本贡献率是单位成本对利润的贡献，即"成本贡献率＝利润总额/成本总额"；机器贡献率是单位机时对利润的贡献，即"机器贡献率＝利润总额/总机时"。

在比赛中，通常认为机器贡献率达到最大时，企业盈利能力也达到最大。然而在整个比赛过程中，并非总是追求机器贡献率最大。在比赛的前期和中期，企业都处于快速扩张期，因为机器的多少直接决定着企业利润的高低。然而，快速的扩张必然导致资金的短缺，此时追求利润率最大化的途径就应该是成本贡献率的最大。当比赛进入后期时，企业已经放慢扩张步伐甚至不再扩张了，此时资金短缺的情况也就不再存在，那么机器贡献率的高低就直接决定了企业的盈利能力。在整个过程中通过对比自己与竞争对手的成本贡献率和机器贡献率，就可以对产品结构及时作出调整，以提高企业盈利能力。

① 成本贡献率分析。在成本贡献率分析中假设各企业利润相同。

表 6-9 中数据是前期中某期自己与竞争对手的销货收入、成本、利润和成本贡献率。表 6-10 中数据是自己与竞争对手 4 种产品销量的对比。

**表 6-9 成本利贡献率** 单位：元

| 项目 | 销售收入 | 成本 | 利润 | 成本贡献率 |
|---|---|---|---|---|
| 竞争对手 1 | 8 600 000 | 6 600 000 | 1 500 000 | 22.73% |
| 自　己 | 8 500 000 | 6 500 000 | 1 500 000 | 23.08% |
| 竞争对手 2 | 8 000 000 | 6 000 000 | 1 500 000 | 25.00% |

**表 6-10 产品销量表** 单位：个

| 项目 | 产品 1 | 产品 2 | 产品 3 | 产品 4 |
|---|---|---|---|---|
| 竞争对手 1 | 500 | 300 | 350 | 220 |
| 自　己 | 600 | 400 | 300 | 200 |
| 竞争对手 2 | 700 | 500 | 250 | 180 |

在表 6-9 中，对比自己与竞争对手 1 可知，自己在保持利润的同时成本贡献率高于竞争对手 1，这意味着自己将更多的钱用于购买机器，即扩张速度快于竞争对手 1。然而与竞争对手 2 对比后可以发现，虽然利润没有差距，但对方成本利润率高于自己，即意味着其将更多的钱用于购买机器，自己的扩张速度已经落后。此时，就应结合自己企业内部边际贡献和竞争对手 2 产品结构进行分析，适当调整自己产品结构，以提高成本贡献率。由表 6-10 可知，应该增加产品 1 和产品 2 的产量，减少产品 3 和产品 4 的产量。

② 机器贡献率分析。

在机器贡献率分析中，假设各竞争对手机器数一样。在前面竞争对手决策者分析中，曾做过这样的假设：自己与竞争对手实力相当。这样，大家在机器的扩张上差距不会很大，因此做出机器数一样的假设是可以的。

表 6-11 是后期中某期自己与竞争对手的销售收入、成本、利润、机器数和机器贡献率的数据列举。表 6-12 是自己与竞争对手 4 种产品销量的数据列举。

**表 6-11 机器贡献率表** 单位：元

| 项目 | 销售收入 | 成本 | 利润 | 机器数 | 机器贡献率 |
|---|---|---|---|---|---|
| 竞争对手 1 | 12 000 000 | 8 000 000 | 3 000 000 | 280 | 8.24 |
| 自　己 | 11 500 000 | 7 600 000 | 2 925 000 | 280 | 8.04 |
| 竞争对手 2 | 11 000 000 | 7 200 000 | 2 850 000 | 280 | 7.83 |

注：在表 6-11 中每台机器在一个季度内最大工作时间为 1 300 小时，同时假设机器为最大负荷工作。

**表 6-12 产品销量表** 单位：个

| 项目 | 产品 1 | 产品 2 | 产品 3 | 产品 4 |
|---|---|---|---|---|
| 竞争对手 1 | 700 | 450 | 525 | 330 |
| 自　己 | 840 | 600 | 450 | 300 |
| 竞争对手 2 | 980 | 750 | 375 | 270 |

通过表 6-11 中对比自己与各竞争对手后，可明显看到自己利润落后于竞争对手 1，高

于竞争对手2。然后再比对表6-12，可以发现：竞争对手1在产品1，2的产量低于自己，而自己又低于竞争对手2，然而对于产品3和4的产量，竞争对手1高于自己，自己又高于竞争对手2。综合表6-11、表6-12可得出结论：产品3和产品4的机器贡献率高于产品1和产品2；因此，在后期应相应增加产品3和产品4的产量，减少产品1和产品2的产量。

### （2）负债情况分析和现金流分析

"如果说比赛中非得说哪个失误最严重，是致命的，那么就是预留现金不够了"，这是北京大学在其《企业竞争模拟疑难解答》中关于"什么失误是最致命"的回答，由此足见现金的重要性。由此在进行竞争对手分析时，对其现金流进行分析是必不可少的。在这里，预留现金的构成主要是剩余银行贷款额度、可发行债券和现金。接下来通过分析对手银行贷款和债券情况以获得其现金流状况。

① 银行贷款。在企业竞争模拟系统里银行贷款是短期银行贷款。根据比赛规则，该银行贷款在每期末（季度末）是需要偿还的，并且企业在整个决策过程中累计发行的银行贷款是有限额的。企业在决策过程中对现金的需求通常是指在取得销售收入以前的现金支出事项。在此之前企业现金基本上是没有"收入"只有支出的，"收入"的几项只有银行贷款、发行债券和购买原材料优惠（比赛规则是将购买原材料的优惠折扣作收入处理，此项对现金的影响很小，并且各竞争对手实力相当时购买的原材料也必将差不多，即优惠折扣在这里可以本企业优惠折扣代替）。

在此作出如下假设。

a. 贴零假设。贴零指在销货收入前闲置资金尽可能趋近于零。虽然在这个模拟环境中不存在通货膨胀（货币贬值）、紧缩等，也不能把企业富余资金存到银行，但货币的时间价值依然存在。通过大量的比赛数据统计分析可知，企业每个经营周期的资本利润率一般都在0.05～0.15之间。假设在收入实现前的最后一项剩余（闲置）现金有100万元，这意味着什么？实际上是本企业在无形中损失了增值5万～15万元的机会，企业的潜能没有得到充分发挥。因此，在精确计算的基础上应将收入前闲置资金尽可能降低，力求贴零。所以，假设每一竞争对手的决策都会遵从贴零原则（第一、二两期决策除外）。

b. 现金需求相当假设。现金需求相当指各竞争对手对现金的需求基本一样。基于各竞争对手实力相当的假设，可以认为现金需求相当的假设是可以成立的。

c. 各企业在第一、二两期不发行银行贷款。在比赛中各企业前期处于快速扩张阶段，快速扩张的资金来源于企业已有现金和通过发行长期债券获得的现金，因此企业在第一、二两期通常会有大量现金，此时不遵循贴零原则。而此时企业机器数很少，对现金的需求本身很少，所以作出这种假设也是可行的。

基于上述三个假设可以有下列等式：

现金需求＝期初现金＋可发行债券＋原材料优惠折扣＋银行贷款

至此，上述等式中只有银行贷款和可发行债券两个未知数了，至于可发行债券在接下来的债券分析中会给出分析方法，在此其也是已知数。通过对竞争对手连续多期的追踪分析，我们就可以得出其银行贷款使用情况。

② 债券。在企业竞争模拟系统里债券是长期债券，与银行贷款有累计限额不同，债券的发行是没有累计限额的，偿还以后还可以再发行。从理论上讲当经营期数无限长时，其累计规模也可无限大。

债券分析与银行贷款分析一样需要作出如下假设。

a. 假设1：债券发行规模最大化。债券发行规模最大化通常指各企业在前期和中期债券都是最大可能地满发。根据债券的特点，在长期的战略性投资项目需要资金时应考虑发行债券，如购买机器、研发等，故在竭力扩张且企业自有资金不足的前期和中期坚持债券发行规模最大化也就理所当然。

b. 假设2：各企业在第一、二两期发行债券总额一样。各企业在第一期的可发行债券都是一样的，但并非所有企业都会选择在第1期满发债券以扩张机器。由于比赛背景设定带来的人机比（企业人数和机器数的比值）的不协调，导致各企业在第三期战略选择上存在一定的差异，因此有的企业会选择第一期少发债券，而在第二期满发。然而这两种情况下，两期发行债券的总量差距很小，可忽略不计。

c. 假设3：每次发行的债券在比赛中不会偿还完。比赛规则规定，各期要按5.0%的比例偿还债券的本金，即总共需要二十期才能全部偿还。然而比赛通常只进行八至九期（即比赛通常进行到16～17季度），即使第1季度发行的债券也要到第20季度才能全部偿还。另外，各企业某期发行的债券数额与尚未归还的债券之和不得超过企业该期初净资产的50.0%，即：

$$可发行债券＝期初净资产/2－尚未归还债券$$

通过上述等式和假设，对竞争对手连续跟踪分析，就可以得出其各期可发行债券。

③ 现金流。现金流分析主要分析销售收入以后事项。表6-13是一张企业期末的财务报表，在这张报表中各个支出和收入事项都是按先后顺序排列的。下面将对其中的各销售收入以后事项进行分析。

a. 折旧费和产品库存变化。这两项指标都不会影响到现金流。

b. 废品损失、原材料和成品存储费。这三项费用金额都很小，其次考虑"竞争对手实力相当"的假设，各个竞争对手这三项费用本身差距就不大，所以在对竞争对手进行分析时可以用本企业这三项费用实际支出代替。

c. 买国债、上期国债返回和国债利息。在比赛中，尤其是在前期和中期企业资金都处于短缺状态，资金用于企业正常生产所带来的收益肯定会高于买国债，所以企业通常不会买国债。

d. 还银行贷款和银行贷款利息。根据上面银行贷款中的分析，可以得出各期各竞争对手发行的银行贷款数，因此这两项指标也就可以计算出来了。

e. 还上期紧急贷款和紧急贷款利息。至于紧急救援贷款，一般来说"高手不需要用，新手不会用"。根据其借贷及支付原则，该贷款不能用于企业一般生产经营活动，故不能作为常规融资渠道。所以，这两项在对手分析时不加考虑。

f. 纳税和分红。纳税在这里仅指所得税，因此可根据比赛提供的公共报表中各个竞争对手的利润和规则中提供的所得税率计算。

g. 买机器。在企业竞争模拟的比赛中对于竞争对手购买机器的分析是非常重要的。至此，所有销货收入以后事项中只有该项支出没有确定了。通过期末公共报表中竞争对手的销货收入、期末现金和前面6项就可计算出购买机器的支出。进而根据机器单价可确定对手当期购买机器数。

在决策过程中不仅要了解本企业现金的流动，还应了解竞争对手的现金流动，这样进行对比可以更好地了解竞争对手，掌握竞争对手动态。比如在了解了竞争对手剩余银行贷款、可发行债券和期末现金后，再结合相应规则就可以掌握对手的分红决策。大赛中某团队制做的，企业的期末财务报表如表 6-13 所示。这在以后战略中还会详细分析。总之，了解竞争对手的负债和现金流对本企业决策有着重大意义。

**表 6-13　企业期末财务报表**　　　　　　单位：元

| 第14期会计项目 | 收　支 | 本期收入 | 本期成本 | 现金累计 |
|---|---|---|---|---|
| 上期转来 | | | | 4 717 499.36 |
| 银行贷款 | 2 955 000.00 | | | 7 672 499.36 |
| 发行债券 | 1 467 000.00 | | | 9 139 499.36 |
| 还债券本金 | −500 400.00 | | | 8 639 099.36 |
| 还债券利息 | −159 742.00 | | 159 742.00 | 8 479 357.36 |
| 新工人培训费 | −114 000.00 | | 273 742.00 | 8 365 357.36 |
| 解雇工人安置费 | −45 600.00 | | 319 342.00 | 8 319 757.36 |
| 工人基本工资 | −3 579 290.00 | | 3 898 632.00 | 4 740 467.36 |
| 机器维修费 | −147 500.00 | | 4 046 132.00 | 4 592 967.36 |
| 紧急贷款 | 0 | | | 4 592 967.36 |
| 研发费 | 0 | | | 4 592 967.36 |
| 研发费分摊 | −25 000.00 | | 4 071 132.00 | |
| 购原材料 | −2 300 000.00 | | | 2 292 967.36 |
| 购原材料折扣 | 115 000.00 | 115 000.00 | | 2 407 967.36 |
| 购材料运费 | −56 000.00 | | 4 127 132.00 | 2 351 967.36 |
| 管理费 | 35 000.00 | | 4 162 132.00 | 2 316 967.36 |
| 特殊班工资 | −829 760.00 | | 4 991 892.00 | 1 487 207.36 |
| 使用材料费 | −2 174 900.00 | | 7 166 792.00 | |
| 成品运输费 | −896 850.00 | | 8 063 642.00 | 590 357.36 |
| 广告费 | −320 000.00 | | 8 383 642.00 | 270 357.36 |
| 促销费 | −270 000.00 | | 8 653 642.00 | 357.36 |
| 销售收入 | 13 045 000.00 | 13 160 000.00 | | 13 045 357.36 |
| 废品损失 | −272 320.00 | | 8 925 962.00 | 12 773 037.36 |
| 折旧费 | −1 180 000.00 | | 10 105 962.00 | |
| 产品库存变化 | (−214 856.92) | | 9 891 105.08 | |
| 原材料存储费 | −39 559.50 | | 9 930 664.58 | 12 733 477.86 |
| 成品存储费 | −66 235.00 | | 9 996 899.58 | 12 667 242.86 |
| 上期国债返回 | 0 | | | 12 667 242.86 |
| 上期国债利息 | 0 | 13 160 000.00 | | 12 667 242.86 |
| 还银行贷款 | −2 955 000.00 | | | 9 712 242.86 |
| 银行贷款利息 | −44 325.00 | | 10 041 224.58 | 9 667 917.86 |
| 还上期紧急贷款 | 0 | | | 9 667 917.86 |
| 上期紧急贷款利息 | 0 | | 10 041 224.58 | 9 667 917.86 |
| 纳　税 | −779 693.86 | | | 8 888 224.00 |
| 买机器 | −1 200 000.00 | | | 7 688 224.00 |
| 分　红 | 0 | | | 7 688 224.00 |
| 买国债 | 0 | | | 7 688 224.00 |

数据来源：表中数据为 2011 年中国青年创新大赛某团队半决赛数据。

## 6.3.4 产品状况分析

### (1) 产量与销量

① 产品产量分析。在产量分析中，主要通过分析竞争对手生产能力（即机器数）和产品结构来获取其各产品产量。在财务分析中，已在现金流分析里介绍了获取竞争对手各期购买机器数的方法，在此基础上，可以获知各期企业的生产能力。这里再介绍另外一种简单的分析竞争对手各产品产量的方法。假设条件如下。

a. 假设 1：各竞争对手产品结构一致。由前面各个竞争对手实力差距不大的假设，可得出各个企业获利能力也应该相当，这样各企业在产品结构的选择上差距也就不会太大。

b. 假设 2：机器全部用完。作为一个理性的企业决策者在资金充足的情况下安排生产时肯定会全部用完机器。

在上述两个假设下，可以选择本企业的产品结构为标准，根据竞争对手实际机器数，反推出其各产品产量。下面进行举例分析。

【例 6.1】 现在已知某竞争对手有机器 380 台。生产中四种产品对机器的耗用如表 6-14所示。本企业四种产品产量比近似为 $6:5:3:3$。设竞争对手产品 1 的产量为 $6x$，则其余产品的产量分别为 $5x$，$3x$，$3x$。企业每台机器在每期最大工作时间是 1 300 小时。所以，有下列等式：

$$150 * 6x + 250 * 5x + 400 * 3x + 520 * 3x = 380 * 1 300$$

有上述等式，求解可得竞争对手四种产品产量分别为：604，503，302，302。

**表 6-14 生产单位产品对机器的耗用** 单位：小时

| 项目 | 产品 1 | 产品 2 | 产品 3 | 产品 4 |
|------|--------|--------|--------|--------|
| 机时 | 150 | 250 | 400 | 520 |

上述分析方法在实际应用中会有比较大的误差，可通过竞争对手前面各期中各产品的实际销量来估测其产品结构，对上面的分析加以修正。由于分析竞争对手各种产品具体产量误差较大，所以很少分析其具体产量，只需知道其各产品大概产量和实际生产能力即可。

② 产品销量分析

竞争对手销量分析在竞争对手分析中是非常重要的，通过计算竞争对手各产品在各个市场的销量，然后对其进行对比分析，可以更加合理、准确地把握市场信息，制定出更加准确的市场决策。同时在了解竞争对手各产品销量的基础上还可对比财务指标合理调整本企业产品结构，使企业决策更加优化。下面举例说明竞争对手产品销量的计算方式。

在表 6-15 中市场份额和自己销量为已知数据，如何利用这些数据计算出各个竞争对手的销量是这里要解决的问题。

首先，计算出市场总销售量。公式为：

市场总销售量＝自己销售量÷自己市场份额

其次，计算各竞争者销售量。公式为：

各竞争对手销售量＝其市场份额 * 市场总销售量

表 6-15 自己和竞争对手的市场份额和销量数据

| 项目 | | 产品 1 | | | | 产品 2 | | | |
|---|---|---|---|---|---|---|---|---|---|
| | | 市场 1 | 市场 2 | 市场 3 | 市场 4 | 市场 1 | 市场 2 | 市场 3 | 市场 4 |
| 市场份额 | 自己 | 6.10% | 7.00% | 6.80% | 7.20% | 5.60% | 6.10% | 5.90% | 6.50% |
| | 竞争对手 1 | 6.60% | 6.70% | 6.50% | 7.10% | 5.40% | 6.50% | 5.80% | 6.60% |
| | 竞争对手 2 | 5.80% | 6.40% | 6.20% | 7.00% | 5.20% | 6.20% | 5.30% | 6.20% |
| 销量（个） | 自己 | 100 | 110 | 160 | 165 | 60 | 65 | 90 | 100 |
| | 竞争对手 1 | 108 | 105 | 153 | 163 | 58 | 69 | 88 | 102 |
| | 竞争对手 2 | 95 | 101 | 146 | 160 | 56 | 66 | 81 | 95 |

| 项目 | | 产品 3 | | | | 产品 4 | | | |
|---|---|---|---|---|---|---|---|---|---|
| | | 市场 1 | 市场 2 | 市场 3 | 市场 4 | 市场 1 | 市场 2 | 市场 3 | 市场 4 |
| 市场份额 | 自己 | 7.10% | 7.80% | 8.10% | 8.00% | 8.00% | 8.10% | 8.50% | 9.00% |
| | 竞争对手 1 | 7.00% | 7.60% | 7.90% | 7.80% | 7.50% | 7.70% | 8.00% | 8.40% |
| | 竞争对手 2 | 7.50% | 8.10% | 8.40% | 8.30% | 8.50% | 8.80% | 9.10% | 9.50% |
| 销量（个） | 自己 | 50 | 50 | 80 | 80 | 45 | 45 | 70 | 70 |
| | 竞争对手 1 | 49 | 49 | 78 | 78 | 42 | 43 | 66 | 65 |
| | 竞争对手 2 | 53 | 52 | 83 | 83 | 48 | 49 | 75 | 74 |

## （2）库存与预定

这里所说的库存指的是市场库存，而在企业竞争模拟比赛里的库存通常还包括工厂库存。由于规则规定，每期产量的一部分都不能运往市场，所以每期各竞争者都必会有一部分工厂库存；同时，假设作为一个理性的人为了获取更大的利润，将能运往市场的产品全部运往市场。因此，这里分析工厂库存就没有任何意义，只要分析市场库存就可以了。而且市场库存多数情况下是决策者预期之外的。了解竞争对手各期末产品的库存与预定情况，对于决策同样有着重大意义。比如，在分析中发现当期末很多竞争者有产品库存时（即当期产大于销），那么，可以预知正常情况下下期市场价格会下降。因此，在制定价格时就会规避价格下降带来的风险。相反，当发现多数竞争者产品有预定时，也可预知正常情况下下期市场价格会上升。除此之外，分析竞争对手产品的库存情况，还有助于了解竞争对手的战略意图。在后期时，如果分析发现某竞争对手大量库存，那么就可知道对手将采取战略库存的战略。但是，应该怎样去准确把握对手的库存与预定情况呢？这里介绍三种分析库存与预定的方法，其中方法一、二为库存分析方法，方法三为预定分析方法。

方法一：基于前面对竞争对手产量和销量的分析计算，可以容易地计算出企业当期各种产品的库存情况。

此法优点是可以具体分析出竞争对手各种产品的库存量，其缺点是分析误差较大。通常只作为辅助分析方法。

方法二：在用此方法分析前，先作如下假设。

① 前期企业没有库存；

② 前后两期企业机器数差距不大。

在企业竞争模拟比赛中根据经验可以知道，各个企业的机器通常在第一、二两期购买较多，因此其机器数在第三、第四两期变动较大。而在平稳扩张的中期和停止扩张的后期，企业机器数变动都是很小的。

通过销量反推生产这些销量的产品所需要的机器数，然后将其与企业实际机器数对比。在不考虑前期企业库存的前提下，如果前者小于后者，那么就说明企业本期有库存。当然，这里如果前者大于后者，只能说明前一期企业有库存，不能说明本期企业是否有库存。

在企业竞争模拟比赛规则中规定：企业每期产量的 25% 必须库存在工厂，下期才可运往市场。鉴于此，这里解释下为什么可以和企业实际机器数对比。基于第二个假设企业每期库存在工厂的数量都差不多，企业本期运往市场的最大量的产品所需耗用机器数和企业实际机器数是基本一样的，所以这里是和企业实际机器数量对比。下面举例分析。

**【例 6.2】** 假设某企业上期和本期机器数和产品生产结构基本一致，并且前期没有库存。已经分析得出其相应数据如下：企业 4 种产品销量分别为 601，399，250，250；企业机器数为 380 台，企业机器工作时间和单位产品对机器耗用与【例 6.1】相同。

**【解】** 第一步计算出上述产品所需机器数，计算方法与【例 6.1】类似。设所需机器数为 $x$，可建立等式如下：

$$601 * 150 + 399 * 250 + 250 * 400 + 250 * 520 = 1\,300x$$

求解得所需机器 $x$ 为 323 台。第二步对比分析，企业机器数为 380 台，远大于 323 台。所以我们可得企业本期有大量库存。

此分析方法也有缺陷，当企业前后期机器数变动很大，前期有库存时，分析误差会很大。

当企业前后期机器数变动很大和前期有库存的情况也是可以分析的，不过在这种情况下需要对竞争对手各期进行连续跟踪分析，这样工作量将很大。大家可以通过 Excel 软件建立分析模型，这样可以大大节约工作时间和减少工作量。综合上述两种方法就可以比较准确地了解竞争对手产品的库存情况了。

方法三：为了简化分析和讲解，首先作如下假设。

① 前期企业没有预定；

② 各竞争对手研发、广告促销水平一致。

仍然基于各个竞争对手实力相当的假设，认为各个竞争对手的研发、广告促销水平整体差距不会太大。在这种假设下，价格就成为影响企业需求的主要因素。

在上述两种假设下，通过各个竞争对手的市场价格和销量对比分析，就可以得出各竞争对手产品预定情况。下面举例分析。

**【例 6.3】** 通过数据的处理和汇总后，得到几个竞争对手的下列数据（表 6-16）。

表 6-16 竞争对手数据表

| 项目 | | 产品 1 | | | |
|---|---|---|---|---|---|
| | | 市场 1 | 市场 2 | 市场 3 | 市场 4 |
| 市场价格（元） | 竞争对手 1 | 5 000 | 5 000 | 5 100 | 5 100 |
| | 竞争对手 2 | 5 000 | 5 000 | 5 300 | 5 300 |
| | 自己 | 5 000 | 5 000 | 5 200 | 5 200 |
| 销量（个） | 竞争对手 1 | 100 | 100 | 155 | 155 |
| | 竞争对手 2 | 80 | 80 | 105 | 105 |
| 自己需求（个） | | 100 | 100 | 140 | 140 |

[分析]

在市场1的数据中，当价格为5 000元时，本企业的需求为100个，同时其余两个竞争对手的价格也都为5 000元，基于第二个假设，知道当价格一样时各竞争者的需求也应一致即竞争对手1和竞争对手2的需求应该是100，但竞争对手2的销量却只有80。然后基于第一种假设，说明竞争对手2还有20个需求未能满足，因此未满足的需求会按照一定比例转换为企业订货。

在市场3中，各个竞争者的价格都不一样，此时，应根据产品与价格的内在关系，以本企业价格为标准计算出其余竞争对手的应有销量。然后再用上面价格相同条件下的方法分析。

上述三种分析竞争对手产品库存和预定的方法在实际运用中都不可避免会有误差，甚至有时误差会很大。所以，通常运用上述方法综合分析，并且只作定性分析，而不是定量分析。为了分析得简单、易懂，上面的分析是建立在很多假设基础之上的。在实际情况中，这些假设并非都成立，也许差距会很大，大家可以用相似的方法进行分析。

### (3) 产品研发

在了解了竞争对手研发水平的基础上，可以更加准确地把握竞争对手的决策目的，尤其是在市场价格、广告促销和各个竞争对手利润差距的分析中有着重要作用。比如，某竞争者的研发水平高，那么在市场价格和销量上的直接体现就是，对手能以较高价格销售相同的产量。在前期，企业利润本身很低时研发的分摊对利润的影响就是显著的，那么在充分了解了竞争对手研发水平的基础上，就不会为自己利润低于对手而着急。这是因为，知道是自己相对于对手的高研发拉低了自己的利润，而不是经营上的原因。然而对于竞争对手各产品研发水平的分析却是比较困难的，在研发分析中也没有绝对正确的分析结果，而且只能作定性的判断。通常的分析方法都是连续分析比赛中各期各个竞争对手的研发排名和第一、二两期的产品结构，同时结合本企业中各产品实际的研发情况来判断各个竞争对手的研发水平。

## 6.3.5 市场决策分析

### (1) 市场占有率

首先强调，这里的"市场占有率"指的是竞争对手的市场占有率。市场占有率通常用企业的销售量与市场的总体容量的比例来表示。对于竞争对手市场占有率分析的目的是为了明确竞争对手在市场上所处的位置。分析其市场占有率不但要分析在行业中竞争对手总体的市场占有率的状况，还要分析细分市场中竞争对手的市场占有率状况。分析总体的市场占有率是为了明确竞争对手在整体行业中所处的位置：是市场的领导者、跟随者还是市场的参与者。分析细分市场的市场占有率是为明确我们的竞争对手在哪个市场区域或是哪种产品是具有竞争力的，在哪个区域或是哪种产品在市场竞争中处于劣势地位，即竞争对手在产品选择时主要经营的产品或市场是哪个。从而为本企业制定具体的竞争战略提供依据。

### (2) 广告促销

广告促销可以作为参赛者在市场竞争中的主要武器，如何才能充分发挥其重要作用？怎样的广告促销才是合适的？这些问题的解决都离不开对竞争对手广告促销水平的分析。只有了解了对手的广告促销水平，才知道自己处于什么样的位置，才能更加合理运用这个武器，使其更好地服务于这场市场争夺大战。在广告促销分析中，通常采用对比分析的方法。为了简化分析，在此需要作如下假设：

① 各企业需求等于销售，即企业前期和本期都没有产品预定，企业需求小于其供给市场的量；

② 仅有广告促销和价格影响各个竞争者的相对需求。

在企业竞争模拟比赛中影响产品需求的主要因素是广告促销、价格和研发。但研发不像广告促销和价格一样可以各期灵活变动，所以为了分析的简单，假设在所有影响产品需求的因素中，除了广告促销和价格外，各个竞争对手其余因素都一样，即导致各个竞争对手市场需求不相同的因素是广告促销和价格。

接下来可以分两步对竞争者广告促销水平进行分析。首先，要了解市场整体广告促销水平；然后，再针对性地选择竞争对手进行跟踪分析。

① 市场整体广告促销水平分析。基于上述两个假设，在市场整体广告水平分析中，通过本企业价格和需求与市场平均价格和平均需求的对比，以本企业广告促销为标准即可得出市场整体广告促销水平。分析的方法和步骤可归结如下。

第一步：掌握各个产品在各细分市场的平均价格和平均需求。由假设条件①可知这里的平均需求即平均销售。

第二步：将本企业价格和需求同市场平均水平对比分析。

下面举例分析。

【例6.4】 表6-17为整理收集产品1的相关数据。

表6-17 产品1相关数据

| 项 目 | | 市场1 | 市场2 | 市场3 | 市场4 |
|---|---|---|---|---|---|
| 价格<br>（元） | 市场均价 | 4 800 | 4 900 | 5 200 | 5 200 |
| | 自己价格 | 4 800 | 4 800 | 5 100 | 5 100 |
| 市场平均销量（个） | | 115 | 100 | 150 | 150 |
| 自己需求（个） | | 130 | 130 | 180 | 180 |

由假设条件①可知，市场平均销量即为市场平均需求，在市场1中，本企业价格和市场平均价格是一样的，基于上述假设可知导致市场平均销量比本企业需求少15个的原因是广告促销的不同。由分析得：本企业广告促销整体水平高于市场平均水平。此处只能进行定性分析，而不能定量分析出高出的具体水平，根据经验还是可以得出结果。

然而在市场2中价格不一样，那么，又该怎样分析呢？其实这个分析方法在前面库存与预定的分析中已经提到过了，这里再具体分析一下。

根据产品与价格的内在关系以本企业价格为标准计算出其市场均价在该价格下的平均需求。假设产品与价格的内在关系为：在相关范围内价格每变动100元产品需求变化15个。那么当市场均价为4 800元时，其需求应为115个。接下来的分析方法就同上面价格相同时一样了。

② 竞争对手广告促销分析

竞争对手广告促销分析方法同上面市场整体分析方法是一样的。通过对竞争对手广告促销进行分析，将有助于准确把握各竞争者间销量和价格差距的原因。这将更加有利于企业决策者作出更好的市场决策。

### (3) 市场价格

无论在现实企业经营过程中还是在企业竞争模拟中，价格对于产品需求的影响都是极其重大的。掌握各竞争对手的市场价格决策动向，掌握市场整体价格变动趋势，就掌握了赢取这场市场大战的制胜法宝。

① 市场均价。同上面分析一样，首先还是站在市场整体角度对市场均价进行分析计算。市场均价对于从整体上分析企业所处竞争环境也是非常重要的。了解了市场均价后就可以知道本企业价格以及竞争对手价格在整体市场中的水平，可以对各个竞争对手广告促销等进行整体分析。市场均价选择也是很重要的，什么样的市场均价在分析中才最具参考价值呢？在企业竞争模拟比赛中，通常采用的分析均价是简单均价和加权均价。

表 6-18 是某市场中各个竞争者某产品的市场价格和销售量及以销售收入百分比计算出的权重。

表 6-18　某市场竞争者某产品的市场价格和销售量

| 竞争者 | 1 | 2 | 3 | 4 | 5 |
|---|---|---|---|---|---|
| 价格（元） | 4 800 | 4 900 | 4 850 | 4 500 | 5 000 |
| 销量（个） | 116 | 100 | 107 | 140 | 88 |
| 权重 | 0.106 | 0.093 | 0.099 | 0.120 | 0.084 |
| 竞争者 | 6 | 7 | 8 | 9 | 10 |
| 价格（元） | 4 700 | 4 800 | 4 750 | 4 900 | 5 100 |
| 销量（个） | 128 | 114 | 121 | 102 | 78 |
| 权重 | 0.114 | 0.104 | 0.109 | 0.095 | 0.076 |

简单均价。所谓简单均价即对市场所有竞争者价格求简单算术平均。

表 6-18 中市场价格的简单市场均价 $p$ 为：

$p =$ average（各个竞争者价格），计算结果为 $p = 4\ 830$ 元。

加权均价：所谓加权均价即不同权重的价格的平均价格。

在这里选择各个竞争者销货收入占市场总共销售收入的比值作为各个竞争者市场价格的权重，且各权重之和等于 1，如表 6-18 所示。此时该产品在该市场加权均价 $p$ 为：

$p = (4\ 800 * 0.106 + 4\ 900 * 0.093 + 4\ 850 * 0.099 + 4\ 500 * 0.12 + 5\ 000 * 0.084 +$

$\qquad 4\ 700 * 0.114 + 4\ 800 * 0.104 + 4\ 750 * 0.109 + 4\ 900 * 0.095 + 5\ 100 * 0.076) \div 1$

所以 $p = 4\ 810.5$ 元。

［注意］ 在企业竞争模拟中有这样的规则：当市场对某企业的产品需求多于企业在该市场的库存加本期运出的总量时，多余的需求一定比例变为对下期的订货，到时按本期价格与下期价格最低者付款。在此需作出假设：假设各竞争者无预定，因此其当期销售收入等于当期价格乘以当期销量。

② 未来市场价格变动分析。通过上面的分析，了解了竞争对手的研发水平、广告促销水平、产品库存与预定情况，同时还了解对手的生产能力，因此，就可以推测竞争对手下期的市场价格的变动趋势，也就能够更加准确地作出市场决策，作出完美的市场价格，让一切都按照原来的预期进行。零订零库也就不再是梦想，它完全可以成为现实。下面举一简单例子，来分析在已知对手库存与预定情况和产能变化情况下，竞争对手价格变动趋势。

**【例 6.5】** 当通过分析了解到竞争对手1上期产品1在4个市场大量库存，而竞争对手2产品1在4个市场均大量预定。竞争对手1本期机器增加量很多，而竞争对手2本期机器数基本不变。

**【分析】** 首先，对于竞争对手1，上期大量库存说明上期价格过高，本期以相同的产能和产品结构生产出的产品想要销售完必须降价。而竞争对手1本期机器数还增加很多，那么产品1的产量必将很大，因为此时选择改变产品结构以求减少产品1的产量是很困难的。因为作为一个理性决策者，其产品结构早已规划好，不可能出现大的变动，即各期人机比是相对固定的，如果要想改变产品结构必然使人机比变动很大。当然，作为一个理性的决策者更不会选择浪费产能从而达到减产产品1的目的。因为根据经验知道，在企业竞争模拟的比赛中，产品正常情况下是会处于盈利状态，浪费产能必然不划算。如此一来，要想将如此多的产品全部销售，竞争对手1除了提高广告促销外，价格也必然大幅下降。

其次，对于竞争对手2，上期大量预定说明其上期价格太低，假若本期以相同的价格想要满足市场对产品1的需求，那么必将生产大量的产品1。然而企业本期机器数基本没变，并且通过上面的分析我们知道改变产品结构也基本不可能，因此作为一个理性的决策者必然选择大幅提价，同时还可考虑适当降低广告促销水平。

## 6.3.6 竞争对手分析中注意的问题

### (1) 假设条件的设定

假设条件的设定在对手分析中是非常重要的，在这里很多数据都不是完全准确的，因此需要作出某些合理的假设才能对其进行分析。同时，为了分析过程的简单化，常常也对某些影响分析对象的因素进行限定。但一定要注意假设条件的设定一定要有其合理性，不能随便假设。

### (2) 竞争对手选择要具有针对性

在进行竞争对手分析时第一步要做的是确定在这些竞争者中哪些对本企业将来的发展有重大威胁，然后将其列为竞争对手。竞争对手的选择切忌随意。在前面竞争对手背景分析中已经介绍过竞争对手选择的方法，在此不再详细介绍。

### (3) 竞争对手分析要具有针对性

对竞争对手的分析，每一项都应该有其针对性。有的企业在对竞争对手进行分析的时候，往往把所能掌握的竞争对手的信息都罗列出来，但之后便没有办法了。这里要明确对竞争对手分析的目的是什么。按照战略管理的观点，对竞争对手进行分析是为了找出本企业与竞争对手相比存在的优势和劣势，以及竞争对手给本企业带来的机遇和威胁，从而为企业制定战略提供依据。所以对于竞争对手的信息也要有一个遴选的过程，要善于剔除无用的信息，避免工作的盲目性和无效率。

比如，在企业竞争模拟比赛中我们常选用的对手信息是：各个竞争对手市场价格、市场份额、各竞争者期末分项指标排名、主要经营指标。除此以外，在分析竞争对手时还常用到本企业的某些数据，例如，在对手现金流分析中，基于各个竞争对手实力差不多的假设而以本企业数据代替对手某些数据进行分析；在对手销量计算中，通过本企业销量和份额计算出市场总量，然后计算出对手销量。

## 思 考 题

1. 在企业竞争模拟比赛中，第一期决策进行少量分红。请思考：这将对比赛造成哪些影响？请从正反两方面进行分析。

2. 一般情况下，企业在第 1 期会通过发行债券来大量购买机器，然而并不是在第 1 期购买的机器越多越好，合理的扩张才能使企业获得最大的利润。请思考：在企业竞争模拟中，如何规划第 1 期购买机器的数量？需要考虑哪些因素带来的影响？

3. 为确保企业达到更好的效益，应合理制定工资系数，对员工进行激励。因此，请思考以下两个问题：

① 在企业竞争模拟中，工资系数主要对企业产生哪些影响？并考虑如何制定工资系数以确保利益最大化。

② 与现实企业运作中对工资决策的对比，请分析企业竞争模拟软件中工资决策有哪些局限性？（提示：现实企业中工资的价值和影响。）

4. 根据公共信息中提供的信息，比赛选手可以得到对手的有关信息。请思考：

① 如何准确计算对手某产品在某个市场的销售数量？

② 假设某企业 A 产品在第一市场价格为 3 000 元，经过对手分析得出此产品在第一市场销售数量为 20 个。问：是否能够说明该企业在第一市场 A 产品的销售额为 6 万元？为什么？

5. 请思考，通过对手分析，可对企业决策带来哪些具体的影响？请根据某一指标进行说明。

# 第7章 全面预算分析

## 7.1 概述

经营企业好比开车：在出发以前就应该明确目的地和路径。因此我们要先做好企业的全面预算。全面预算是关于企业在一定时期内经营、资本、财务等各方面的总体计划，它将企业全部经济活动用货币形式表示出来。全面预算的最终反映是一整套预计的财务报表和其他附表，主要用来规划计划期内企业的全部经济活动及其相关财务结果。全面预算主要包括三个部分：业务预算、专门决策预算和财务预算，前两者可以概括为非财务预算。

## 7.2 业务预算

业务预算是基础，主要包括与企业日常业务直接相关的销售预算、生产预算、直接材料及采购预算、直接人工预算、制造费用预算、产品成本预算、期末存货预算、销售及管理费用预算等。其中销售预算又是业务预算的编制起点。在 Bizsim 系统中主要介绍销售预算、生产预算和供应预算。

### 7.2.1 销售预算

在整个业务预算中，销售预算是最难把握的同时又是最关键的环节。这里的销售预算只能根据对市场的正确判断来编制，当然这里的"正确"是相对的。

在单一产品的企业里，销售预算反映的是产品的销售数量、销售价格和销售额。在多品种的企业里，销售预算通常只需要列示全年及各季的销售总额，并根据各种主要产品的销售量和销售单价分别编制销售预算的附表。Bizsim 系统的企业模拟可以有 2～4 种产品，在这里以 4 种产品为例来编制销售预算表。销售预算表中的项目及其算法可参见表7-1。销售预算表可参见表 7-2。

**表 7-1 销售预算表算法表**

| 期　数 | | | 算法及说明 |
|---|---|---|---|
| 本期运到 | | A | 从生产预算模型中返回的数字 |
| | | B | |
| | | C | |
| | | D | |
| 市场库存 | | A | 从期末产品状况表中返回的数字 |
| | | B | |
| | | C | |
| | | D | |
| 实有数量 | | A | 本期运到＋上期末市场存货 |
| | | B | |
| | | C | |
| | | D | |
| 预计销售 | | A | 实有数量×预计销售百分比 |
| | | B | |
| | | C | |
| | | D | |
| 期末结存 | | A | 实有数量－销售数量 |
| | | B | |
| | | C | |
| | | D | |
| 价格 | | A | 决策表中价格的平均数 |
| | | B | |
| | | C | |
| | | D | |
| 销售收入 | | A | 销售数量 * 价格 |
| | | B | |
| | | C | |
| | | D | |
| 合计金额 | | | 销售收入的合计数 |

**表 7-2 销售预算表示例**（这里以 8 期为例）

| 期数 | | 9 | 10 | 11 | 12 | 13 | 14 | 15 | 16 |
|---|---|---|---|---|---|---|---|---|---|
| 本期运到（个） | A | 336 | 540 | 410 | 883 | 1191 | 1 098 | 848 | 581 |
| | B | 100 | 149 | 290 | 207 | 277 | 417 | 202 | 179 |
| | C | 108 | 36 | 90 | 180 | 140 | 180 | 335 | 253 |
| | D | 45 | 61 | 249 | 229 | 163 | 167 | 343 | 573 |
| 市场库存（个） | A | 6 | 4 | 0 | 15 | 2 | 0 | 64 | 8 |
| | B | 0 | 3 | 12 | 0 | 1 | 0 | 16 | 15 |
| | C | 12 | 4 | 1 | 0 | 1 | 3 | 10 | 0 |
| | D | 14 | 0 | 4 | 11 | 0 | 7 | 12 | 1 |

| 期数 | | 9 | 10 | 11 | 12 | 13 | 14 | 15 | 16 |
|---|---|---|---|---|---|---|---|---|---|
| 实有数量（个） | A | 342 | 544 | 410 | 898 | 1 193 | 1 098 | 912 | 589 |
| | B | 100 | 152 | 302 | 207 | 278 | 417 | 218 | 194 |
| | C | 120 | 40 | 91 | 180 | 141 | 183 | 345 | 253 |
| | D | 59 | 61 | 253 | 240 | 163 | 174 | 355 | 574 |
| 预计销售（个） | A | 333 | 527 | 403 | 882 | 1 153 | 1 078 | 902 | 538 |
| | B | 100 | 137 | 300 | 198 | 277 | 407 | 217 | 194 |
| | C | 107 | 37 | 90 | 180 | 131 | 180 | 344 | 217 |
| | D | 45 | 61 | 236 | 237 | 158 | 169 | 352 | 567 |
| 期末结存（个） | A | 9 | 17 | 7 | 16 | 40 | 20 | 10 | 51 |
| | B | 0 | 15 | 2 | 9 | 1 | 10 | 1 | 0 |
| | C | 13 | 3 | 1 | 0 | 10 | 3 | 1 | 36 |
| | D | 14 | 0 | 17 | 3 | 5 | 5 | 3 | 7 |
| 价格（元） | A | 3 288.75 | 3 088.75 | 3 268.75 | 2 818.75 | 2 458.75 | 2 608.75 | 3 108.75 | 3 108.75 |
| | B | 7 022.5 | 6 682.5 | 6 202.5 | 6 602.5 | 6 322.5 | 5 922.5 | 6 922.5 | 6 922.5 |
| | C | 8 342.5 | 9 162.5 | 9 162.5 | 8 662.5 | 9 062.5 | 8 862.5 | 7 962.5 | 7 962.5 |
| | D | 11 362.5 | 11 622.5 | 10 622.5 | 10 822.5 | 11 392.5 | 11 392.5 | 10 392.5 | 10 392.5 |
| 销售收入（元） | A | 1 095 154 | 1 627 771 | 1 317 306 | 2 486 138 | 2 834 939 | 2 812 233 | 2 804 093 | 1 672 508 |
| | B | 702 250 | 915 503 | 1 860 750 | 1 307 295 | 1 751 333 | 2 410 458 | 1 502 183 | 1 342 965 |
| | C | 892 648 | 339 013 | 824 625 | 1 559 250 | 1 187 188 | 1 595 250 | 2 739 100 | 1 727 863 |
| | D | 511 313 | 708 973 | 2 506 910 | 2 564 933 | 1 800 015 | 1 925 333 | 3 658 160 | 5 892 548 |
| 合计金额（元） | | 3 201 364 | 3 591 259 | 6 509 591 | 7 917 615 | 7 573 474 | 8 743 273 | 10 703 535 | 10 635 883 |

## 7.2.2　生产预算

生产预算编制的主要依据是预算期各种产品的预计销售量及产品存货资料。在正常情况下，企业预计的生产量和销售量往往存在不一致现象，企业就需要储备一定数量的产成品存货。因此，在预计生产量时要考虑产成品期初存货和期末存货的水平。可以按照下面的公式确定本期的预计生产量：

预计生产量＝预计销售量＋预计期末存货量－预计期初存货量

**(1) 生产原则（成本低、产量大）**

在企业竞争模拟中的生产就相当于一个简单的运筹学问题。分析本系统的盈利机制可以发现：企业利润的唯一源泉是销售产品（当然购买原材料的优惠也可作收入处理）。所以进行生产运筹的原则可以归结为两条：提高产量和降低成本。与此有关的还有产品的研发等级、购买机器数量、聘用工人数量、工资系数等。这些内容将在"7.3.1 投资预算"等部分讲解。

这里仅说明如何在本期现有的资源（机器等）条件下进行的运筹（短期规划）。

**(2) 线性规划**

假设现在分析第一班正班只生产 A 和 B 两种产品。分析如下。

建立原点为 O 的直角坐标系如图 7-1 所示。其中水平轴表示 A 产品的产量；垂直轴表示 B 产品的产量。

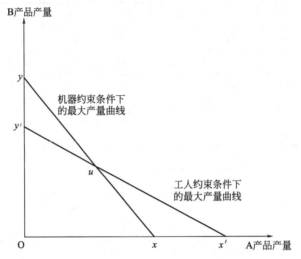

图 7-1　生产排班的线性规划示意图

在图 7-1 的水平轴上取 $x$ 点，令其为所有机器全部用来生产 A 产品的产量；在垂直轴上取 $y$ 点，令其为所有机器全部用来生产 B 产品的产量。连接 $x$，$y$ 两点所得直线，即在机器约束条件下的最大产量曲线。同理可作在工人约束条件下的最大产量曲线 $x'y'$。（在这里暂不考虑原材料的约束）

在图 7-1 中，$oy'ux$ 所围成的区域为在机器和工人两约束条件下的可能产量区域；$y'ux$ 为在机器和工人两约束条件下的最大产量曲线。其中 $y'u$ 线段是机器有剩余而工人正好够用的临界线；$ux$ 线段是工人有剩余而机器正好够用的临界线；$u$ 点是两种资源都充分利用的最优点。

两条（相交）直线与两数轴所围的两个三角形区域 $y'uy$ 和 $x'ux$ 是一种资源有剩余而另一种资源不足的区域。$yux'$ 右上方的广大区域则是两种资源都不足的区域。

可以用两点式公式列出二元一次方程组，求解既得 $u$ 点坐标，这样最优点的 A 和 B 产品产量就知道了。

**(3) 预算模型**

表 7-3 为生产排班预算模型的算法说明。

表 7-3　生产排班预算模型算法说明表

| 项目 | | 数据来源或计算公式或算法说明 | 行次 | 备注 |
|---|---|---|---|---|
| 期数 | | 自然数列 | 1 | |
| 资源 | 机器 | 本期实际可使用机器数 | 2 | |
| | 工人 | 本期实际可投入生产工人数（新聘工人按 1/4 计算） | 3 | |
| | 工人剩余 | (3)－(11)－(17) | 4 | 尽量小 |
| | 材料 | 根据各产品的"总产出"和单位耗材率计算 | 5 | |

| 项目 | | 数据来源或计算公式或算法说明 | 行次 | 备注 |
|---|---|---|---|---|
| 一班正 | A | [(2)＊520－产品 B、C、D 耗费机器小时]/单位产品 A 耗费机器小时 | 6 | 取整 |
| | B | 填写 | 7 | |
| | C | 填写 | 8 | |
| | D | 填写 | 9 | |
| | 机器剩余 | (2)＊520－所有产品耗费机器小时 | 10 | 尽量小 |
| | 工人数 | 所有产品耗费工人小时数/520 | 11 | |
| 二班正 | A | 填写 | 12 | |
| | B | 填写 | 13 | |
| | C | 填写 | 14 | |
| | D | ((2)＊520－产品 A,B,C 耗费机器小时)/单位产品 D 耗费机器小时 | 15 | 取整 |
| | 机器剩余 | (2)＊520－所有产品耗费机器小时 | 16 | 尽量小 |
| | 工人数 | 所有产品耗费工人小时数/520 | 17 | |
| 二班加 | A | 填写 | 18 | |
| | B | 填写 | 19 | |
| | C | 填写 | 20 | |
| | D | ((2)＊520－产品 A,B,C 耗费机器小时)/单位产品 D 耗费机器小时 | 21 | |
| | 机器剩余 | (2)＊520－所有产品耗费机器小时 | 22 | 尽量小 |
| | 工人数 | 所有产品耗费工人小时数/520 | 23 | |
| 总产出 | A | (6)＋(12)＋(18) | 24 | |
| | B | (7)＋(13)＋(19) | 25 | |
| | C | (8)＋(14)＋(20) | 26 | |
| | D | (9)＋(15)＋(21) | 27 | |

在 Excel 中建立可计算的电子表格如表 7-4 所示。

表 7-4　生产排班预算模型

| 期　数 | | 8 | 9 | 10 | 11 | …… |
|---|---|---|---|---|---|---|
| 资源 | 机器(台) | 100 | 100 | 100 | 223 | |
| | 工人(个) | 165.5 | 185.5 | 240.5 | 354.5 | |
| | 工人剩余(个) | | 0.153 846 | －0.365 38 | 0.134 615 | |
| | 材料(个) | | 792 900 | 703 500 | 1 942 600 | |
| 一正 | A | 269 | 330 | 520 | 337 | |
| | B | 110 | 76 | | 329 | |
| | C | | | | | |
| | D | | | | | |
| | 机器剩余(台) | | 0 | 0 | 10 | |
| | 工人数(个) | | 124.423 1 | 150 | 223.75 | |

| 期　数 | | 8 | 9 | 10 | 11 | …… |
|---|---|---|---|---|---|---|
| 二正 | A | | | 83 | | |
| | B | | | 174 | | |
| | C | | 144 | | 120 | |
| | D | | 0 | 0 | 173 | |
| | 机器剩余（台） | | 160 | 200 | 100 | |
| | 工人数（个） | | 60.923 08 | 90.865 38 | 130.615 4 | |
| 二加 | A | | | | | |
| | B | | | | | |
| | C | | | | | |
| | D | | 61 | 61 | 138 | |
| | 机器剩余（台） | | 380 | 380 | 20 | |
| | 工人数（个） | | 56.307 69 | 56.307 69 | 127.384 6 | |
| 总产出（个） | A | | 330 | 603 | 337 | |
| | B | | 76 | 174 | 329 | |
| | C | | 144 | 0 | 120 | |
| | D | | 61 | 61 | 311 | |

［生产注意事项］

① 机器是最紧缺的资源，且在本期内没有调整余地，应最大限度使用。一般情况下，应安排一班正、二班正和二班加（为了降低工资水平，应考虑把劳动密集型产品 A 和 B 安排在工资费率较低的班次，而把非劳动密集型产品 C 和 D 安排在其他班次），即每台机器每期（季度）520＋520＋260＝1 300 小时。

② 人员资源的特点是增长速度有限制，且本期新聘的工人只有 1/4 的生产能力。所以增聘工人要用长远眼光，尽力避免解雇工人。

③ 由于机器增长节奏与工人增长节奏的差异，两者不太协调的情况经常出现，可用产品结构的调整来适应增长中的不协调。

## 7.2.3　供应预算

### (1) 供应原则

Bizsim 企业竞争模拟的供应比较单一，这里只介绍原材料的供应。供应原则主要有三个内容：最小资金占用原则、最大折扣优惠原则和长期平衡原则。

按照最小资金占用原则，原材料采购应在保证生产需求的前提下，尽量减少采购量，以节约财务资源。

所谓最大折扣优惠原则是指在保证最小资金占用原则的基础上，当采购数量接近某个优惠等级时，将实际采购量提高到该等级以便享受更高的批量折扣优惠的策略。

长期平衡原则是指在遵循上述两原则的基础上，从整个经营期（例如 8 期）的长度统筹安排每期采购量以取得最佳综合效益的策略。

## （2）预算模型

原材料采购预算模型设计如表 7-5 所示。

表 7-5　原材料采购预算模型中数据的计算方法

| 项目 | 数据来源或公式或算法说明 | 行次 |
|---|---|---|
| 期数 | 自然数列 | 1 |
| 本期需要 | 从生产预算表中返回的数字 | 2 |
| 本期采购 | （本期需要－上期库存）/$a$％ | 3 |
| 最低库存 | （3）×（1－$a$％） | 4 |
| 期末库存 | 上期库存 ＋（3）－（2） | 5 |
| 安全差额 | （5）－（4） | 6 |

注：$a$％为原材料到货比。

在 Excel 中建立原材料采购预算模型如表 7-6 所示。

表 7-6　原材料采购预算模型（原材料到货币按 50％计算即 $a$％＝50％）　单位：元

| 期数 | 8 | 9 | 10 | 11 | …… |
|---|---|---|---|---|---|
| 本期需要 | | 792 900 | 703 500 | 1 942 600 | |
| 本期采购 | 388 520 | | 341 600 | 3 543 600 | |
| 最低库存 | | 0 | 170 800 | 1 771 800 | |
| 期末库存 | 1 325 600 | 532 700 | 170 800 | 1 771 800 | |
| 安全差额 | | 532 700 | 0 | 0 | |

［供应注意事项］

① 每期的财务压力可能不一样，有时可通过调剂各期之间的原材料采购量，平衡财务压力。

② 原材料采购也是一种融资手段。

③ 到后期资金充足的情况下购买原材料越多可能利润就越高。

# 7.3　专门决策预算

专门决策预算是指企业为那些在预算期内不经常发生的、一次性业务活动所编制的预算。主要包括：根据长期投资决策结论编制的与购置、更新、改造、扩建固定资产决策有关的资本支出预算；与资源开发、产品改造和新产品试制有关的生产经营决策预算等。在这里主要介绍投资预算和筹资预算。

## 7.3.1　投资预算

这里所指的投资包括购置机器、聘用工人、进行新产品的研发以及老产品的升级。它们的共同特点是都为企业带来长期效益。

### (1) 购置机器

在 Bizsim 系统中，企业获利的唯一源泉是销售产品，尽力扩大产能是首选的思路。

购置机器开支大、时间长、见效慢。但一经投入使用，将长期地带来持续不断的效益。所以必须从战略高度给以重视。从理论上讲，投资效益也会出现递减的趋势，应该关注这种趋势并把握投资的度。从实践上看，投资的度实际上是个边际分配问题。无论怎么考虑，购置机器总是最长久、影响最深远的投资，需要优先安排。购置机器属于基础性投资，还需要相当比例的配套投资，如聘用工人、购买原材料等。在现金预算上必须有长远打算。

### (2) 聘用工人

作为一项投资，聘用工人比购置机器投资少、见效快，但增减幅度都直接受"规则"的限制。

原则上说，工人的数量应与机器保持一定的比例。但由于两者增长节奏的不同，所以需要从"技术"上进行处理。较为基本的做法是以机器到位期（第三期）平衡为标准，倒推第一、二期的投资安排。更为长远的做法是统观整个经营期（8 或 9 期），力求长期内的平衡。

### (3) 产品研发

企业要生产某种产品，需先投入基本的研发费用，其数量相当于等级 1（A 产品和 B 产品一开始即为 1 级）。它包括为生产该新产品需要的专利的获得、设施的购置和技术的培训等。

为了提高该产品的等级，企业还需要进一步投入研发费。它包括为提高产品质量的技术革新和生产工艺的改进等。这些费用相当于等级 2，3，4，5。若产品等级高，可以增加客户的需求。在计算成本时，将本期的研发费用平均分摊在本期和下一期，即，投资预算算法。

投资预算算法如表 7-7 所示。

表 7-7　投资预算表算法说明

| 项目 | 指标 | 行次 | 算　　法 |
|---|---|---|---|
| 机器 | 新增 | 1 | 准备采购的数量，直接填写 |
| | 现有 | 2 | 上期现有＋上上期采购数 |
| 工人 | 退休 | 3 | 按上期实际数＊3％取整 |
| | 新增 | 4 | 准备新增加的数量，直接填写 |
| | 总量 | 5 | 上期实际数减退休数加新增数 |
| | 当量 | 6 | 上期实际数减退休数加 1/4 新增数 |
| 研发 | A 产品 | 15 | 准备研发的金额。直接填写 |
| | B 产品 | 16 | 准备研发的金额。直接填写 |
| | C 产品 | 17 | 准备研发的金额。直接填写 |
| | D 产品 | 18 | 准备研发的金额。直接填写 |
| | 研发合计 | 19 | 所有产品研发金额合计 |

在 Excel 中建立投资预算表如表 7-8 所示。

表 7-8　投资预算表

| 项目 | 期数 | 1 | 9 | 10 | 11 | 12 | 13 | 14 | 15 | 16 |
|---|---|---|---|---|---|---|---|---|---|---|
| 机器(台) | 新增 | | 123 | 11 | 4 | 40 | 40 | 22 | | |
| | 现有 | 100 | 100 | 100 | 223 | 234 | 238 | 278 | 318 | 340 |
| 工人(个) | 退休 | 6 | 6 | 7 | 10 | 15 | 16 | 18 | 18 | 19 |
| | 新增 | 6 | 46 | 110 | 162 | 70 | 63 | 16 | 16 | 16 |
| | 总量 | 180 | 220 | 324 | 476 | 531 | 578 | 576 | 574 | 572 |
| | 当量 | 165.5 | 185.5 | 240.5 | 354.5 | 478.5 | 530.75 | 564 | 562 | 559 |
| 研发(元) | A产品 | 100 000 | 100 000 | 100 000 | 100 000 | 100 000 | | | | |
| | B产品 | 200 000 | 150 000 | 150 000 | 100 000 | 100 000 | | | | |
| | C产品 | | 300 000 | 100 000 | 100 000 | 100 000 | 100 000 | | | |
| | D产品 | | 500 000 | 100 000 | 100 000 | 100 000 | 100 000 | | | |
| | 研发合计 | 300 000 | 1 050 000 | 450 000 | 400 000 | 400 000 | 200 000 | 0 | 0 | 0 |

说明：这里以 8 期为例，产品全研。

[注意事项]

① 本期购置的机器要下下期才能到达，现有机器数别填错了。

② Bizsim 系统的工人退休数是比上期实际数 * 3% 大的最小整数。

③ 原材料的购买已在供应预算中提及，这里不计入投资预算。

## 7.3.2　筹资预算

　　筹资是企业的重要经营活动，通常应根据投资和经营活动需要的资金及可利用的财务资源来安排。一般原则是优先用完利息率最低的银行贷款，并最大限度地发行企业债券。更具体地说，大致应该在第三、四、五期用完银行贷款额度的 80%，其余作为机动应付意外。从第三期起，企业债券应发行到最大限度。根据情况，最后两期可少发或不发企业债券，以节约利息费用并提高资本利润率。

　　筹资预算算法如表 7-9 所示。

表 7-9　筹资预算表

| 项目 | 银行贷款 | | |
|---|---|---|---|
| 期数 | 本期 | 累计 | 可用额度 |
| 自然数列 | 本期贷款 | 本期贷款＋上期累计银行贷款 | 贷款总额－本期累计贷款 |
| 项目 | 债券 | | |
| 期数 | 本期 | 应还债券本金 | 累计 |
| 自然数列 | 本期所发债券 | 上期应还债券＋本期所发债券 * 5% | 上期累计债券＋本期所发债券－本期应还债券本金 |

　　在 Excel 中建立筹资预算模型如表 7-10 所示。在这里假设银行贷款额度为 10 000 000 元，第一期所发债券为 1 000 000 元（因此 8 期末债券为 600 000 元）

表 7-10　筹资预算表　　　　　　　　　　单位：元

| 项目 | 银行贷款 | | | 债券 | | |
|---|---|---|---|---|---|---|
| 期数 | 本期 | 累计 | 可用额度 | 本期 | 应还债券本金 | 累计 |
| 8 | 0 | 0 | 10 000 000 | 0 | 50 000 | 600 000 |
| 9 | 0 | 0 | 10 000 000 | 4 500 000 | 50 000 | 5 050 000 |
| 10 | 0 | 0 | 10 000 000 | 1 200 000 | 275 000 | 5 975 000 |
| 11 | 2 500 000 | 2 500 000 | 7 500 000 | 700 000 | 335 000 | 6 340 000 |
| 12 | 2 800 000 | 5 300 000 | 4 700 000 | 900 000 | 370 000 | 6 870 000 |
| 13 | 3 200 000 | 8 500 000 | 1 500 000 | 1 000 000 | 415 000 | 7 455 000 |
| 14 | 600 000 | 9 100 000 | 900 000 | 1 100 000 | 465 000 | 8 090 000 |
| 15 | 300 000 | 9 400 000 | 600 000 | 800 000 | 520 000 | 8 370 000 |
| 16 | 0 | 9 400 000 | 600 000 | 0 | 560 000 | 7 810 000 |
| 17 | 0 | 9 400 000 | 600 000 | 0 | 560 000 | 7 250 000 |

以表 7-10 为例，三、四、五期所用银行贷款总和为 8 500 000 元，剩下 1 500 000 元为机动贷款以应付意外状况。

［注意］

① 应尽量在模拟期内将银行贷款用完，以充分利用贷款资源。

② 中期最大额度发放债券；后期（后两期）尽量不发债券，既可以减少成本又可以提高资本利润率（发债券分红有利的情况除外）。

③ 不要在模拟期内发生紧急贷款，紧急贷款的利息率相对比较高导致成本增加。

# 7.4　财务预算

财务预算主要反映企业预算期现金收支、经营成果和财务状况的各项预算，包括，现金预算、预计利润表和预计资产负债表。财务预算是依赖于业务预算和专门决策预算而编制的，是整个预算体系的主体。

## 7.4.1　现金预算

在 Bizsim 系统中现金流非常重要，它就像血液一样在整个模拟期内流动着，往往到最后现金流会成为胜负的关键。为了管理好现金这项最重要的资源，最常用的方法是编制现金流量预算表，建立现金预算表。

**(1) 会计科目——现金流**

现金收支次序如下面所述。

| 期初现金 | ＋银行贷款 | ＋发行债券 |
|---|---|---|
| －部分债券本金 | － 债券利息 | － 培训费　　　　　　　　－退休费 |
| － 基本工资（工人至少得到第一班正常班的工资）　　　　　　　　－机器维护费 | | |
| ＋紧急救援贷款 | － 购原材料 | － 特殊班工资差额（第二班差额及加班） |

| －研发费用 | －管理费 | －运输费 | －广告费 |
|---|---|---|---|
| －促销费 | ＋销售收入 | －存储费 | ＋上期国债本息 |
| －本期银行贷款本息 | | －上期紧急救援贷款本息 | |
| －税金 | －买机器 | －分红 | －买国债 |

## (2) 计算公式

① 还债券本金＝累计发债券数＊偿还债券本金比例

② 还债券利息＝未归还债券＊债券利息/4

③ 新工人培训费＝单位新雇工人培训费＊实雇工人数

④ 解雇工人安置费＝单位辞退工人安置费＊INT（应辞工人数）

⑤ 工人工资＝（一班总人数＊520＊一班工资＋二班总人数＊520＊二班工资＋二班加班人数＊260＊二班加班工资）＊工资系数

⑥ 机器维修＝单位机器维修费＊机器数

⑦ 研发费分摊＝（上期研发＋本期研发）/2

⑧ 使用材料费＝原材料（单位）＊总产量

⑨ 废品损失＝（A废品数＊本期价格＋B废品数＊B本期价格）＊0.4

⑩ 废品数＝ROUND（供货量＊（1－正品率），0）

⑪ 折旧费＝机器价格＊机器数量＊0.05

⑫ 产品库存变化＝上期末库存金额－本期末库存金额

库存变化虽然不影响现金损益，但影响本期的成本。假若本期生产了200个A产品，卖了300个，也就是库存减少了100个。如果不将从库存拿的100个相应的成本考虑在内，本期的利润就会很高，但这是虚假的高利润。相反，在库存增加的情况下，利润会显得很低，所以要调整。公式为：

产品库存价值＝产品单位价值＊库存数量

成品和原材料如何折算成净资产，有不同方法。此处，是按照产品需要的资源（人、机、原材料）计算的价值，它一般会小于销售价。没有采取先进先出法或后进先出法，库存中的产品不具体计算是哪批存的。

产品和原材料从上期作为库存转到本期，或本期生产作为库存到下期，计算库存费。对当期购买或生产并在当期消耗或销售的原材料和产品不计算库存费。

程序没有具体计算哪批原材料，使用了简单的办法：将原材料运输费作为本期成本，原材料批量优惠作为本期收入。公式为：

产品单位价格＝机器小时＊机器价格＊0.05/520＋工人小时＊工资＋原材料。

模拟程序评定企业绩效时只计算总成本，比如机器维修费，只是作为本期的成本。本期的收入（主要是销售收入）减去成本得出利润。企业决策时为了估计各种产品的赢利能力，希望能估算各种产品的成本。机器维修的成本按产品需要的机器小时算比较合理，原材料库存费可以按产品使用的原材料计算。公式为：

原材料存储费＝库存单位费用＊（上期末库存数＋本期末库存数）/2

成品存储费＝库存单位费用＊（上期末库存数＋本期末库存数）/2

净资产＝现金＋国债＋原材料＋库存产品价值＋研发费用待摊＋机器原值－机器折旧－债券

库存产品和库存原材料在计算净资产时都加以考虑。库存产品的价值是按照产品需要的资源（包括人、机器、原材料）计算的价值。人是按照第一班的工资，机器费用是按每天工作一个正常班计算的折旧，原材料按标准价格。其他费用，如存储费、管理费用、运输费用、机器维修费用等，都作为本期成本分摊在本期销售的产品上。研发、广告和促销在本期以现金支付。研发费用分两期分摊，作为成本，广告和促销作为本期的成本。

## （3）现金流量表（表 7-11）

**表 7-11　现金流量表样式算法说明表**

| 项目 | 计 算 公 式（算 法 说 明） |
|---|---|
| 上期转来 | 上期期末现金余额 |
| 还债券本金 | 上期债券发行额＊5％＋上期还债券本金 |
| 还债券利息 | 上期期末债券余额＊利率 |
| 新工人培训费 | 新聘工人数＊每个新工人的培训费 |
| 解雇工人安置费 | 退休和解雇工人数＊退休和解雇的工人每人一次性生活安置费 |
| 工人基本工资 | 本期实际工人数(本期新聘工人按 1/4 计算)＊本期满额工作小时数＊第一班正班基本工资水平 |
| 机器维修费 | 本期实际可以投入使用的机器数(无论实际是否使用)＊每台机器每期的维修费 |
| 购原材料 | 本期实际采购原材料数 |
| 购材料运费 | 原材料的运输费固定费用＋本期实际采购原材料数＊原材料的运输费变动费用 |
| 特殊班工资 | 因加班、上第二班和工资系数提高所多支付的工资 |
| 管理费 | 按"管理成本"的有关规定计算。与生产的产品和班次有关 |
| 成品运输费 | 本期实际运往各市场的各产品的固定运费和变动运费之和 |
| 广告费 | 本期实际为各产品支付的广告费之和 |
| 促销费 | 本期实际在各市场支付的促销费之和 |
| 销售收入 | 本期实际在各市场销售各产品的金额之和 |
| 废品损失 | 本期实际在各市场发生的各产品废品数的成本金额＊40％之和 |
| 产品库存变化 | 上期期末各产品库存成本之和－本期期末各产品库存成本之和 |
| 原材料存储费 | (本期期末原材料库存数＋上期期末原材料库存数)/2＊每期原材料库存费率 |
| 成品存储费 | (本期期末各产品库存数＋上期期末各产品库存数)/2＊每期各产品库存费率 |
| 上期国债返回 | 上期国债金额 |
| 国债利息 | 上期国债金额＊国债利息率/4 |
| 付银行贷款 | 期初银行贷款额 |
| 付银行利息 | 期初银行贷款＊利息率/4 |
| 本期纳税 | 本期利润总额＊所得税率 |
| 买机器 | 机器数量＊机器单价 |
| 分红 | 期末分红金额 |
| 买国债 | 期末买国债金额 |
| 期末现金 | 按本表计算 |

　　根据计算公式和现金流量表的格式在 Excel 表中建立现金流量表，并在相应表中编写公式，通过运行公式得到预算数据。

　　例如，把"企业会计项目"（第 8 期全部数据）复制到 Excel 表中，再利用"分列"

等功能进行加工，得到如表 7-12 所示的现金预算表。

表 7-12　现金预算表　　　　　　　　　　单位：元

| 期数 | 8 | 9 | 10 | 11 | 12 | 13 | …… |
|---|---|---|---|---|---|---|---|
| 上期转来 | 6 807 702 | | | | | | |
| 还债券本金 | 75 000 | | | | | | |
| 还债券利息 | 19 500 | | | | | | |
| 新工人培训费 | 8 400 | | | | | | |
| 解雇工人安置费 | 19 200 | | | | | | |
| 工人基本工资 | 1 314 170 | | | | | | |
| 机器维修费 | 67 000 | | | | | | |
| 购原材料 | 750 000 | | | | | | |
| 购材料运费 | 25 000 | | | | | | |
| 特殊班工资 | 798 000 | | | | | | |
| 管理费 | 11 000 | | | | | | |
| 成品运输费 | 309 800 | | | | | | |
| 广告费 | 20 000 | | | | | | |
| 促销费 | 40 000 | | | | | | |
| 销售收入 | 4 175 600 | | | | | | |
| 废品损失 | 80 960 | | | | | | |
| 产品库存变化 | 0 | | | | | | |
| 原材料存储费 | 22 650 | | | | | | |
| 成品存储费 | 25 065 | | | | | | |
| 上期国债返回 | 0 | | | | | | |
| 国债利息 | 0 | | | | | | |
| 付银行贷款 | 0 | | | | | | |
| 付银行利息 | 0 | | | | | | |
| 本期纳税 | 45 713 | | | | | | |
| 买机器 | 0 | | | | | | |
| 分红 | 0 | | | | | | |
| 买国债 | 0 | | | | | | |
| 期末现金 | 7 351 844 | | | | | | |

[注意]

① 在现金数量少于一个定量时（规则给定），若现金不足，在银行信用额度之内，银行会自动贷款，使现金达到此数量。但是，若想多贷款，或在现金超过该数量时也贷款，就需要在决策时将想借贷的数量填入决策单。

② Bizsim 系统的数字更加精确（到小数点后二位），编现金流量表的时候注意。

## 7.4.2　预计资产负债表

预计资产负债表是总括反映预算期内企业财务状况的一种财务预算，是以期初资产负债表为基础，根据销售、生产、资本等预算的有关数据加以调整编制的。

预计资产负债表算法如表 7-13 所示。

表 7-13 预计资产负债表算法说明

| 项 目 | 金 额 |
| --- | --- |
| 现金 | 从现金流量表返回的数字表 |
| 国债 | 本期购买的国债 |
| 原材料 | 从供应预算表返回的数字 |
| 产品 1 | 期末 A 产品的库存数量 * A 产品的价值 |
| 产品 2 | 期末 B 产品的库存数量 * B 产品的价值 |
| 产品 3 | 期末 C 产品的库存数量 * C 产品的价值 |
| 产品 4 | 期末 D 产品的库存数量 * D 产品的价值 |
| 研发费用待摊 | 投资预算表中本期研发总额的一半 |
| 机器原值 | 期末机器数 * 机器单价 |
| 机器折旧 | 各期机器折旧的累加 |
| 债券 | 从筹资预算表中返回的数字 |
| 未投产机器原值 | 本期购买机器数 * 机器单价 |
| 合计 | 按本表计算 |

在 Excel 中建立预计资产负债表如表 7-14 所示。

表 7-14 预计资产负债表

| 项 目 | | 金 额(元) |
| --- | --- | --- |
| 现金 | ＋ | 13 696 164 |
| 国债 | ＋ | 0 |
| 原材料 | ＋ | 1 268 600 |
| 产品 1 | ＋ | 0 |
| 产品 2 | ＋ | 2 875 327 |
| 产品 3 | ＋ | 0 |
| 产品 4 | ＋ | 0 |
| 研发费用待摊 | ＋ | 0 |
| 机器原值 | ＋ | 32 000 000 |
| 机器折旧 | － | 14 996 000 |
| 债券 | － | 10 945 315 |
| 未投产机器原值 | ＋ | 0 |
| 合计 | | 23 898 777 |

［注意］

① 机器原值不包括本期购买而未到的机器；

② 产品的期末库存数量包括工厂库存和市场库存；

③ 研发费用待摊是一项资产。

## 练 习 题

1. 根据企业竞争模拟软件运营规则，当企业起初工人为 200 人，正常辞退 3％，企业新聘用 70 名新员工。请思考，在本期第一班正班可使用的最大人时是多少？

2. 企业本期可以向市场供应 56 个 C 产品，且 C 产品的正品率为 95％，现在提供以下三种供货方案（表 7-15）

表 7-15　思考题 2 的三种供货方案

| 项目 | 市场 1 | 市场 2 | 市场 3 | 市场 4 |
|---|---|---|---|---|
| 方案 1 | 14 | 14 | 14 | 14 |
| 方案 2 | 0 | 0 | 28 | 28 |
| 方案 3 | 0 | 18 | 19 | 19 |

请思考，哪种供货方案更加合理，并进一步讨论影响供货决策的因素。

3. 企业 A 产品的研发等级与投入关系如表 7-16 所示。

表 7-16　企业 A 产品的研发等级与投入关系　　　　单位：元

| 项　目 | 等级 1 | 等级 2 | 等级 3 | 等级 4 | 等级 5 |
|---|---|---|---|---|---|
| A | 100 000 | 200 000 | 300 000 | 400 000 | 500 000 |

上期 A 产品等级为 3 级，上期投入研发 150 000 元，累计投入研发 350 000 元，本期继续投入研发费用 100 000 元。请思考，本期产品 A 的等级是多少？本期 A 产品因研发费用所产生的成本是多少？

4. 企业财务报表中有哪些项目会影响企业本期的收入？这些项目如何计算？

5. 企业期初债券 850 万元，企业净资产 2150 万元。经过本期决策，企业本期还债券本金 60 万元，本期利润 300 万元，未分红。请问，下期企业最多可发行债券为多少？（税率为 25％）

# 第4篇

## 决策工具篇

# 第8章 量化分析方法

## 8.1 定量分析与定性分析

定量分析是依据统计数据，建立数学模型，并用数学模型计算出分析对象的各项指标及其数值的一种方法。定性分析则是主要凭分析者的直觉、经验，凭分析对象过去和现在的延续状况及最新的信息资料，对分析对象的性质、特点、发展变化规律作出判断的一种方法。相比而言，前一种方法更加科学，但需要较高深的数学知识，而后一种方法虽然较为粗糙，但在数据资料不够充分或分析者数学基础较为薄弱时比较适用，更适合于一般的投资者与经济工作者。两种分析方法对数学知识的要求虽然有高有低，但并不能就此把定性分析与定量分析截然划分开来。事实上，现代定性分析方法同样要采用数学工具进行计算，而定量分析则必须建立在定性预测基础上，二者相辅相成，定性是定量的依据，定量是定性的具体化，二者结合起来灵活运用才能取得最佳效果。

不同的分析方法具有不同的特点与性能，但是都具有一个共同之处，即它们一般都是通过比较对照来分析问题和说明问题的。正是通过对各种指标的比较或不同时期同一指标的对照才反映出数量的多少、质量的优劣、效率的高低、消耗的大小、发展速度的快慢等，才能为作鉴别、下判断提供确凿有据的信息。下面对与企业竞争模拟相关的定量分析方法进行介绍。

## 8.2 预测

### 8.2.1 预测过程与类型

根据对象以往的历史资料，通过科学的方法和逻辑推理，对其未来作估计，就是预测（forecasting）。

预测的过程如下：确定预测目标；选择预测周期；选择预测方法；收集预测需要的资料；作出决策。

预测类型大致分为三类：判断预测（如德尔菲法）；趋势预测和因果预测。

## 8.2.2 时间序列预测

### (1) 概念与特点

时间序列预测法是一种定量分析方法，它是在时间序列变量分析的基础上，运用一定的数学方法建立预测模型，使时间趋势向外延伸，从而预测未来市场的发展变化趋势，确定变量预测值。

时间序列预测法的基本特点是：假定事物的过去趋势会延伸到未来；预测所依据的数据具有不规则性；撇开了市场发展之间的因果关系。

### (2) 时间序列预测的原理与依据

时间序列是指同一变量按事件发生的先后顺序排列起来的一组观察值或记录值。构成时间序列的要素有两个：其一是时间，其二是与时间相对应的变量水平。实际数据的时间序列能够展示研究对象在一定时期内的发展变化趋势与规律，因而可以从时间序列中找出变量变化的特征、趋势以及发展规律，从而对变量的未来变化进行有效预测。

时间序列的变动形态一般分为四种：长期趋势变动、季节变动、循环变动和不规则变动。

### (3) 移动平均数预测

移动平均法根据时间序列逐项移动，依次计算包含一定项数的平均数，形成平均数时间序列，并据此对预测对象进行预测。移动平均可以消除或减少时间序列数据受偶然性因素干扰而产生的随机变动影响。移动平均法在短期预测中较准确，而在长期预测中效果较差。移动平均法可以分为：一次移动平均法；二次移动平均法。

① 一次移动平均法。一次移动平均法适用于具有明显线性趋势的时间序列数据的预测。一次移动平均法只能用来对下一期进行预测，不能用于长期预测。必须选择合理的移动跨期，跨期越大对预测的平滑影响也越大，移动平均数滞后于实际数据的偏差也越大，跨期太小则又不能有效消除偶然因素的影响。跨期取值可在 3～20 间选取。

一次移动平均数的计算公式如下：

$$\hat{x}_{t+1} = M_t^{(1)} = \frac{x_t + x_{t-1} + x_{t-2} + \cdots + x_{t-(n-1)}}{n} \tag{8.1}$$

具体应用见 [例 8.1]。

**【例 8.1】** 表 8-1 中为一次移动平均数的列举。

表 8-1　一次移动平均数

| 观察年份(年) | 时　序 | 实际观察值 | $M_t^{(1)}\ (n=4)$ |
|---|---|---|---|
| 1991 | 1 | 38 | |
| 1992 | 2 | 45 | |
| 1993 | 3 | 35 | |
| 1994 | 4 | 49 | 41.75 |
| 1995 | 5 | 70 | 49.75 |
| 1996 | 6 | 43 | 49.25 |
| 1997 | 7 | 46 | 52.00 |
| 1998 | 8 | 55 | 53.50 |
| 1999 | 9 | 45 | 47.25 |
| 2000 | 10 | 65 | 52.75 |
| 2001 | 11 | 64 | 57.25 |
| 2002 | 12 | 43 | 54.25 |

② 二次移动平均法。二次移动平均法是对一次移动平均数再次进行移动平均，并在两次移动平均的基础上建立预测模型对预测对象进行预测。二次移动平均法与一次移动平均法相比，其优点是大大减少了滞后偏差，使预测准确性提高。二次移动平均只适用于短期预测，而且只用于 $T \geq 0$ 的情形。

二次移动平均法的预测模型如下：

$$M_t^{(1)} = \frac{x_t + x_{t-1} + x_{t-2} + \cdots + x_{t-(n-1)}}{n}$$

$$M_t^{(2)} = \frac{M_t^{(1)} + M_{t-1}^{(1)} + M_{t-2}^{(1)} + \cdots + M_{t-(n-1)}^{(1)}}{n}$$

$$\hat{x}_{t+T} = a_t + b_t T$$

式中，

$$a_t = 2M_t^{(1)} - M_t^{(2)};$$

$$b_t = \frac{2}{n-1}(M_t^{(1)} - M_t^{(2)}).$$

具体见应用见［例 8.2］。

【例 8.2】 表 8-2 中为二次移动平均数的列举。

表 8-2 二次移动平均数

| 观察年份(年) | 时序 | 实际观察值 | $M_t^{(1)}(n=4)$ | $M_t^{(2)}(n=4)$ |
|---|---|---|---|---|
| 1991 | 1 | 38 | | |
| 1992 | 2 | 45 | | |
| 1993 | 3 | 35 | | |
| 1994 | 4 | 49 | 41.75 | |
| 1995 | 5 | 70 | 49.75 | |
| 1996 | 6 | 43 | 49.25 | |
| 1997 | 7 | 46 | 52.00 | 48.19 |
| 1998 | 8 | 55 | 53.50 | 51.13 |
| 1999 | 9 | 45 | 47.25 | 50.50 |
| 2000 | 10 | 65 | 52.75 | 51.38 |
| 2001 | 11 | 64 | 57.25 | 52.69 |
| 2002 | 12 | 43 | 54.25 | 52.88 |

根据模型计算得到

$$a_{12} = 2M_{12}^{(1)} - M_{12}^{(2)} = 2 \times 54.25 - 52.88 = 55.62$$

$$b_{12} = \frac{2}{n-1}(M_{12}^{(1)} - M_{12}^{(2)}) = \frac{2}{4-1}(54.25 - 52.88) = 0.913$$

$$\hat{x}_{12+T} = 55.62 + 0.913 \times T$$

$$\hat{x}_{12+1} = 55.62 + 0.913 \times 1 = 56.53$$

### (4) 指数平滑法预测

指数平滑法来自于移动平均法，是一次移动平均法的延伸。指数平滑法是对时间数据给予加工平滑，从而获得其变化规律与趋势。根据平滑次数的不同，指数平滑法可以分为：一次指数平滑法、二次指数平滑法和三次指数平滑法。下面介绍一次指数平滑法。

基本计算公式：

$$\widehat{x}_{t+1} = \alpha x_t + (1-\alpha)\widehat{x}_t \tag{8-2}$$

一次指数平滑预测模型：

$$S_t^{(1)} = \alpha x_t + (1-\alpha)S_{t-1}^{(1)}$$
$$= \alpha x_t + \alpha(1-\alpha)x_{t-1} + \alpha(1-\alpha)^2 x_{t-2} + \cdots + \alpha(1-\alpha)^{t-1}x_{t-(t-1)} \, 。$$

时间序列数据大于 50 时，初始值 $S_0^{(1)}$ 对 $S_t^{(1)}$ 计算结果影响极小，可以设定为 $x_1$；当时间序列数据小于 50 时，初始值 $S_0^{(1)}$ 对 $S_t^{(1)}$ 计算结果影响较大，应取前几项的平均值。

**【例 8.3】** 已知 $\alpha = 0.5$，$S_0^{(1)}$ 取为前三项的平均值。表 8-3 中即为指数平滑预测数据。

表 8-3　指数平滑预测数据

| 时序 | 1 | 2 | 3 | 4 | 5 | 6 | 7 | 8 | 9 | 10 | 11 | 12 | 13 |
|---|---|---|---|---|---|---|---|---|---|---|---|---|---|
| 销售量（个） | 10 | 15 | 8 | 20 | 10 | 16 | 18 | 20 | 22 | 24 | 20 | 26 | |
| $S_t^{(1)}$ | 11 | 10.5 | 12.8 | 10.4 | 15.2 | 12.6 | 14.3 | 16.2 | 18.1 | 20.1 | 22.0 | 21.0 | 23.5 |

## 8.2.3　回归分析预测

回归预测以因果关系为前提，应用统计方法寻找一个适当的回归模型，对未来市场的变化进行预测。回归分析具有比较严密的理论基础和成熟的计算分析方法。回归预测是回归分析在预测中的具体运用。在回归预测中，预测对象称为因变量，相关的分析对象称为自变量。

回归分析根据自变量的多少分为一元回归分析、二元回归分析与多元回归分析，但有时候二元回归分析被并入到多元回归分析之中；回归分析根据回归关系可分为线性回归分析与非线性回归分析。

一元线性回归预测是在一个因变量与一个自变量之间进行的线性相关关系的回归预测。

**(1) 一元线性回归预测的基本步骤**

第一步：绘制散点图，观察自变量与因变量之间的相互关系。

第二步：估计参数，建立一元线性回归预测模型。

第三步：对预测模型进行检验。

第四步：计算与确定置信区间。

**(2) 一元线性回归预测的基本模型**

$$\widehat{y} = a + bx \tag{8.3}$$

式中，$b = \dfrac{n\sum xy - \sum x\sum y}{n\sum x^2 - (\sum x)^2} = \dfrac{\sum xy - \overline{x}\sum y}{\sum x^2 - \overline{x}\sum x}$，$a = \overline{y} - b\overline{x}$。

**(3) 一元线性回归预测模型的检验**

① 相关系数检验。相关系数是描述两个变量之间线性关系能密切程度的数量指标。相关系数 $r$ 的取值范围是 $[-1, 1]$。若 $r=1$ 则说明完全正相关，若 $r=-1$ 则说明完全负相关；$r=0$ 说明不相关；$r$ 的值在 $(0, 1)$ 之间则正相关，在 $(-1, 0)$ 之间则为负相关。

② $t$ 检验。$t$ 检验是利用 $t$ 统计量来检验回归参数 $a$ 和 $b$ 是否具有统计意义。

③ 计算与确定置信区间。由于预测值与实际值之间存在有不确定的偏差，因而需要确定预测值的有效区间，即置信区间。

**【例 8.4】** $x$、$y$ 两变量的观察数据如表 8-4 所示，根据数据进行回归预测。

表 8-4 观测数据

| 数据序号 | $x$ | $y$ | $x^2$ | $y^2$ | $xy$ |
|---|---|---|---|---|---|
| 1 | 1.5 | 4.8 | 2.25 | 23.04 | 7.20 |
| 2 | 1.8 | 5.7 | 3.24 | 32.49 | 10.26 |
| 3 | 2.4 | 7.0 | 5.76 | 49.00 | 16.80 |
| 4 | 3.0 | 8.3 | 9.00 | 68.89 | 24.90 |
| 5 | 3.5 | 10.9 | 12.25 | 118.81 | 38.15 |
| 6 | 3.9 | 12.4 | 15.21 | 153.76 | 48.36 |
| 7 | 4.4 | 13.1 | 19.36 | 171.61 | 57.64 |
| 8 | 4.8 | 13.6 | 23.04 | 184.96 | 65.28 |
| 9 | 5.0 | 15.3 | 25.00 | 234.09 | 76.50 |
| 合计 | 30.3 | 91.1 | 115.11 | 1 036.65 | 345.09 |

**【解】**

① 由表 8-3 可知：

$$b = \frac{n\sum xy - \sum x \sum y}{n\sum x^2 - (\sum x)^2} = \frac{9 \times 345.09 - 30.3 \times 91.1}{9 \times 115.11 - 30.3^2} = 2.930\ 3$$

$$a = \overline{y} - b\overline{x} = \frac{91.1}{9} - 2.930\ 3 \times \frac{30.3}{9} = 0.256\ 9$$

$$\hat{y} = a + bx = 0.256\ 9 + 2.930\ 3x$$

② 相关系数检验。根据前表数据以及相关系数计算公式可知本例为显著线性相关。

$$r = \frac{\sum xy - \frac{1}{n}\sum x \sum y}{\sqrt{\sum x^2 - \frac{1}{n}(\sum x)^2}\sqrt{\sum y^2 - \frac{1}{n}(\sum y)^2}}$$

$$= \frac{345.09 - \frac{1}{9} \times 30.3 \times 91.1}{\sqrt{115.11 - \frac{1}{9} \times 30.3^2}\sqrt{1\ 036.65 - \frac{1}{9} \times 91.1^2}}$$

$$= 0.9911$$

$$r_\alpha\ (n-2) = r_{0.05}\ (9-2) = r_{0.05}\ (7) = 0.666$$

$$r > r_{0.05}\ (7)$$

③ $t$ 检验。公式如下：

$$S_b = \sqrt{\frac{\sum(y-\hat{y})^2}{(n-2)\sum(x-\overline{x})^2}} = \sqrt{\frac{2.03}{(9-2) \times 13.1}} = 0.148\ 8$$

$$t = \frac{b}{S_b} = \frac{2.930\ 3}{0.148\ 8} = 19.692$$

令 $\alpha = 0.05$，

$$t_{\frac{\alpha}{2}}(n-2)=t_{0.025}(7)=2.365$$

显然，$t=19.692>t_{0.025}(7)$。

由上可知，线性相关成立。

④ 计算确定置信区间。计算得到置信区间为 $[10.42，13.54]$，具体计算过程如下。

$$\because S(y)=\sqrt{\frac{\sum (y-\hat{y})^2}{n-2}}\times\sqrt{1+\frac{1}{n}+\frac{(x_0-\overline{x})^2}{\sum (x-\overline{x})^2}}$$

$$=\sqrt{\frac{2.03}{9-2}}\times\sqrt{1+\frac{1}{9}+\frac{(4-3.37)^2}{13.1}}=0.661\ 2$$

$(x_0=4)$

$$\therefore \hat{y}-t_{\frac{\alpha}{2}}(n-2)\times S(y)=11.98-2.365\times0.661\ 2=10.42$$

$$y+t_{\frac{\alpha}{2}}(n-2)\times S(y)=11.98+2.365\times0.661\ 2=13.54$$

## 8.3 决策

决策分析是指人们为了达到某个目标，从一些可能的方案（途径）中进行选择的分析过程，是在有风险或不确定性情况下制定决策的定量分析方法，是对影响决策的诸因素作逻辑判断与权衡。本节将对不确定性决策和风险决策的定量分析方法进行详细叙述。

### 8.3.1 不确定性决策及其方法

不确定性（非确定性）是指自然状态不确定，且各种状态的概率无法估计。决策者根据自己的主观倾向进行决策，不同的主观态度建立不同的评价和决策准则，根据不同的决策准则，选出的最优方案也可能是不同的。

设决策问题的决策矩阵为：

$$O=\begin{pmatrix} o_{11} & o_{12} & \cdots & o_{1n} \\ o_{21} & o_{22} & \cdots & o_{2n} \\ \vdots & \vdots & & \vdots \\ o_{m1} & o_{m2} & \cdots & o_{nm} \end{pmatrix}$$

这里，每种自然状态 $\theta_j$（$j=1，2，\cdots，n$）出现的概率 $P(\theta_j)$ 是未知的，如何根据不同方案在各种状态下的条件结果值 $o_{ij}$，确定决策者最满意的行动方案，下面介绍几种常用的决策准则。

**(1) 悲观准则（Max-Min 准则）**

悲观准则也称保守准则，其基本思路是假设各行动方案总是出现最坏的可能结果值，这些最坏的结果中的最好者所对应的行动方案为最满意方案。决策的步骤如下：

① 根据决策矩阵选出每个方案的最小条件结果值；

② 再从这些最小值中挑一个最大者，所对应的方案就是最满意方案。

悲观准则的数学描述是，设方案 $a_i$ 的最小收益值为：

$$\bar{q}(a_i) = \underset{1 \leqslant j \leqslant n}{Min} \, q_{ij} \quad (i = 1, 2, \cdots, m)$$

则悲观准则的最满意方案 $a^*$ 应满足：

$$\bar{q}(a^*) = \underset{1 \leqslant i \leqslant m}{Max} \, \bar{q}(a_i) = \underset{1 \leqslant i \leqslant m}{Max} \, \underset{1 \leqslant j \leqslant n}{Min} \, q_{ij} \tag{8.4}$$

**【例 8.5】** 某企业拟定了三个生产方案：方案一（$a_1$）为新建两条生产线；方案二（$a_2$）为新建一条生产线；方案三（$a_3$）为扩建原有生产线，改进老产品。在市场预测的基础上，估算了各个方案在市场需求的不同情况下的条件收益值如表 8-5（净现值，单位：万元），但市场不同需求状态的概率未能测定。试用悲观准则对此问题进行决策分析。

表 8-5　不同方案下的条件收益值表　　　　　　　　　　单位：万元

| 条件结果　　　　　状态　 方案 | 市场需求情况 | | |
|---|---|---|---|
| | $\theta_1$（高需求） | $\theta_2$（中需求） | $\theta_3$（低需求） |
| $a_1$ | 1 000 | 600 | −200 |
| $a_2$ | 750 | 450 | 50 |
| $a_3$ | 300 | 300 | 80 |

**【解】** 各行动方案的最坏条件结果分别为：

$$\bar{q}(a_1) = Min(1\,000, 600, -200) = -200$$

$$\bar{q}(a_2) = Min(750, 450, 50) = 50$$

$$\bar{q}(a_3) = Min(300, 300, 80) = 80$$

由式（8.4），最满意方案 $a^*$ 满足：

$$\bar{q}(a^*) = \underset{1 \leqslant i \leqslant 3}{Max} \, \bar{q}(a_i) = \bar{q}(a_3)$$

即 $a^* = a_3$ 为最满意方案。

### （2）乐观准则（Max-Max 准则）

乐观准则的基本思路是，假设每个行动方案总是出现最好的条件结果，即条件收益值最大或条件损失值最小，那么最满意的行动方案就是所有 $o_{ij}$ 中最好的条件结果对应的方案。决策的具体步骤是：

① 根据决策矩阵选出每个方案的最优结果值；

② 在这些最优结果值中选择一个最优者，所对应的方案就是最满意方案。

设方案 $a_i$ 的最大收益值为：

$$\bar{q}(a_i) = \underset{1 \leqslant j \leqslant n}{Max} \, o_{ij}, \quad (i = 1, 2, \cdots, m)$$

则乐观准则的最满意方案 $a^*$ 应满足：

$$\bar{q}(a^*) = \underset{1 \leqslant i \leqslant m}{Max} \, \bar{q}(a_i) = \underset{1 \leqslant i \leqslant m}{Max} \, \underset{1 \leqslant j \leqslant n}{Max} \, o_{ij} 。$$

**【例 8.6】** 在 ［例 8.5］ 的决策问题中，采取乐观准则进行决策分析。

**【解】** 按照乐观准则进行决策，各方案的最优结果值为：

$$\bar{q}(a_1) = Max(1\,000, 600, -200) = 1\,000$$

$$\bar{q}(a_2) = Max(750, 450, 50) = 750$$

$$\bar{q}(a_3) = Max(300, 300, 80) = 300$$

最满意方案 $a^*$ 满足

$$\bar{q}(a^*) = \underset{1 \leqslant i \leqslant 3}{Max} \, \bar{q}(a_i) = \bar{q}(a_1)$$

即 $a^* = a_1$ 为最满意方案。

## （3）折中准则（Hurwitz 准则）

悲观准则和乐观准则对自然状态的假设都过于极端，悲观准则认为总会出现最坏的情况，而乐观准则认为总会出现最好的情况，折中准则既非完全乐观，也非完全悲观，其基本思路是假设各行动方案既不会出现最好的条件结果值，也不会出现最坏的条件结果值，而是出现最好结果与最坏结果值之间的某个折中值，再从各方案的折中值中选出一个最大者，对应的方案即为最满意方案。决策的具体步骤是：

① 取定乐观系数 $\alpha$（$0 \leqslant \alpha \leqslant 1$），计算各方案的折中值，方案 $a_i$ 的折中值记为 $h(a_i)$，即：

$$h(a_i) = \alpha \operatorname*{Max}_{1 \leqslant j \leqslant n} o_{ij} + (1-\alpha) \operatorname*{Min}_{1 \leqslant j \leqslant n} q_{ij} \quad (i = 1, 2, \cdots, m) \tag{8.5}$$

② 从各方案的折中值中选出最大者，其对应的方案就是最满意方案。即折中准则最满意方案 $a^*$ 满足：

$$h(a^*) = \operatorname*{Max}_{1 \leqslant i \leqslant m} h(a_i) = \operatorname*{Max}_{1 \leqslant i \leqslant m} \left[ \alpha \operatorname*{Max}_{1 \leqslant j \leqslant n} o_{ij} + (1-\alpha) \operatorname*{Min}_{1 \leqslant j \leqslant n} q_{ij} \right] \tag{8.6}$$

乐观系数 $\alpha$ 由决策者主观估计而确定，特别地，当 $\alpha = 1$ 时，就是乐观准则；当 $\alpha = 0$ 时，就是悲观准则。折中准则中的 $\alpha$ 不般假设为 $0 < \alpha < 1$。

【例 8.7】 在［例 8.5］的决策问题中，试用折中准则进行决策分析。

【解】 取乐观系数 $\alpha = \dfrac{1}{3}$，各方案的折中值为：

$$\begin{aligned} h(a_1) &= \alpha \operatorname*{Max}_{1 \leqslant j \leqslant 3} o_{ij} + (1-\alpha) \operatorname*{Min}_{1 \leqslant j \leqslant 3} o_{ij} \\ &= \frac{1}{3} \times 1\,000 + \frac{2}{3} \times (-200) = \frac{600}{3} \end{aligned}$$

类似地，应有：

$$h(a_2) = \frac{1}{3} \times 750 + \frac{2}{3} \times 50 = \frac{850}{3}$$

$$h(a_3) = \frac{1}{3} \times 300 + \frac{2}{3} \times 80 = \frac{460}{3}$$

最满意方案 $a^*$ 应满足：

$$h(a^*) = \operatorname*{Max}_{1 \leqslant i \leqslant 3} h(a_i) = \operatorname{Max} \left( \frac{600}{3}, \frac{850}{3}, \frac{460}{3} \right) = h(a_2),$$

于是 $a^* = a_2$ 为最满意方案。

本例中，如果取 $\alpha = \dfrac{1}{2}$，即认为最好和最坏的情况出现的机会均等，则 $a^* = a_1$ 或 $a^* = a_2$。

## （4）等可能性准则（Laplace 准则）

等可能性准则是 19 世纪数学家拉普拉斯（Laplace）提出来的，因此又称为拉普拉斯准则。这个准则认为，在各自然状态发生的可能性不清楚的时候，只能认为各状态发生的概率相等，按相等的概率求出各方案条件收益的期望值（或期望效用值），最大期望值对应的方案即是最满意方案。决策的具体步骤如下。

① 假定各自然状态出现的概率相等，即：

$$p(\theta_1) = p(\theta_2) = \cdots = p(\theta_n) = \frac{1}{n}$$

求出各方案条件收益的期望值：

$$\overline{q}(a_i)=\sum_{j=1}^{n}p(\theta_j)o_{ij}=\frac{1}{n}\sum_{j=1}^{n}o_{ij}, \quad (i=1,2,\cdots,m) \tag{8.7}$$

或求出各方案的期望效用值：

$$\overline{u}(a_i)=\sum_{j=1}^{n}p(\theta_j)u(o_{ij})=\frac{1}{n}\sum_{j=1}^{n}u(o_{ij}), \quad (i=1,2,\cdots,m) \tag{8.8}$$

② 再从各方案的条件收益期望值中找出最大者，或从各方案的期望效用值中找出最大者，所对应的方案为 $a^*$，即 $a^*$ 满足：

$$\overline{q}(a^*)=\underset{1\leqslant i\leqslant m}{Max}\,\overline{q}(a_i)$$

或

$$\overline{u}(a^*)=\underset{1\leqslant i\leqslant m}{Max}\,\overline{u}(a_i)。$$

【例 8.8】 在［例 8.5］的决策问题中，试用等可能性准则进行决策分析。

【解】 按等可能性准则，各状态发生的概率设为：

$$p(\theta_1)=p(\theta_2)=p(\theta_3)=\frac{1}{3}$$

根据式（8.7），各方案条件收益的期望值为：

$$\overline{q}(a_1)=\frac{1}{3}\sum_{j=1}^{3}o_{1,j}=\frac{1}{3}(1\,000+600-200)=\frac{1\,400}{3}$$

$$\overline{q}(a_2)=\frac{1}{3}\sum_{j=1}^{3}o_{2,j}=\frac{1}{3}(750+450+50)=\frac{1\,250}{3}$$

$$\overline{q}(a_3)=\frac{1}{3}\sum_{j=1}^{3}o_{3,j}=\frac{1}{3}(300+300+80)=\frac{680}{3}$$

于是由等可能性准则，最满意方案 $a^*$ 满足

$$\overline{q}(a^*)=\underset{1\leqslant i\leqslant 3}{Max}\,\overline{q}(a_i)=\overline{q}(a_1)。$$

即 $a^*=a_1$ 为最满意方案。

**(5) 遗憾准则（Min-Max 准则）**

遗憾准则也称为最小遗憾值准则或最小机会损失准则。通常，人们在选择方案的过程中，如果舍优取劣，就会感到遗憾。所谓遗憾值，就是在一定的自然状态下没有取到最好的方案而带来的机会损失。设在状态 $\theta_j$ 下选择了方案 $a_i$，这里得到条件收益值 $o_{ij}$，则方案 $a_i$ 在状态 $\theta_j$ 下的遗憾值 $r_{ij}$ 为：

$$r_{ij}=\underset{1\leqslant i\leqslant m}{Max}\,o_{ij}-o_{ij} \quad (i=1,2,\cdots,m;j=1,2,\cdots,n) \tag{8.9}$$

遗憾准则的基本思路是，假设各方案总是出现遗憾值最大的情况，从中选择遗憾值最小的方案作为最满意方案。具体决策步骤如下。

① 计算各方案在每种状态下的遗憾值 $r_{ij}$（即机会损失值）。

② 找出各方案的最大遗憾值，即：

$$r(a_i)=\underset{1\leqslant j\leqslant n}{Max}\,r_{ij}, \quad (i=1,2,\cdots,m)$$

③ 确定最满意方案，在各方案的最大遗憾值中取最小者，对应的方案为最满意方案，即最满意方案 $a^*$ 满足

$$r(a^*)=\underset{1\leqslant i\leqslant m}{Min}\,r(a_i)=\underset{1\leqslant i\leqslant m}{Min}\,\underset{1\leqslant j\leqslant n}{Max}\,r_{ij}。 \tag{8.10}$$

【例 8.9】 用遗憾准则对［例 8.5］中的问题进行决策分析。

【解】 按式（8.9）计算各方案在每种状态下的遗憾值 $r_{ij}$，得遗憾值矩阵为：

$$R = \begin{pmatrix} 0 & 0 & 280 \\ 250 & 150 & 30 \\ 700 & 300 & 0 \end{pmatrix}$$

各方案的最大遗憾值为：

$$r(a_1) = Max(0, 0, 280) = 280$$
$$r(a_2) = Max(250, 150, 30) = 250$$
$$r(a_3) = Max(700, 300, 0) = 700$$

最满意方案 $a^*$ 满足：

$$r(a^*) = \underset{1 \leqslant i \leqslant 3}{Min} r(a_i) = r(a_2)$$

因此，最满意方案为 $a^* = a_2$。

## 8.3.2 风险决策及其方法

风险型决策一般包含以下条件：

① 存在着决策者希望达到的目标（如收益最大或损失最小）；

② 存在着两个或两个以上的方案可供选择；

③ 存在着两个或两个以上不以决策者主观意志为转移的自然状态（如不同的市场条件）；

④ 可以计算出不同方案在不同自然状态下的损益值；

⑤ 在可能出现的不同自然状态中，决策者不能肯定未来将出现哪种状态，但能确定每种状态出现的概率。

风险型决策分析最主要的决策准则是期望值准则，而决策树分析法是期望值准则中最常用的方法。这部分我们只能决策树法进行简要分析。

利用决策树图形进行决策分析的方法称为决策树分析法，当决策涉及多方案选择时，借助由若干节点和分支构成的树状图形，可形象地将各种可供选择的方案、可能出现的状态及其概率，以及方案在不同状态下的条件结果值简明地绘制在一张图表上，以便讨论研究、补充修正，作出最佳选择。决策树图形的优点在于系统地、连贯地考虑各方案之间的联系，整个决策分析过程直观易懂、清晰明了。

决策树包含三个要素：

① 决策节点，一般用方块■表示，由它引出的分枝叫方案分枝，表示该决策点的可选方案；

② 状态点，一般用圆块●表示，由它引出的分枝叫状态分枝或概率分枝，表示该方案面对的状态；

③ 结果节点，一般用三角块▲表示，代表某一方案在相应状态下的收益或效用值。

【例 8.10】 某冰箱厂准备投产一种用微电脑控制的双缸全自动洗衣机，现提出 3 种生产方案供选择：①改造原生产线；②新建一条生产线；③将大部分零件转包给外厂生产，本厂只生产小部分零件并组装整机。据市场调查，该机在 5 年内畅销的概率为 0.5，平销的概率为 0.3，滞销的概率为 0.2。初步估计，5 年内各方案在不同销售状态下的益损值如表 8-6 所示。用决策树法确定使该厂 5 年内获得最大收益的生产方案。

表 8-6　益损值表　　　　　　　　单位：万元

| 方案＼销售状况及概率 损益值率 | 畅销 0.5 | 平销 0.3 | 滞销 0.2 |
|---|---|---|---|
| 改造原生产线（$A_1$） | 800 | 600 | 50 |
| 新建生产线（$A_2$） | 1 100 | 800 | 100 |
| 转包及组装（$A_2$） | 1 400 | 1 100 | −300 |

**【解】** 据已知数据绘制决策树如图 8-1 所示。计算各方案的期望收益值。

节点 2：$0.5 * 800 + 0.3 * 600 + 0.2 * 50 = 590$（万元）

节点 3：$0.5 * 1 100 + 0.3 * 800 + 0.2 * 100 = 810$（万元）

节点 4：$0.5 * 1 400 + 0.3 * 1 100 + 0.2 * (−300) = 970$（万元）

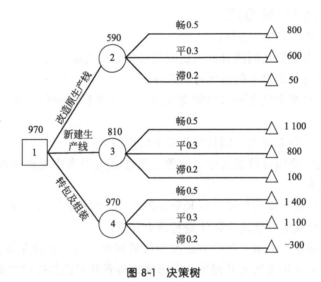

图 8-1　决策树

由计算结果知，采用转包并组装整机方案，5 年内该厂可获得最大期望收益值 970 万元，其余两方案应删去。

# 8.4　线性规划

线性规划（Linear Programming，简称 LP），是目标函数为线性函数，约束条件也是线性函数的最优化模型，是目前应用得最为广泛最为成功的运筹学模型之一。由于线性函数的特殊性，线性规划问题是大规模的运筹学问题中相对而言最容易得到最优解的模型。有些更复杂的模型可能借助线性规划求解，或简化为线性规划模型。在企业竞争模拟中，线性规划可以帮助决策者对生产排班、产品运输等决策进行优化。

## 8.4.1 线性规划的数学模型

### (1) 建立线性规划问题的数学模型步骤

① 确定问题的决策变量；

② 确定问题的目标，并表示为决策变量的线性函数；

③ 找出问题的所有约束条件，并表示为决策变量的线性方程或不等式。

### (2) 线性规划的数学模型

假定线性规划问题中含 $n$ 个变量，分别用 $x_j$ （$j=1$，$\cdots$，$n$）表示，在目标函数中，$x_j$ 的系数为 $c_j$ （通常称为价值系数）。$x_j$ 的取值受 $m$ 项资源的限制，用 $b_i$ （$i=1$，$\cdots$，$m$）表示第 $i$ 种资源的拥有量，用 $a_{ij}$ 表示变量 $x_j$ 的取值为一个单位时所消耗或含有的第 $i$ 种资源的数量（通常称为技术系数或工艺系数）。则上述线性规划问题的数学模型可以表示为：

$$Max z = \sum_{j=1}^{n} c_j x_j$$

$$\begin{cases} \sum_{j=1}^{n} a_{ij} x_j = b_i & (i=1, 2, \cdots, m) \\ x_j \geqslant 0 & (j=1, 2, \cdots, n) \end{cases}$$

$$Max(Min) z = c_1 x_1 + c_2 x_2 + \cdots + c_n x_n$$

$$\begin{cases} a_{11} x_1 + & a_{12} x_2 + & \cdots + & a_{1n} x_n \leqslant (=, \geqslant) b_1 \\ a_{21} x_1 + & a_{22} x_2 + & \cdots + & a_{2n} x_n \leqslant (=, \geqslant) b_2 \\ \cdots & \cdots \\ a_{m1} x_1 + & a_{m2} x_2 + & \cdots + & a_{mn} x_n \leqslant (=, \geqslant) b_m \\ x_j \geqslant 0 & (j=1, \cdots, n) \end{cases}$$

线性规划的标准型。由于目标函数和约束条件内容和形式上的差别，线性规划问题有多种表达式。为了便于讨论和制定统一的算法，规定标准形式如下：a. 目标函数极大化；b. 约束条件为等式且右端项≥0；c. 决策变量≥0。

① 一般表达式：

$$Max z = c_1 x_1 + c_2 x_2 + \cdots + c_n x_n$$

$$\begin{cases} a_{11} x_1 + & a_{12} x_2 + & \cdots + & a_{1n} x_n = b_1 \\ a_{21} x_1 + & a_{22} x_2 + & \cdots + & a_{2n} x_n = b_2 \\ \cdots & \cdots \\ a_{m1} x_1 + & a_{m2} x_2 + & \cdots + & a_{mn} x_n = b_m \\ x_j \geqslant 0 & (j=1, \cdots, n) \end{cases}$$

② $\sum$ 记号简写式：

$$Max z = \sum_{j=1}^{n} c_j x_j$$

$$\begin{cases} \sum_{j=1}^{n} a_{ij} x_j = b_i & (i=1, 2, \cdots, m) \\ x_j \geqslant 0 & (j=1, 2, \cdots, n) \end{cases}$$

③ 矩阵形式：

$$Maxz = CX$$

$$\begin{cases} AX = b \\ X \geqslant 0 \end{cases}$$

式中，$C = (c_1, \cdots, c_n)$；$X = (x_1, \cdots x_n)$。

$$A = \begin{bmatrix} a_{11} & a_{12} & \cdots & a_{1n} \\ a_{21} & a_{22} & \cdots & a_{2n} \\ \cdots & \cdots & \cdots & \cdots \\ a_{m1} & a_{m2} & \cdots & a_{mn} \end{bmatrix}, \quad b = \begin{bmatrix} b_1 \\ b_2 \\ \cdots \\ b_3 \end{bmatrix}, \quad 0 = \begin{bmatrix} 0 \\ 0 \\ \cdots \\ 0 \end{bmatrix}$$

## 8.4.2　线性规划的图解法

对于两个变量的线性规划问题，可以通过在平面上作图的方法求解。图解法简单直观，而且可以从中得到有关线性规划问题的许多重要结论，有助于我们理解线性规划问题求解方法的基本原理。图解法的基本步骤包括：

① 建立坐标系；

② 图示约束条件，找出可行域；

③ 图示目标函数，寻找最优解。

【例 8.11】 央视为改版后的《非常 6+1》栏目播放两套宣传片。其中宣传片甲播映时间为 3 分 30 秒，广告时间为 30 秒，收视观众为 60 万，宣传片乙播映时间为 1 分钟，广告时间为 1 分钟，收视观众为 20 万（表 8-7）。广告公司规定每周至少有 3.5 分钟广告，而电视台每周只能为该栏目宣传片提供不多于 16 分钟的节目时间。电视台每周应播映两套宣传片各多少次，才能使得收视观众最多？

【分析】 由已知数据可得表 8-7 中所列。

表 8-7　宣传片播映时间表

| 项目 | 播放片甲 | 播放片乙 | 节目要求 | |
|---|---|---|---|---|
| 片集时间(min) | 3.5 | 1 | | ≤16 |
| 广告时间(min) | 0.5 | 1 | ≥3.5 | |
| 收视观众(万人) | 60 | 20 | | |

【解】 设电视台每周应播映片甲 $x$ 次，片乙 $y$ 次，总收视观众为 $z$ 万人。

目标函数：$Max\ z = 60x + 20y$

约束条件：$\begin{cases} 4x + 2y \leqslant 16 \\ 0.5x + y \geqslant 3.5 \\ x, y \in N \end{cases}$

用图解法求解如图 8-2 所示。

由图解法可得：当 $x = 3$，$y = 2x = 3$，$y = 2$ 时，$z_{max} = 220$。

答：电视台每周应播映甲种片集 3 次，乙种片集 2 次才能使得收视观众最多。

【例 8.12】 ××中学准备组织学生去国家体育场"鸟巢"参观。参观期间，校车每天至少要运送 480 名学生。该中学后勤集团有 7 辆小巴、4 辆大巴，其中小巴能载 16 人、大巴能载 32 人。已知每辆客车每天往返次数小巴为 5 次、大巴为 3 次，每次运输成本小巴为 48 元，大巴为 60 元。请问：每天应派出小巴、大巴各多少辆能使总费用最少？

【解】 设每天派出小巴 $x$ 辆、大巴 $y$ 辆，总运费为 $z$ 元。

线性规划图解如图 8-3 所示。

目标函数：$Minz = 240x + 180y$

（约束条件：）$\begin{cases} 5x + 6y \geqslant 30 \\ 0 \leqslant x \leqslant 7 \\ 0 \leqslant y \leqslant 4 \\ x, y \in N \end{cases}$

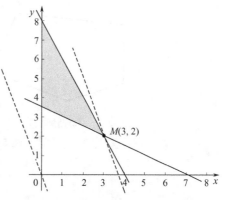

图 8-2 播映问题线性规划图解

由网格法可得：

$x = 2$，$y = 4$ 时，$z_{min} = 1\ 200$。

答：派 4 辆小巴、2 辆大巴费用最少。

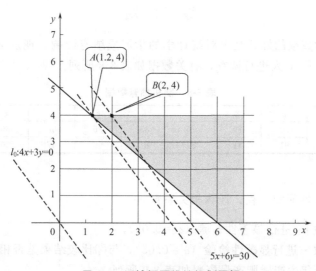

图 8-3 运输问题线性规划图解

### 8.4.3 从图解法得到的启示

① 线性规划的可行域为凸集。实数 $R$（或复数 $C$ 上）向量空间中，集合 $S$ 称为凸集，如果 $S$ 中任两点的连线内的点都在集合 $S$ 内。对于欧氏空间，直观上，凸集就是凸的。在一维空间中，凸集是单点或一条不间断的线（包括直线、射线、线段）；二、三维空间中的凸集就是直观上凸的图形。从图形上来看，凸集可能表现为图 8-4(a)，而不可能表现为图 8-4(b)。

② 线性规划可行域若非空、有界，则它有最优解。

③ 线性规划若有最优解，一定有最优解在顶点达到。

④ 线性规划模型的解的情况分类。如图 8-5 所示。

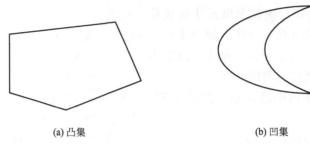

(a) 凸集　　　　　　　　　　(b) 凹集

图 8-4　凸集和凹集

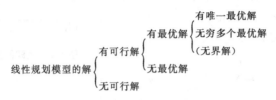

图 8-5　线性规划模型解的情况分类

关于线性规划的其他解法，本书在第 9 章结合 Excel 软件进行叙述。

## 练 习 题

1. 为研究数学成绩的好坏是否对统计学的学习成绩有影响，现从某大学的统计学系的学生中随机抽取了 10 人进行调查，有关数据如表 8-8 所列。

表 8-8　随机抽查数据

| 学生编号 | 1 | 2 | 3 | 4 | 5 | 6 | 7 | 8 | 9 | 10 |
| --- | --- | --- | --- | --- | --- | --- | --- | --- | --- | --- |
| 数学成绩(分) | 86 | 90 | 79 | 76 | 83 | 96 | 68 | 80 | 76 | 60 |
| 统计成绩(分) | 81 | 91 | 63 | 81 | 81 | 96 | 67 | 90 | 78 | 54 |

要求：

① 拟合简单线性回归方程，计算相关系数 $r$；

② 对回归系数 $\hat{\beta}_1$ 进行显著性检验（$\alpha = 0.05$）；

③ 对相关系数 $r$ 进行显著性检验（$\alpha = 0.05$），与②比较结果是否相同，为什么？

2. 某化肥厂历年生产磷肥产量资料如表 8-9 所列。

表 8-9　历年磷肥产量资料

| 年份(年) | 1983 | 1984 | 1985 | 1986 | 1987 | 1988 | 1989 | 1990 | 1991 | 1992 | 1993 | 1994 | 1995 |
| --- | --- | --- | --- | --- | --- | --- | --- | --- | --- | --- | --- | --- | --- |
| 产量(万吨) | 42 | 46 | 50 | 52 | 48 | 46 | 52 | 50 | 60 | 64 | 62 | 64 | 60 |

要求：① 试用移动平均法分别求出 3 年和 4 年的移动平均数（后者还要移正平均），编制出新的时间数列；

② 试用最小平方法（分别以 1982 年和 1989 年为原点）建立直线方程，并预测 1996 年和 1997 年的化肥产量。

3. 某企业生产一种产品，成本 20 元/件，批发价 25 元/件，当月售不完放入仓库，库存费用－1 元/件。企业批量生产与销售，每批 10 件，最大生产力 40 件/月，适用五种准则进行决策？

4. 某化工原料厂，由于某项工艺不好，影响效益，现厂方欲改革工艺，可自行研究（成功可能为0.6），或买专利（成功可能为0.8）。若成功，则有2种生产方案可选：方案1是产量不变，方案2是增产；若失败，则按原方案生产。有关数据如表8-10所列。试用决策树法求最优方案。

表 8-10  思考题 4 资料                                        单位：万元

| 项目 | | 按原工艺方案生产 | 买专利(0.8) | | 自研(0.6) | |
|---|---|---|---|---|---|---|
| | | | 产量不变 | 增产 | 产量不变 | 增产 |
| 低价 | 0.1 | −100 | −200 | −300 | −200 | −300 |
| 中 | 0.5 | 0 | 50 | 50 | 0 | −250 |
| 价高 | 0.4 | 100 | 150 | 250 | 200 | 600 |

5. 某工厂可以生产产品 A 和产品 B 两种产品。生产单位产品所需的机器、人工的数量以及每天可利用资源总量由表 8-11 给出。两种产品在市场上畅销。该厂经理要制订季度的生产计划，其目标是使工厂的销售额最大化。

表 8-11  思考题 5 资料

| 项　　目 | 产品 A | 产品 B | 资源总量 |
|---|---|---|---|
| 机器(时) | 6 | 8 | 120 台时 |
| 人工(时) | 10 | 5 | 100 人时 |
| 产品售价(元) | 800 | 300 | |

# 第9章 Excel 工具应用

## 9.1 用 Excel 进行基本数据分析

### 9.1.1 利用［描述统计］分析工具

【例 9.1】 如表 9-1 所列是 50 名工人完成某一装配工序所需时间，要求对装配工时进行描述统计分析。

表 9-1  完成装配工序时间表 　　　　　　　　　　　单位：分钟

| | | | | | | | | | |
|---|---|---|---|---|---|---|---|---|---|
| 35 | 38 | 44 | 33 | 44 | 43 | 48 | 40 | 45 | 30 |
| 45 | 32 | 42 | 39 | 49 | 37 | 45 | 37 | 36 | 42 |
| 35 | 41 | 32 | 46 | 34 | 30 | 43 | 37 | 44 | 49 |
| 36 | 46 | 45 | 36 | 37 | 37 | 45 | 36 | 46 | 42 |
| 38 | 43 | 34 | 38 | 47 | 35 | 29 | 41 | 40 | 41 |

【解】 主要操作步骤如下。

① 输入数据。如图 9-1 所示，在"A2：A51"输入时间数据，在 A1 输入列标志"工时"。

② 调出［描述统计］对话框，其主要选项的含义如下。

"输入区域（I）"：在此输入待分析数据区域的单元格范围。本例输入区域为"＄A＄2：＄A＄51"。

"分组方式"：如果需要指出输入区域中的数据是按行还是按列排列，则单击［逐行］或［逐列］。本例分组方式为"逐列"。

"标志位于第一行（L）"：如果输入区域的第一行中包含标志项（变量名），则选中［标志位于第一行］复选框；如果输入区域的第一列中包含标志项，则选中［标志位于第一列］复选框，本例要选中该复选框；如果输入区域没有标志项，则不选任何复选框，Excel 将在输出表中生成适宜的数据标志。

"输出区域（O）"：在此框中可填写输出结果表左上角单元格地址，用于控制输出结果的存放位置。本例输出区域填"＄C＄1"，整个输出结果分为两列，左边一列包含统计标志项，右边一列包含统计值。根据所选择的［分组方式］选项的不同，Excel 将为输入表中的每一行或每一列生成一个两列的统计表。

"新工作表组（P）"：单击此选项，可在当前工作簿中插入新工作表，并由新工作表的 A1 单元格开始存放计算结果。如果需要给新工作表命名，则在右侧编辑框中键入名称。

"新工作簿（W）"：单击此选项，可创建一新工作簿，并在新工作簿的新工作表中存放计算结果。

"汇总统计（S）"：指定输出表生成下列统计结果，则选中此复选框。这些统计结果有：样本的平均值（$\overline{X}$），抽样平均误差（$S/\sqrt{n}$），组中值（$Median$），众数（$Mode$），样本标准差（$S$），样本方差（$S^2$），峰度值，偏度值，极差（$Max-Min$），最小值（$Min$），最大值（$Max$），样本总和，样本容量（$n$）和一定显著水平下总体均值的置信区间。本例选中该复选框。

"平均数置信度（N）"：若需要输出由样本均值推断总体均值的置信区间，则选中此复选框，然后在右侧的编辑框中，输入所要使用的置信度。例如，置信度 95％可计算出的总体样本均值置信区间为 10，则表示：在 5％的显著水平下总体均值的置信区间为（$\overline{X}-10$，$\overline{X}+10$）。本例平均数置信度为 95％。

"第 K 个大（小）值：如果需要在输出表的某一行中包含每个区域的数据的第 k 个最大（小）值，则选中此复选框。然后在右侧的编辑框中，输入 K 的数值。

本例［描述统计］对话框的填写如图 9-1 所示。

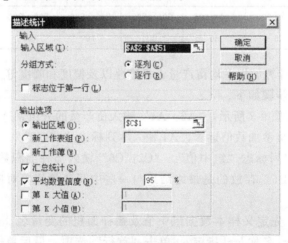

**图 9-1　描述统计对话框界面**

③［描述统计］对话框填完后，单击［确定］按钮，结果如图 9-2 所示。

有两点需要注意：

① 各种分析工具对话框输出选项中"输出区域"、"新工作表组"和"新工作簿"的含义基本相同，以下不再赘述。

② 图 9-2 中指标的名称与统计中的习惯叫法不大一致，确切的指标名称如［例 9.1］操作步骤第②步中所述。

## 9.1.2　利用 Excel 统计函数

对于分组数据，不能直接用［描述统计］分析工具来计算描述统计有关指标。应综合

| | A | B | C | D | E |
|---|---|---|---|---|---|
| 1 | | | 工时 | | |
| 2 | 35 | | | | |
| 3 | 45 | | 平均 | 39.74 | |
| 4 | 35 | | 标准误差 | 0.745495315 | |
| 5 | 36 | | 中位数 | 40 | |
| 6 | 38 | | 众数 | 45 | |
| 7 | 38 | | 标准差 | 5.271447929 | |
| 8 | 32 | | 方差 | 27.78816327 | |
| 9 | 41 | | 峰度 | -0.883316234 | |
| 10 | 46 | | 偏度 | -0.141070084 | |
| 11 | 43 | | 区域 | 20 | |
| 12 | 44 | | 最小值 | 29 | |
| 13 | 42 | | 最大值 | 49 | |
| 14 | 32 | | 求和 | 1987 | |
| 15 | 45 | | 观测数 | 50 | |
| 16 | 34 | | 置信度(95.0%) | 1.498128897 | |
| 17 | 33 | | | | |

图 9-2　描述统计界面

应用 Excel 的公式与函数来实现。

【例 9.2】　某粮食作物的产量和播种面积资料如表 9-2。

表 9-2　某粮食作物的产量和播种面积

| 亩产量 $x$（千克） | 400～500 | 500～600 | 600～700 | 700～800 | 800～900 | 900～1 000 | 合计 |
|---|---|---|---|---|---|---|---|
| 播种面积 $f$（亩） | 6 | 30 | 50 | 60 | 40 | 14 | 200 |

根据表 9-2 资料计算加权平均亩产量、标准差以及偏度和峰度等。

【解】　主要操作步骤如下。

① 输入数据。如图 9-3 所示，"A2：A6"输入亩产量的分组，这些数据在 Excel 中被认为是文本，不能直接参加数值运算，A1 输入本列标志"亩产量"。"B2：B6"输入各组的组中值，B1 输入本列标志"组中值"。"C2：C6"输入播种面积数据，C1 为本列标志"播种面积"。"B9：B15"存放的是最终结果与一些中间变量值，对应的"A9：A15"则是它们的名称。

② 定义变量名。先定义样本数据组中值及播种面积的变量名。选定"B1：C7"，执行菜单命令［插入］→［名称］→［指定］，单击"首行"选项，最后单击［确定］按钮。再定义最终结果与中间变量的名称，选定"A9：B15"，执行菜单命令［插入］→［名称］→［指定］，单击"最左列"选项，最后单击［确定］按钮。

③ 计算加权平均亩产量。在 B9 单元格输入如下公式：

＝SUMPRODUCT（组中值＊播种面积）/SUM（播种面积）。

当然，如果没有定义变量名，则要使用单元格引用，公式如下：

＝SUMPRODUCT(B2：B7＊C2：C7)/SUM(C2：C7)。

④ 计算其他指标。在"B10：B14"中，依次输入以下公式：

＝SQRT(SUMPRODUCT((组中值－加权平均亩产量)^2＊播种面积)/SUM(播种面积))

＝SUMPRODUCT((组中值－加权平均亩产量)^3＊播种面积)/SUM(播种面积)

| | A | B | C | D |
|---|---|---|---|---|
| 1 | 亩产量 | 组中值 | 播种面积 | |
| 2 | 400～500 | 450 | 6 | |
| 3 | 500～600 | 550 | 30 | |
| 4 | 600～700 | 650 | 50 | |
| 5 | 700～800 | 750 | 60 | |
| 6 | 800～900 | 850 | 40 | |
| 7 | 900～1 000 | 950 | 14 | |
| 8 | | | | |
| 9 | 加权平均亩产量 | 720 | | |
| 10 | 标准差 | 122.8820573 | | |
| 11 | 三阶动差 | -114000 | | |
| 12 | 四阶动差 | 543970000 | | |
| 13 | 偏度 | -0.061438334 | | |
| 14 | 峰度 | -0.614271304 | | |
| 15 | 众数 | 733.3333333 | | |

**图 9-3　计算结果截图**

＝SUMPRODUCT((组中值－加权平均亩产量)^4 * 播种面积)/SUM(播种面积)

＝三阶动差/标准差^3

＝四阶动差/标准差^4－3

⑤ 计算结果如图 9-3 所示。这里有几点需要说明。

a. 可参照本例的方法计算分组情况下的其他有关描述统计的指标，如方差、标准差等。

b. 对于众数及中位数的计算，不需要特别的技巧，只要将统计中的计算公式在 Excel 中实现即可。这时 Excel 更像一个普通的计算器，但 Excel 可记下公式，便于检查与修改，同时在数据量很大，分组很多时，借助 Excel 的相关函数可很快地找出众数组和中位数所在组。如本例中众数的计算，首先确定众数组，为“700～800”这一组。然后根据等距分组的上限公式，在 B15 单元格输入公式“＝700＋(C5－C4) * 100/((C5－C4)＋(C5－C6))”即可，其中 700 为众数组下限，100 为组距。

## 9.2　用 Excel 进行预测

在参加企业竞争模拟时，需要多种管理学知识，其中对市场需求的预测和决策方案的优化是参赛队最关心的。在此，我们以 Excel 为工具，结合具体问题，简要介绍这方面的知识。本节介绍预测方面的知识，下节将介绍优化方面的内容。

预测就是对未来的事件进行估计。比如，明天是否下雨，下个月的股市行情如何，明年的进出口贸易会增长几个百分点等。有的预测是在“是否”中选择，如“是否下雨”；有的预测是在几种情况中选择，比如股市是“涨”，是“跌”，还是“持平”。有些预测需要给出具体的数量估计，如“几个百分点”，是 6.8%还是 7.2%，有时给出区间估计。下面讨论的是要给出比较精确的估计值的数值预测。

预测的方法有许多，相应的软件也是五花八门。比如，预测有线性方法和非线性方法，其中各种方法又有许多种类。就统计分析、预测方法，有 SAS，SPSS，TSP 等功能强大的通用软件，但其价格比较贵，有些单位不一定配备。为此，在此仅介绍如何用 Excel 进行预测。所介绍的优化方法也是用 Excel 实现的。

这里只讨论应用最为广泛的时间序列预测法和回归分析预测法。

## 9.2.1 时间序列预测

所谓"时间序列数据"是指一个个体随着时间的推移有多个观测。例如，对于一个国家的 GDP，有一个国家，即一个个体；随着时间的推移，有该国每年的 GDP 取值，即多个观测。

时间序列预测法是将预测目标的历史数据按时间的顺序排列成为时间序列，然后分析它随时间的变化趋势，外推预测目标的未来值。也就是说，时间序列预测法将预测目标的变动都归于"时间"所造成的。因此，时间序列预测法主要用于分析影响事物的主要因素比较困难或相关变量资料难以得到的情况。其中，应用较为广泛的时间序列预测法包括移动平均法和指数平滑法。

### (1) 移动平均法

移动平均法是一种简单平滑预测技术。它的基本思想是：根据时间序列资料、逐项推移，依次计算包含一定项数的序列平均值，以反映长期趋势的方法。因此，当时间序列的数值由于受周期变动和随机波动的影响，起伏较大，不易显示出事件的发展趋势时，使用移动平均法可以消除这些因素的影响，显示出事件的发展方向与趋势（即趋势线），然后依趋势线分析预测序列的长期趋势。对于简单的移动平均法而言，实际上就是利用前几期数据的算术平均值来预测下一期的值。下面用 Excel 的"移动平均"工具来实现这一方法。

在企业竞争模拟比赛过程中，我们通常需要对本期的市场需求量进行预测，以制定相应的生产计划和进行相应资源的调整。各企业都知道本企业的历史市场需求状况，也就是在本期之前的各期市场需求数据，如图 9-4 所示。

【例 9.3】 若打算通过产品 A 在市场 1 前 12 期的市场需求数据预测第 13 期的市场需求。应该如何得到呢？

| | A | B | C | D | E | F | G | H | I | J | K |
|---|---|---|---|---|---|---|---|---|---|---|---|
| 1 | | | | | | | | | | | |
| 2 | | | 产品A | | | 市场1 | | | | | |
| 3 | 期数 | 价格 | 促销 | 广告 | 等级 | 需求 | 售量 | 库存 | 订货 | 正品率 | 市场份额 |
| 4 | 1 | 2100 | 10000 | 10000 | 1.000 | 163 | 163 | 22 | 0 | 0.950 | 0.143 |
| 5 | 2 | 2200 | 10000 | 10000 | 1.000 | 137 | 137 | 70 | 0 | 0.950 | 0.143 |
| 6 | 3 | 2200 | 10000 | 20000 | 1.000 | 143 | 143 | 112 | 0 | 0.950 | 0.143 |
| 7 | 4 | 2100 | 10000 | 20000 | 1.000 | 181 | 181 | 116 | 0 | 0.950 | 0.143 |
| 8 | 5 | 2100 | 10000 | 20000 | 1.000 | 185 | 185 | 116 | 0 | 0.950 | 0.143 |
| 9 | 6 | 2100 | 10000 | 20000 | 1.000 | 192 | 192 | 109 | 0 | 0.950 | 0.143 |
| 10 | 7 | 2100 | 10000 | 20000 | 1.000 | 196 | 196 | 98 | 0 | 0.950 | 0.143 |
| 11 | 8 | 2100 | 10000 | 20000 | 1.000 | 200 | 200 | 83 | 0 | 0.950 | 0.143 |
| 12 | 9 | 2300 | 10000 | 10000 | 2.000 | 116 | 116 | 121 | 0 | 0.960 | 0.091 |
| 13 | 10 | 1800 | 10000 | 10000 | 3.000 | 475 | 264 | 0 | 105 | 0.953 | 0.273 |
| 14 | 11 | 2000 | 10000 | 10000 | 4.000 | 368 | 193 | 0 | 140 | 0.967 | 0.227 |
| 15 | 12 | 2500 | 10000 | 10000 | 4.000 | 100 | 239 | 0 | 0 | 0.955 | 0.267 |
| 16 | | | | | | | | | | | |

图 9-4 需求数据截图

【解】 接下来将利用 Excel 的"移动平均"功能预测第 13 期的市场需求。

点击菜单"工具" ➡ "数据分析"。如果发现"工具"菜单中没有"数据分析"，则需要加载该功能。具体做法是：点击菜单"工具"➡"加载宏"，在弹出的对话框中选中"分析工具库"，然后点击"确定"即可（图9-5）。

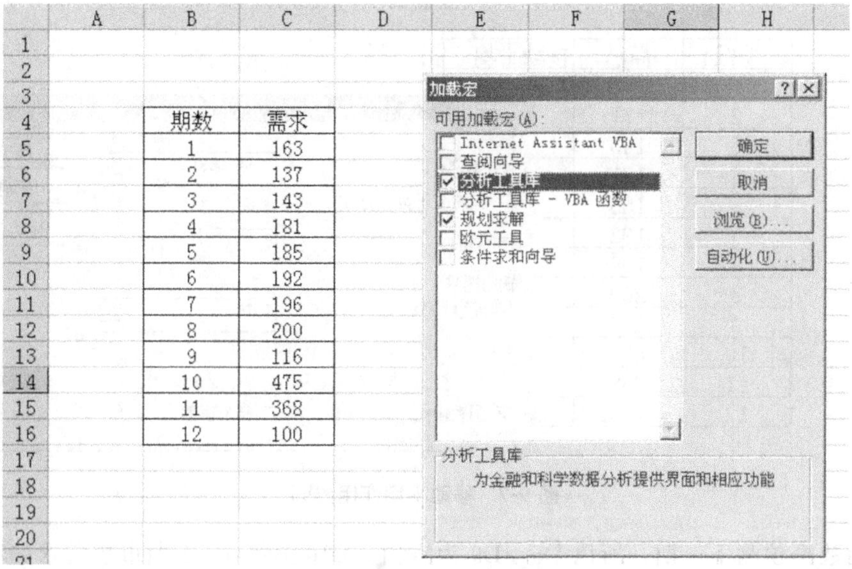

**图9-5 加载分析工具库截图**

此时弹出"数据分析"对话框，在"分析工具"列表框中选择"移动平均"，然后点击"确定"即可（图9-6）。

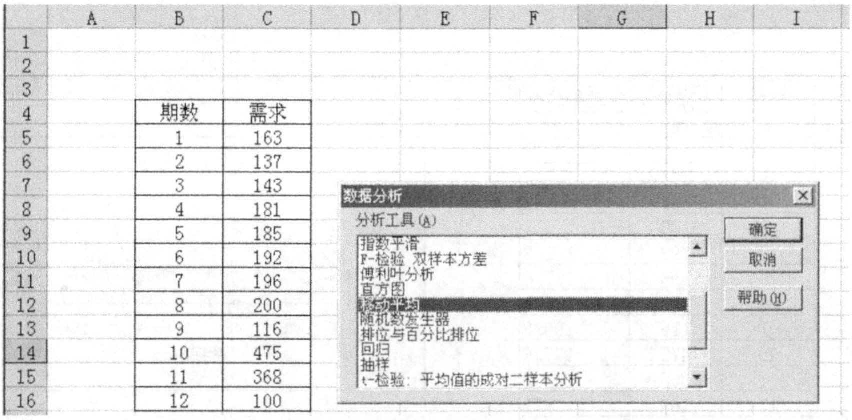

**图9-6 利用移动平均法进行数据分析截图**

在弹出的"移动平均"对话框中，在"输入区域"框中指定统计数据所在区域C4：C16，即"＄C＄4：＄C＄16"；因指定的输入区域包含标志行，所以选中"标志位于第一行"复选框；在"间隔"框内键入移动平均的项数"5"（根据数据的变化规律，本例选取移动平均项数 $N=5$），即利用前5期数据预测下一期。

继续在"输出区域"中键入输出区域左上角单元格地址D6，即"＄D＄6"，并选中"图表输出"复选框，然后点击"确定"。注：若需要输出实际值与一次移动平均值之差，还可以选中"标准误差"复选框（图9-7）。

于是，可以得到前12期的移动平均值（在第D列），如图9-8所示。注意：因为是利

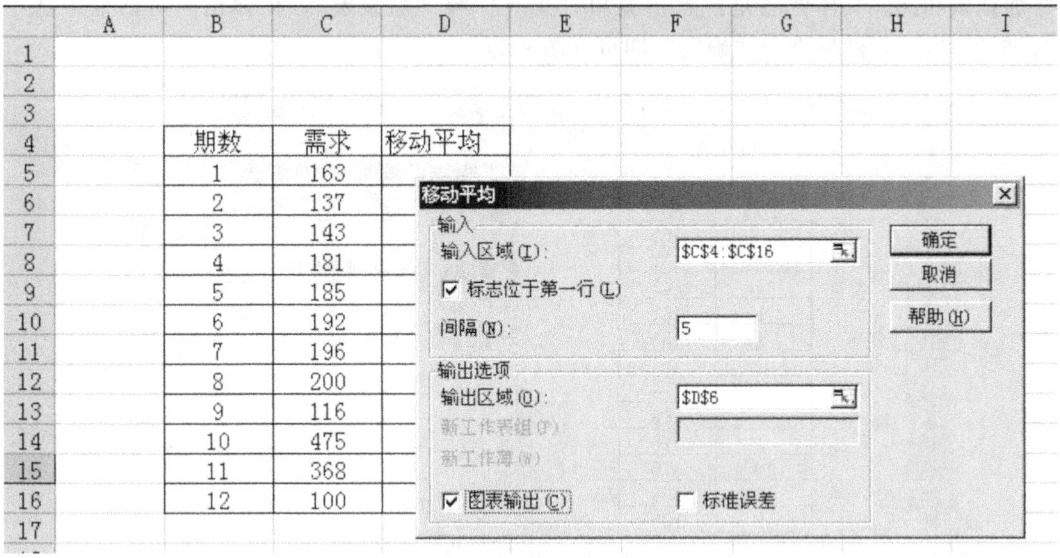

图 9-7 移动平均作用界面

用前 5 期数据预测下一期，所以 D5～D9 为空白，D10 为第 1～5 期市场需求的移动平均值，即为第 6 期的预测值。类似地，D17 中的"251.8"为第 8～12 期市场需求的移动平均值，即为对第 13 期的预测值。其实，如果选中某个移动平均值的话，就会发现它是利用 Excel 函数 AVERAGE（  ）对前面 5 期求平均值，如单元格 D17。

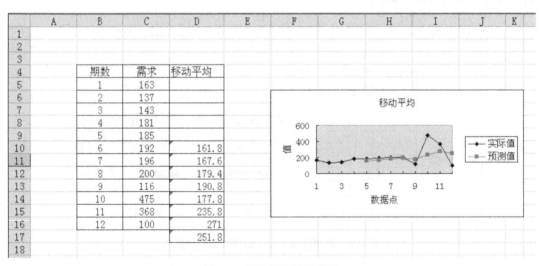

图 9-8 移动平均结果截图

从上述结果可以看出，利用简单移动平均方法对市场需求进行预测的效果并不理想，尤其是第 9～12 期的实际值与预测值相差较大。再回到前面看包括价格等在内的原始市场数据，就会发现：前 8 期价格变化较小，而第 9～12 期的价格变化非常大。这是因为移动平均预测法只是考虑了时间对市场需求的影响，而没有考虑其他因素的作用。因此，当其他重要的影响因素（如"价格"）变化很大时，就会造成移动平均法的预测产生偏离。

实际上，该企业产品 A 在市场 1 第 13 期的需求为 127，与 251.8 相差很大。

## （2）指数平滑法

移动平均法的预测值实质上是以前观测值的加权和，且对不同时期的数据给予相同的加权。这往往不符合实际情况。指数平滑法则对移动平均法进行了改进和发展，其应用较为广泛。它的基本思想是：预测值是以前观测值的加权和，且对不同的数据给予不同的权，新数据给较大的权，旧数据给较小的权。

如果设阻尼系数为 $1-\alpha$，则以前各期（以最近一期往前推）观测值的权重分别为 $\alpha, \alpha(1-\alpha), \alpha(1-\alpha)^2, \cdots$，是按几何级数衰减的，愈近的数据，权数愈大，愈远的数据，权数愈小，且权数之和等于 1，即 $\alpha \sum_{j=0}^{\infty}(1-\alpha)^j = 1$。

接下来，将利用 Excel 的"指数平滑"功能和产品 A 在市场 1 前 12 期的市场需求数据来预测第 13 期的市场需求。下面以一次指数平滑法为例进行说明。

点击菜单"工具" ➡ "数据分析"，在"分析工具"列表框中选择"指数平滑"，然后点击"确定"即可（图 9-9）。

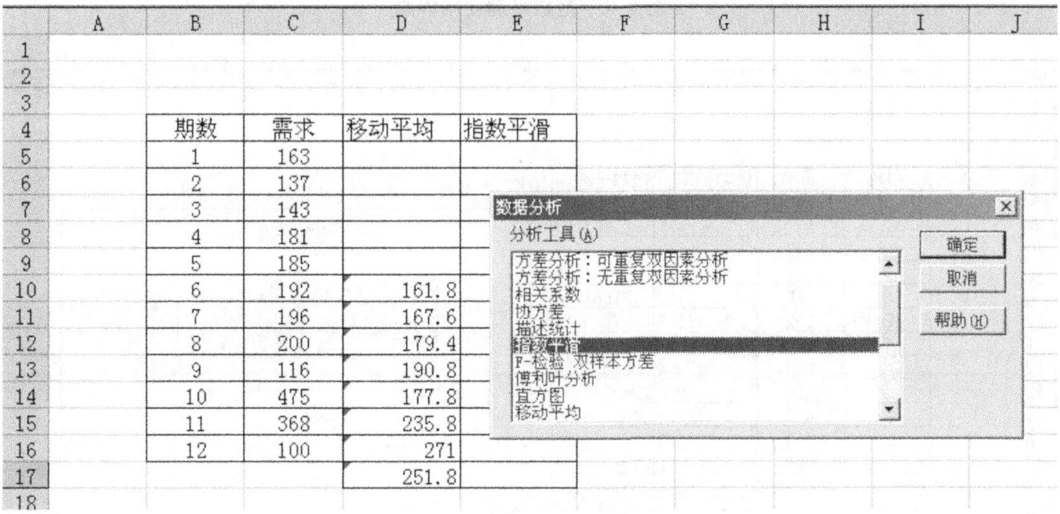

图 9-9　选择指数平滑截图

类似地，在弹出的"指数平滑"对话框中，在"输入区域"框中指定统计数据所在区域 C5：C17，即"＄C＄5：＄C＄17"；在"阻尼系数"框中填入 0.4；因指定的输入区域包含标志行，所以选中"标志"复选框；在"输出区域"中键入输出区域左上角单元格地址 E5 即"＄E＄5"，并选中"图表输出"复选框，然后点击"确定"（图 9-10）。

于是，可以得到前 12 期的指数平滑值（在第 E 列）（图 9-11）。其实，如果选中某个指数平滑值的话，就会发现它是前面各期的加权平均值，如单元格 E17。注意：也可给阻尼系数赋予不同的值，大家可以试试看。

从上述结果可以看出，虽然利用一次指数平滑方法对市场需求进行预测的效果仍然不是十分理想，尤其是第 9，10 和 12 期的实际值与预测值相差较大。不过，与简单移动平均法的预测效果相比已经得到了不小的改善，该企业产品 A 在市场 1 第 13 期的需求为 127，与预测值 203.4 相差已经不是那么大了。

指数平滑方法与移动平均法均为时间序列预测法，因此存在类似的缺点，即只是考虑了时间对市场需求的影响，而没有考虑其他因素的作用。因此，当其他重要的影响因素

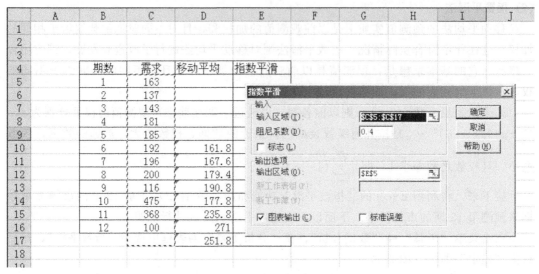

图 9-10　指数平滑使用界面

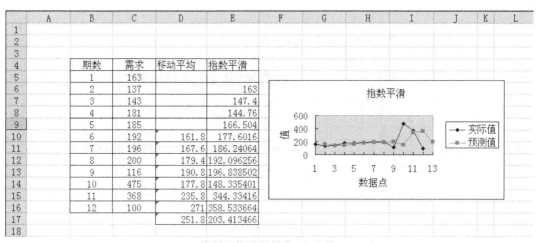

图 9-11　指数平滑结果截图

（如"价格"）变化很大时，就会造成此类方法的预测产生偏离。

那么，如何克服上述时间序列预测法的缺点呢？可以利用下面要讲到的回归分析预测法来进行预测。回归分析预测法可以考虑到多种因素的影响，而不仅仅是时间的作用，因此可以克服上述时间序列预测法的缺点。

## 9.2.2　回归分析预测

在实际经济问题中，某一经济行为常受多因素的影响和制约。例如，某商品的月销售量与商品的价格、商品的质量以及促销力度等因素有关。这里的"商品销售量"之所以可以预测，是因为它的大小在一定程度上是由商品的价格、质量以及促销力度这几个因素所决定的。因此，把"商品销售量"称之为"因变量（$y$）"；也就是说，下个月的销售量会因为商品的价格、质量以及促销力度这几个因素的改变而改变。所以，这几个因素被称之为"自变量（$x$）"。而回归分析的根本目的就是要探索因变量与自变量之间的数量关系。

为了达到此目的，需要假设 $y$ 和 $x$ 之间的数量关系满足某种形式，其中最简单也是最常用的就是线性形式。

设所研究的对象 $y$ 受多个因素 $x_1, x_2, \cdots, x_k$ 的影响，假定各个影响因素与 $y$ 的关系是线性的，则可建立多元线性回归模型：

$$y = \beta_0 + \beta_1 x_1 + \beta_2 x_2 + \cdots + \beta_k x_k + \varepsilon$$

式中，$y$ 为所研究的对象，即预测目标，称为被解释变量或因变量；$x_1, x_2, \cdots, x_k$ 为影响因素，通常是可以控制或预先给定的，故称为解释变量或自变量；$\varepsilon$ 为各种随机因素对 $y$ 的影响的总和，是不能够被模型解释的部分，称为随机误差项。根据中心极限定理，可以认为它服从正态分布，即 $\varepsilon \sim N(0, 1)$。

下面利用 Excel 的"回归"功能和产品 A 在市场 1 前 12 期的市场需求数据来预测第 13 期的市场需求。

在上述公式中，相应的因变量 $y$ 为"需求"，自变量 $x$ 为"期数"、"价格"、"促销"、"广告"和"等级"。我们进行回归分析就是要找出因变量"需求"与自变量"期数"、"价格"、"促销"、"广告"和"等级"之间的关系。

点击菜单"工具" ➡ "数据分析"，在"分析工具"列表框中选择"回归"，然后点击"确定"即可（图 9-12）。

| | C | D | E | F | G | H | I | J | K | L | M | N |
|---|---|---|---|---|---|---|---|---|---|---|---|---|
| 1 | | | | | | | | | | | | |
| 2 | | | | | | | | | | | | |
| 3 | | | | 产品A | | 市场1 | | | | | | |
| 4 | 期数 | 价格 | 促销 | 广告 | 等级 | 需求 | 售量 | 库存 | 订货 | 正品率 | 市场份额 | |
| 5 | 1 | 2100 | 10000 | 10000 | 1 | 163 | 163 | 22 | | 0.950 | 0.143 | |
| 6 | 2 | 2200 | 10000 | 10000 | 1 | 137 | | | | | | |
| 7 | 3 | 2200 | 10000 | 20000 | 1 | 143 | | | | | | |
| 8 | 4 | 2100 | 10000 | 20000 | 1 | 181 | | | | | | |
| 9 | 5 | 2100 | 10000 | 20000 | 1 | 185 | | | | | | |
| 10 | 6 | 2100 | 20000 | 20000 | 1 | 192 | | | | | | |
| 11 | 7 | 2100 | 20000 | 20000 | 1 | 196 | | | | | | |
| 12 | 8 | 2100 | 20000 | 20000 | 1 | 200 | | | | | | |
| 13 | 9 | 2300 | 10000 | 10000 | 2 | 116 | | | | | | |
| 14 | 10 | 1800 | 10000 | 10000 | 3 | 475 | | | | | | |
| 15 | 11 | 2000 | 10000 | 10000 | 4 | 368 | 193 | 0 | 140 | 0.967 | 0.227 | |
| 16 | 12 | 2500 | 10000 | 10000 | 4 | 100 | 239 | 0 | 0 | 0.955 | 0.267 | |
| 17 | | | | | | | | | | | | |

**图 9-12　选择"回归"界面**

在弹出的"回归"对话框中，在"Y 值输入区域"框中指定统计数据所在区域 H4：H16 即"＄H＄4：＄H＄16"；在"X 值输入区域"框中指定统计数据所在区域 C4：G16 即"＄C＄4：＄G＄16"；因指定的输入区域包含标志行，所以选中"标志"复选框；在"输出区域"中键入输出区域左上角单元格地址 C19 即"＄C＄19"，并选中"残差"复选框，然后点击"确定"（图 9-13）。

可以看到回归结果分成三部分：回归统计、方差分析和回归系数（图 9-14）。下面对这三部分结果分别加以说明。

① 回归统计：这部分主要关注统计量 Adjusted R Square（"调整的拟合优度"）。该统计量表示回归方程对样本观测值的拟合程度，即因变量能够在多大程度上被自变量所解释，其取值范围为 0～1 之间。该统计量越大，则表示回归方程的解释能力越强。如果该

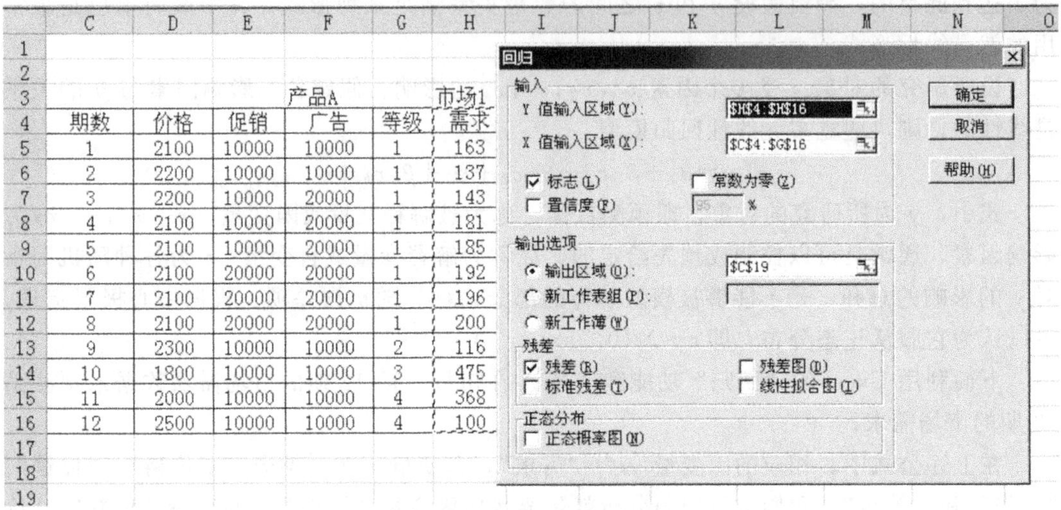

| | C | D | E | F | G | H | I | J | K | L | M | N | O |
|---|---|---|---|---|---|---|---|---|---|---|---|---|---|
| 1 | | | | | | | | | | | | | |
| 2 | | | | | | | | | | | | | |
| 3 | | | | 产品A | | | 市场1 | | | | | | |
| 4 | 期数 | 价格 | 促销 | 广告 | 等级 | 需求1 | | | | | | | |
| 5 | 1 | 2100 | 10000 | 10000 | 1 | 163 | | | | | | | |
| 6 | 2 | 2200 | 10000 | 10000 | 1 | 137 | | | | | | | |
| 7 | 3 | 2200 | 10000 | 20000 | 1 | 143 | | | | | | | |
| 8 | 4 | 2100 | 10000 | 20000 | 1 | 181 | | | | | | | |
| 9 | 5 | 2100 | 10000 | 20000 | 1 | 185 | | | | | | | |
| 10 | 6 | 2100 | 20000 | 20000 | 1 | 192 | | | | | | | |
| 11 | 7 | 2100 | 20000 | 20000 | 1 | 196 | | | | | | | |
| 12 | 8 | 2100 | 20000 | 20000 | 1 | 200 | | | | | | | |
| 13 | 9 | 2300 | 10000 | 10000 | 2 | 116 | | | | | | | |
| 14 | 10 | 1800 | 10000 | 10000 | 3 | 475 | | | | | | | |
| 15 | 11 | 2000 | 10000 | 10000 | 4 | 368 | | | | | | | |
| 16 | 12 | 2500 | 10000 | 10000 | 4 | 100 | | | | | | | |
| 17 | | | | | | | | | | | | | |
| 18 | | | | | | | | | | | | | |
| 19 | | | | | | | | | | | | | |

回归 [×]

输入
Y 值输入区域(Y):     $H$4:$H$16
X 值输入区域(X):     $C$4:$G$16

☑ 标志(L)       ☐ 常数为零(Z)
☐ 置信度(F)      95  %

输出选项
⦿ 输出区域(O):      $C$19
○ 新工作表组(P):
○ 新工作簿(W):

残差
☑ 残差(R)           ☐ 残差图(D)
☐ 标准残差(T)        ☐ 线性拟合图(I)

正态分布
☐ 正态概率图(N)

确定   取消   帮助(H)

图 9-13　回归分析使用界面

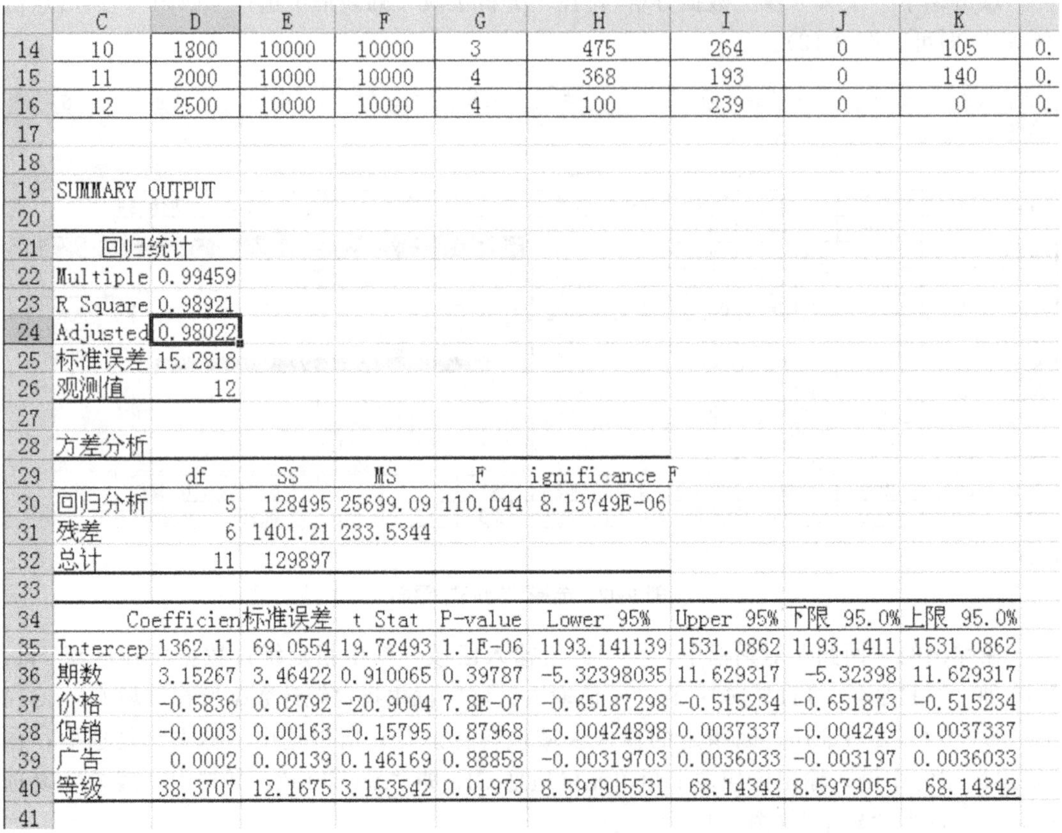

| | C | D | E | F | G | H | I | J | K |
|---|---|---|---|---|---|---|---|---|---|
| 14 | 10 | 1800 | 10000 | 10000 | 3 | 475 | 264 | 0 | 105 |
| 15 | 11 | 2000 | 10000 | 10000 | 4 | 368 | 193 | 0 | 140 |
| 16 | 12 | 2500 | 10000 | 10000 | 4 | 100 | 239 | 0 | 0 |
| 17 | | | | | | | | | |
| 18 | | | | | | | | | |
| 19 | SUMMARY OUTPUT | | | | | | | | |
| 20 | | | | | | | | | |
| 21 | 回归统计 | | | | | | | | |
| 22 | Multiple | 0.99459 | | | | | | | |
| 23 | R Square | 0.98921 | | | | | | | |
| 24 | Adjusted | 0.98022 | | | | | | | |
| 25 | 标准误差 | 15.2818 | | | | | | | |
| 26 | 观测值 | 12 | | | | | | | |
| 27 | | | | | | | | | |
| 28 | 方差分析 | | | | | | | | |
| 29 | | df | SS | MS | F | ignificance F | | | |
| 30 | 回归分析 | 5 | 128495 | 25699.09 | 110.044 | 8.13749E-06 | | | |
| 31 | 残差 | 6 | 1401.21 | 233.5344 | | | | | |
| 32 | 总计 | 11 | 129897 | | | | | | |
| 33 | | | | | | | | | |
| 34 | | Coefficien | 标准误差 | t Stat | P-value | Lower 95% | Upper 95% | 下限 95.0% | 上限 95.0% |
| 35 | Intercep | 1362.11 | 69.0554 | 19.72493 | 1.1E-06 | 1193.141139 | 1531.0862 | 1193.1411 | 1531.0862 |
| 36 | 期数 | 3.15267 | 3.46422 | 0.910065 | 0.39787 | -5.32398035 | 11.629317 | -5.32398 | 11.629317 |
| 37 | 价格 | -0.5836 | 0.02792 | -20.9004 | 7.8E-07 | -0.65187298 | -0.515234 | -0.651873 | -0.515234 |
| 38 | 促销 | -0.0003 | 0.00163 | -0.15795 | 0.87968 | -0.00424898 | 0.0037337 | -0.004249 | 0.0037337 |
| 39 | 广告 | 0.0002 | 0.00139 | 0.146169 | 0.88858 | -0.00319703 | 0.0036033 | -0.003197 | 0.0036033 |
| 40 | 等级 | 38.3707 | 12.1675 | 3.153542 | 0.01973 | 8.597905531 | 68.14342 | 8.5979055 | 68.14342 |
| 41 | | | | | | | | | |

图 9-14　回归结果截图

统计量为 1，则表示完全拟合，没有误差，即所有的样本点都在这条拟合直线 $y = \beta_0 + \beta_1 x_1 + \beta_2 x_2 + \cdots + \beta_k x_k + \varepsilon$ 上，残差 $\varepsilon$ 为 0。

　　在实际应用中，Adjusted R Square 到底多大时回归模型才算通过了拟合优度检验呢？这并无绝对标准，要根据具体情况而定。一般并不过于强调该统计量大小的作用，只需相对较大就行（比如大于 0.5）。

在本例中，Adjusted R Square 为 0.98022，接近于 1，说明回归方程的拟合程度很好，其解释能力达到 98％。

② 方差分析：这部分主要关注 Significance F（"F 统计量的显著性水平"）。F 统计量用来检验回归方程的整体显著性，即因变量是不是至少和自变量中的一个存在显著的线性关系。因此，如果 Significance F 小于 0.05，那么就可以认为：该回归方程整体显著。

在本例中，Significance F 为 "8.137 49×$10^{-6}$"，接近于 0，远远小于 0.05，说明回归方程整体显著。

③ 回归系数：这部分主要关注 Coefficients（"回归系数"）列和 P-value（"T 统计量的显著性水平"）列。

注意到：这部分第一列为自变量 $x$，其中 Intercept 表示截距项，即 $\beta_0$。Coefficients（"回归系数"）列指的是回归方程中各自变量前的 $\beta$ 值。P-value（"T 统计量的显著性水平"）列用来检验相应自变量对因变量的影响是否显著：如果 P-value 小于 0.05，那么就可以认为该自变量对因变量的影响显著。

在本例中，Coefficients 所表示的回归系数 $\beta_0$，$\beta_1$，$\beta_2$，$\beta_3$，$\beta_4$ 和 $\beta_5$ 分别为 1 362.11，3.152 67，−0.583 6，−0.000 3，0.000 2 和 38.370 7。P-value 所对应的显著性水平分别为 1.1×$10^{-6}$，0.397 87，7.8×$10^{-7}$，0.879 68、0.888 58 和 0.019 73，其中价格和等级所对应的 P-value 小于 0.05，说明这两个自变量对因变量的影响显著，而期数、促销和广告对市场需求的影响不显著。[1]

对于多元线性回归模型，方程的显著性并不意味每个自变量对因变量的影响都是重要的。如果某个自变量并不重要（即对应的 P-value 小于 0.05），一个较为粗略的办法就是将其从方程中剔除，重新建立方程。因此，我们需要剔除掉自变量期数、促销和广告，重新建立价格和等级对市场需求的影响的回归方程。

于是，将价格、等级和市场需求这三列数据复制、粘贴到另外一个空白的 Excel 表中，采用与上面类似的步骤来建立回归模型，如图 9-15 所示。

上述结果表明：

Adjusted R Square 为 0.982 79，接近于 1，说明回归方程的拟合程度很好。

Significance F 为 4.66×$10^{-9}$，接近于 0，远远小于 0.05，说明回归方程整体显著。

价格和等级所对应的 Coefficients 分别为 −0.584 13 和 45.835 47；所对应的 P-value 分别为 3.08×$10^{-9}$ 和 4.12×$10^{-7}$，均远远小于 0.05，说明这两个自变量对因变量的影响显著。

于是，得到拟合的回归方程：

$$市场需求＝1\ 370.6−0.584×价格 ＋ 45.835×等级$$

下面是回归方程的残差表（图 9-16），其中第二列为利用上述回归方程进行预测所得到的市场需求，第三列为预测结果与原始数据之间的差。可以看出：预测结果与原始数据之间差别并不大。

不过，如果要预测第 13 期市场需求的话，应该怎样做呢？其实很简单，就是将第 13 期中所制定的价格（2500）和预计的等级（5）代入上述回归方程，就可以得到：

---

[1] 注意：不需要关注截距项是否显著。

| | A | B | C | D | E | F | G | H | I | J | K |
|---|---|---|---|---|---|---|---|---|---|---|---|
| 18 | | | | | | | | | | | |
| 19 | | SUMMARY OUTPUT | | | | | | | | | |
| 20 | | | | | | | | | | | |
| 21 | | | 回归统计 | | | | | | | | |
| 22 | | Multiple | 0.992935 | | | | | | | | |
| 23 | | R Square | 0.985919 | | | | | | | | |
| 24 | | Adjusted | 0.98279 | | | | | | | | |
| 25 | | 标准误差 | 14.25581 | | | | | | | | |
| 26 | | 观测值 | 12 | | | | | | | | |
| 27 | | | | | | | | | | | |
| 28 | | 方差分析 | | | | | | | | | |
| 29 | | | df | SS | MS | F | gnificance F | | | | |
| 30 | | 回归分析 | 2 | 128067.6 | 64033.81 | 315.0835 | 4.66E-09 | | | | |
| 31 | | 残差 | 9 | 1829.053 | 203.2281 | | | | | | |
| 32 | | 总计 | 11 | 129896.7 | | | | | | | |
| 33 | | | | | | | | | | | |
| 34 | | | Coefficien | 标准误差 | t Stat | P-value | Lower 95% | Upper 95% | 下限 95.0% | 上限 95.0% | |
| 35 | | Intercept | 1370.602 | 55.08703 | 24.88068 | 1.31E-09 | 1245.987 | 1495.218 | 1245.987 | 1495.218 | |
| 36 | | 价格 | -0.58413 | 0.025847 | -22.5997 | 3.08E-09 | -0.6426 | -0.52566 | -0.6426 | -0.52566 | |
| 37 | | 等级 | 45.83547 | 3.55071 | 12.90882 | 4.12E-07 | 37.8032 | 53.86773 | 37.8032 | 53.86773 | |
| 38 | | | | | | | | | | | |

图 9-15　回归结果截图

| | A | B | C | D | E |
|---|---|---|---|---|---|
| 39 | | | | | |
| 40 | | | | | |
| 41 | | RESIDUAL OUTPUT | | | |
| 42 | | | | | |
| 43 | | 观测值 | 预测 需求 | 残差 | |
| 44 | | 1 | 189.7611 | -26.7611 | |
| 45 | | 2 | 131.3479 | 5.652057 | |
| 46 | | 3 | 131.3479 | 11.65206 | |
| 47 | | 4 | 189.7611 | -8.76113 | |
| 48 | | 5 | 189.7611 | -4.76113 | |
| 49 | | 6 | 189.7611 | 2.238874 | |
| 50 | | 7 | 189.7611 | 6.238874 | |
| 51 | | 8 | 189.7611 | 10.23887 | |
| 52 | | 9 | 118.7702 | -2.77023 | |
| 53 | | 10 | 456.6716 | 18.32839 | |
| 54 | | 11 | 385.6807 | -17.6807 | |
| 55 | | 12 | 93.6148 | 6.385199 | |
| 56 | | | | | |

图 9-16　回归方程的残差截图

市场需求＝1 370.6－0.584×2 500 ＋ 45.835×5＝139.775

最后，将上述三类预测方法的结果放到一起进行比较后发现：回归预测法的效果比移动平均法和指数平滑预测法的效果要好得多（图 9-17）。

那么，在对市场需求进行预测时到底应该采用哪种方法呢？一般来说，可遵循以下原则[1]：

如果相关影响因素（价格等）变化不大，或没有这些影响因素的资料（如价格数据），

---

[1] 另外，在这里需要提醒的是，较为严格的回归分析一般要求样本数大于 30 个，才能保证统计检验结果有意义。

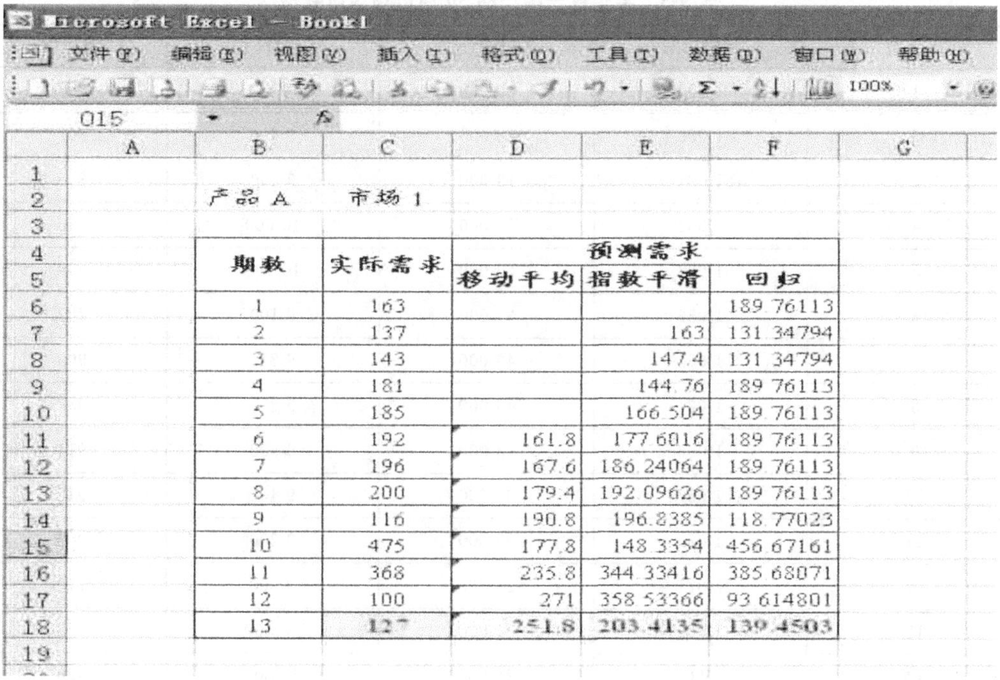

| 期数 | 实际需求 | 预测需求 | | |
|---|---|---|---|---|
| | | 移动平均 | 指数平滑 | 回归 |
| 1 | 163 | | | 189.76113 |
| 2 | 137 | | 163 | 131.34794 |
| 3 | 143 | | 147.4 | 131.34794 |
| 4 | 181 | | 144.76 | 189.76113 |
| 5 | 185 | | 166.504 | 189.76113 |
| 6 | 192 | 161.8 | 177.6016 | 189.76113 |
| 7 | 196 | 167.6 | 186.24064 | 189.76113 |
| 8 | 200 | 179.4 | 192.09626 | 189.76113 |
| 9 | 116 | 190.8 | 196.8385 | 118.77023 |
| 10 | 475 | 177.8 | 148.3354 | 456.67161 |
| 11 | 368 | 235.8 | 344.33416 | 385.68071 |
| 12 | 100 | 271 | 358.53366 | 93.614801 |
| 13 | 127 | 251.8 | 203.4135 | 139.4503 |

图 9-17　三种预测方法比较

则可利用移动平均或指数平滑预测法。

如果相关影响因素（价格等）变化较大，且拥有这些影响因素的资料（如价格数据），则可利用回归预测法。

总的来说，移动平均或指数平滑预测法相对来说比较简单、直观；而回归预测法则更为准确，而且把握了变量之间的内在关系。

下面再举一个例子，按预测的一般步骤进行分析，建立模型，并用 Excel 进行预测。请大家学习完该例子后，能自己总结出预测的基本步骤和各步应注意的问题，也要学会运用 Excel 中有关的预测工具。

**【例 9.4】** 仍然以市场调研数据分析为例。表 9-3 所显示的是某企业一种产品的 30 周的市场调研统计，其中包括产品的价格、广告费、促销费和相应的市场对该产品的需求。该企业非常希望能寻找出需求量与价格、广告、促销之间的关系，以便对未来某种情景下的需求进行预测。

由于几个变量都是变化的，单从数据很难看出它们之间的关系，需要借助科学的预测方法。需要指出的是，虽然在经济学中可以画出简单的需求与价格的关系图，但实际的情况比经济学教科书上说的要复杂得多。

将这些数据输入 Excel，如图 9-18 所示。

回归分析是研究某一随机变量（因变量）与其他一个或几个普通变量（自变量）之间的数量变动关系的，由回归分析求出的关系式是回归模型。而要研究及测度两个及两个以上变量之间关系，除上述的回归分析法外，常用的方法还有相关分析。相关分析是研究两个或两个以上随机连续变量之间的相互依存关系的紧密程度的。线性相关时用相关系数表示，其取值范围为 0～1，该值越接近 1 说明两随机变量之间的相关程度越强；若该值等于 0，则两变量之间无关（相互独立）。

**表 9-3 某企业一种产品 30 周市场调研数据**

| 周　次 | 价格(元) | 广告费(元) | 促销费(元) | 需　求 |
|---|---|---|---|---|
| 1 | 1 000 | 20 000 | 10 000 | 893 |
| 2 | 1 039 | 28 000 | 9 600 | 807 |
| 3 | 1 021 | 19 000 | 9 200 | 846 |
| 4 | 1 033 | 21 000 | 10 000 | 756 |
| 5 | 1 038 | 26 000 | 10 100 | 798 |
| 6 | 1 056 | 31 000 | 9 100 | 787 |
| 7 | 1 054 | 40 000 | 9 800 | 909 |
| 8 | 1 024 | 43 000 | 9 300 | 987 |
| 9 | 1 066 | 48 000 | 9 500 | 914 |
| 10 | 1 057 | 38 000 | 9 400 | 912 |
| 11 | 1 036 | 28 000 | 9 200 | 903 |
| 12 | 1 071 | 23 000 | 9 300 | 710 |
| 13 | 1 033 | 21 000 | 10 100 | 728 |
| 14 | 990 | 24 000 | 10 600 | 896 |
| 15 | 1 036 | 17 000 | 10 600 | 733 |
| 16 | 1 071 | 14 000 | 11 000 | 628 |
| 17 | 1 066 | 16 000 | 11 300 | 697 |
| 18 | 1 096 | 15 000 | 11 600 | 630 |
| 19 | 1 064 | 8 000 | 11 600 | 640 |
| 20 | 1 044 | 16 000 | 11 000 | 688 |
| 21 | 1 017 | 12 000 | 10 700 | 778 |
| 22 | 1 032 | 14 000 | 10 700 | 764 |
| 23 | 1 052 | 7 000 | 10 900 | 668 |
| 24 | 1 101 | 11 000 | 10 800 | 479 |
| 25 | 1 106 | 19 000 | 10 500 | 541 |
| 26 | 1 072 | 28 000 | 9 600 | 685 |
| 27 | 1 097 | 35 000 | 8 900 | 739 |
| 28 | 1 111 | 43 000 | 9 800 | 831 |
| 29 | 1 086 | 42 000 | 9 400 | 903 |
| 30 | 1 125 | 36 000 | 9 500 | 753 |

这两种分析方法的主要区别是：相关分析不区分自变量与因变量；而回归分析研究的变量要确定出自变量与因变量。但在实际工作中，这两种分析是研究现象之间相互依存关系的不可分割的两个方面。一般先进行相关分析，观察不同变量之间的相关性，以对数据有一个基本的了解；然后再进行回归分析，建立回归模型，进行预测。

下面先对"价格"、"广告费"、"促销费"和"需求"这 4 个变量进行相关分析，具体

| 周 次 | 价格（元） | 广告费（元） | 促销费（元） | 需 求 |
|---|---|---|---|---|
| 1 | 1000 | 20000 | 10000 | 893 |
| 2 | 1039 | 28000 | 9600 | 807 |
| 3 | 1021 | 19000 | 9200 | 846 |
| 4 | 1033 | 21000 | 10000 | 756 |
| 5 | 1038 | 26000 | 10100 | 798 |
| 6 | 1056 | 31000 | 9100 | 787 |
| 7 | 1054 | 40000 | 9800 | 909 |
| 8 | 1024 | 43000 | 9300 | 987 |
| 9 | 1066 | 48000 | 9500 | 914 |
| 10 | 1057 | 38000 | 9400 | 912 |
| 11 | 1036 | 28000 | 9200 | 903 |
| 12 | 1071 | 23000 | 9300 | 710 |
| 13 | 1033 | 21000 | 10100 | 728 |
| 14 | 990 | 24000 | 10600 | 896 |
| 15 | 1036 | 17000 | 10600 | 733 |
| 16 | 1071 | 14000 | 11000 | 628 |
| 17 | 1066 | 16000 | 11300 | 697 |
| 18 | 1096 | 15000 | 11600 | 630 |
| 19 | 1064 | 8000 | 11600 | 640 |
| 20 | 1044 | 16000 | 11000 | 688 |
| 21 | 1017 | 12000 | 10700 | 778 |
| 22 | 1032 | 14000 | 10700 | 764 |
| 23 | 1052 | 7000 | 10900 | 668 |
| 24 | 1101 | 11000 | 10800 | 479 |
| 25 | 1106 | 19000 | 10500 | 541 |
| 26 | 1072 | 28000 | 9600 | 685 |
| 27 | 1097 | 35000 | 8900 | 739 |
| 28 | 1111 | 43000 | 9800 | 831 |
| 29 | 1086 | 42000 | 9400 | 903 |
| 30 | 1125 | 36000 | 9500 | 753 |

图 9-18  某企业产品调研数据 Excel 截图

操作步骤如下。

点击菜单"工具" ➡ "数据分析"，在"分析工具"列表框中选择"相关系数"，然后点击"确定"即可（图 9-19）。

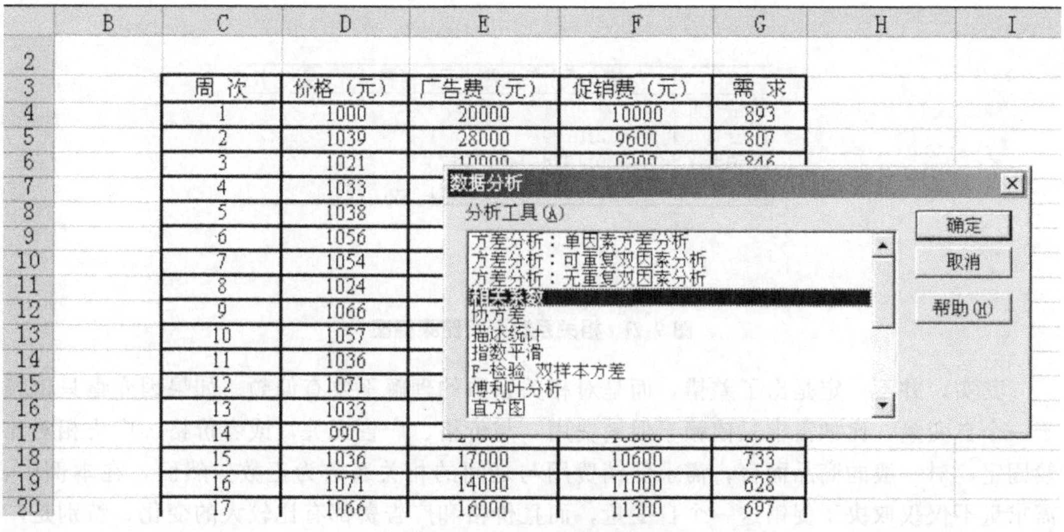

图 9-19  相关系数选择界面

在弹出的"相关系数"对话框中，在"输入区域"框中指定统计数据所在区域 D3：G33 即"＄D＄3：＄G＄33"；因输入数据是以列方式排列的，所以在"分组方式"栏选择"逐列"；因指定的输入区域包含标志行，所以选中"标志位于第一行"复选框；在"输出区域"中键入输出区域左上角单元格地址 I8 即"＄I＄8"，然后点击"确定"（图9-20）。

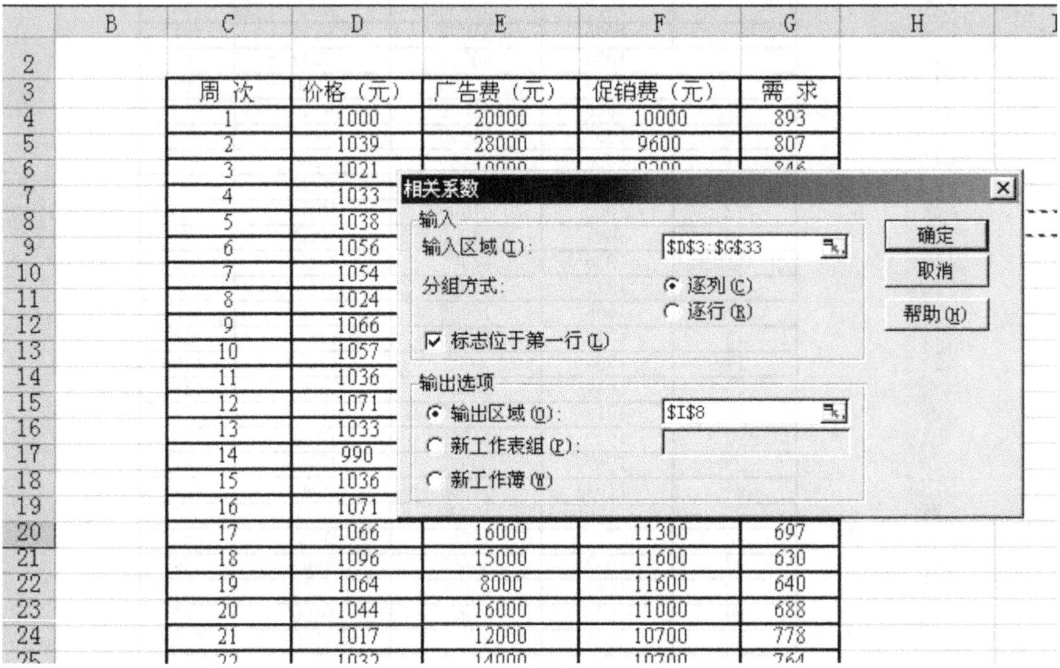

图 9-20　相关系数使用界面

于是，得到了价格、广告费、促销费与需求量之间的相关系数（图 9-21）。结果是令人怀疑的，因为需求与促销费的相关系数为负。是不是有谁把数据弄颠倒了？

| | 价格（元） | 广告费（元） | 促销费（元） | 需求 |
|---|---|---|---|---|
| 价格（元） | 1 | | | |
| 广告费（元） | 0.210724 | 1 | | |
| 促销费（元） | -0.011334 | -0.752173 | 1 | |
| 需求 | -0.48011 | 0.6919041 | -0.5996 | 1 |

图 9-21　相关系数分析结果截图

其实，并不一定是出了差错，而是对相关系数的理解不要有偏颇。如果因变量只依赖于一个自变量，比如需求只依赖于促销费用，与价格、广告无关，或者价格、广告相对比较固定，对一般的商品而言，需求促销费用与之间的相关系数为正数。然而，在本例中，需求量不仅仅取决于促销这一个自变量，而且价格和广告费都有比较大的变化，特别是广告费的变化范围很大。所以，出现以上看似反常的情况是比较正常的。

**（1）描述性统计分析**

我们还可以分别利用前面学过的 Excel 函数 AVERAGE（ ），MIN（ ）和 MAX（ ）计算了各变量的均值、最小和最大值。了解变量的变化范围对分析问题是有帮助的，如图 9-22 所示。

| | A | B | C | D | E | F | G |
|---|---|---|---|---|---|---|---|
| 1 | | | | | | | |
| 2 | | | | | | | |
| 3 | | | 周 次 | 价格（元） | 广告费（元） | 促销费（元） | 需 求 |
| 16 | | | 13 | 1033 | 21000 | 10100 | 728 |
| 17 | | | 14 | 990 | 24000 | 10600 | 896 |
| 18 | | | 15 | 1036 | 17000 | 10600 | 733 |
| 19 | | | 16 | 1071 | 14000 | 11000 | 628 |
| 20 | | | 17 | 1066 | 16000 | 11300 | 697 |
| 21 | | | 18 | 1096 | 15000 | 11600 | 630 |
| 22 | | | 19 | 1064 | 8000 | 11600 | 640 |
| 23 | | | 20 | 1044 | 16000 | 11000 | 688 |
| 24 | | | 21 | 1017 | 12000 | 10700 | 778 |
| 25 | | | 22 | 1032 | 14000 | 10700 | 764 |
| 26 | | | 23 | 1052 | 7000 | 10900 | 668 |
| 27 | | | 24 | 1101 | 11000 | 10800 | 479 |
| 28 | | | 25 | 1106 | 19000 | 10500 | 541 |
| 29 | | | 26 | 1072 | 28000 | 9600 | 685 |
| 30 | | | 27 | 1097 | 35000 | 8900 | 739 |
| 31 | | | 28 | 1111 | 43000 | 9800 | 831 |
| 32 | | | 29 | 1086 | 42000 | 9400 | 903 |
| 33 | | | 30 | 1125 | 36000 | 9500 | 753 |
| 34 | | | | | | | |
| 35 | | | 均值 | 1056 | 24767 | 10103 | 767 |
| 36 | | | 最大值 | 1125 | 48000 | 11600 | 987 |
| 37 | | | 最小值 | 990 | 7000 | 8900 | 479 |
| 38 | | | | | | | |

**图 9-22 描述统计截图**

如图 9-23～图 9-25 所示，分别画出了表示需求与价格、广告费、促销费之间关系的散点图，这可以通过菜单"插入" ➡ "图表" ➡ "XY 散点图"，然后通过"图表导向"就可以得到。大家可以看到，散点图并不像经济学教科书中抽象得出的曲线那样简单，但大致能看出它们之间关系的趋势。将三个图形（图 9-23～图 9-25）相比较，可以发现需求与价格的关系更明显一些。

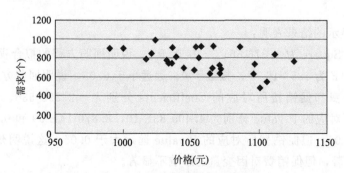

**图 9-23 需求与价格之关系图**

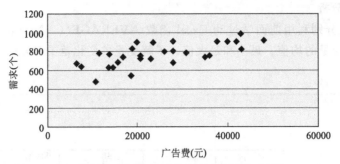

**图 9-24　需求与广告费之关系图**

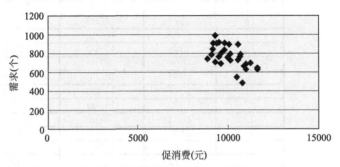

**图 9-25　需求与促销费之关系图**

**（2）线性回归分析**

　　对于受多个变量影响的需求量的预测，可以先尝试用多元线性回归分析来解决。在 Excel 中，有线性回归的函数，它处理一元回归很方便，但对付多元回归的功能较差。在"工具"栏中，有"数据分析"选项，它准备了包括"回归"和其他多种统计分析方法的功能。与前面例子中的回归步骤类似，点击菜单"工具" ➡ "数据分析"，在"分析工具"列表框中选择"回归"，然后点"确定"即可。

　　在弹出的"回归"对话框中（图 9-26），在"Y 值输入区域"框中指定统计数据所在区域 G3：G33 即"＄G＄3：＄G＄33"；在"X 值输入区域"框中指定统计数据所在区域 D3：F33 即"＄D＄3：＄F＄33"；因指定的输入区域包含标志行，所以选中"标志"复选框；在"输出区域"中键入输出区域左上角单元格地址 I17 即"＄I＄17"，然后点"确定"。

　　同样地，可以看到回归结果分成三部分：回归统计、方差分析和回归系数（图 9-27）。

　　图 9-27 中显示的结果表明：

　　Adjusted R Square 为 0.876 661 5，接近于 1，说明回归方程的拟合程度较好。

　　Significance F 为 $1.5*10^{-12}$，接近于 0，远远小于 0.05，说明回归方程整体显著。

　　价格、广告费和促销费所对应的 Coefficients 分别为 -2.390 536，0.009 010 8 和 0.006 400 9；所对应的 P-value 分别为 4.405 83E-10，8.870 14E-09 和 0.684 1，其中前两者远远小于 0.05，但促销费所对应的 P-value 远远大于 0.05，这说明价格和广告费对因变量的影响显著，但促销费对因变量的影响不显著。

　　因此，需要剔除掉自变量促销费，重新建立价格和广告费对需求的影响的回归方程。

图 9-26　多元线性回归界面

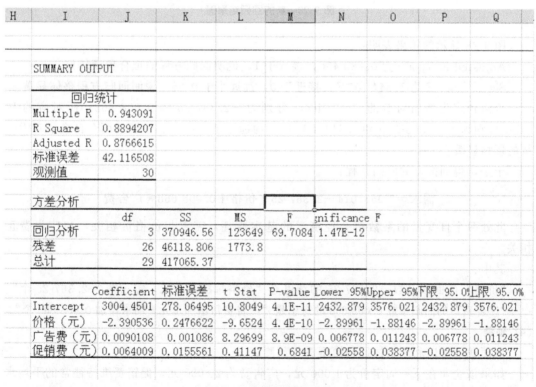

图 9-27　多元线性回归结果

(3) 改进模型

采用类似的操作步骤，可以得到新的回归方程。回归结果如下（图9-28）。

| | E | F | G | H | I | J | K | L | M | N |
|---|---|---|---|---|---|---|---|---|---|---|
| | | SUMMARY OUTPUT | | | | | | | | |
| | | 回归统计 | | | | | | | | |
| | | Multiple R | 0.942709 | | | | | | | |
| | | R Square | 0.888701 | | | | | | | |
| | | Adjusted R | 0.880456 | | | | | | | |
| | | 标准误差 | 41.46356 | | | | | | | |
| | | 观测值 | 30 | | | | | | | |
| | | 方差分析 | | | | | | | | |
| | | | df | SS | MS | F | gnificance F | | | |
| | | 回归分析 | 2 | 370646.2 | 185323.1 | 107.7944 | 1.34E-13 | | | |
| | | 残差 | 27 | 46419.13 | 1719.227 | | | | | |
| | | 总计 | 29 | 417065.4 | | | | | | |
| | | | Coefficien | 标准误差 | t Stat | P-value | Lower 95% | Upper 95% | 下限 95.0% | 上限 95.0% |
| | | Intercept | 3053.014 | 247.8709 | 12.31695 | 1.36E-12 | 2544.425 | 3561.603 | 2544.425 | 3561.603 |
| | | 价格（元） | -2.36725 | 0.237374 | -9.97266 | 1.51E-10 | -2.85431 | -1.8802 | -2.85431 | -1.8802 |
| | | 广告费（元） | 0.008668 | 0.000686 | 12.63609 | 7.54E-13 | 0.007261 | 0.010076 | 0.007261 | 0.010076 |

图 9-28  新的回归结果图

图 9-28 显示的结果表明：

Adjusted R Square 为 0.880 456，接近于 1，说明回归方程的拟合程度较好。

Significance F 为 $1.34 * 10^{-13}$，接近于 0，远远小于 0.05，说明回归方程整体显著。

价格和广告费所对应的 Coefficients 分别为 -2.367 25 和 0.008 668；所对应的 P-value 分别为 1.505 68E-10 和 7.543 05E-13，均远远小于 0.05，说明这两个自变量对因变量的影响显著。

于是，得到拟合的回归方程：

$$需求 = 3\ 053.014 - 2.367\ 25 * 价格 + 0.008\ 668 * 广告费$$

此处两个自变量的系数符合经济学的基本原理，需求与价格负相关，与广告费正相关。

其中：

"价格"的回归系数 -2.367 25 的意思是"价格每提高 1 元，需求减少 2.367 25 个"。

"广告费"的回归系数 0.008 668 的意思是"广告费每增加 1 元，需求增加 0.008 668 个"。

(4) 预测

下面我们可以利用上述回归模型进行预测。

如果该企业在下一周定价为 1 000 元，广告费为 20 000 元，促销费维持往常的平均水平 10 100 元，它用回归分析的方法预测的需求量为（舍去小数点后的数字）：

$$Y = 3\ 053 - 2\ 367 + 173 = 859$$

# 9.3 用 Excel 进行优化

## 9.3.1 Excel 自带的"规划求解"功能

在现实生活中，资源总是有限的，比如石油或者煤的储量，虽然人们在不断地寻找新的替代能源。另一方面，理性的人们总是想利用有限资源来获得最大化的"好处"或者最小化的"坏处"。而所谓的"规划求解"，就是在一定条件（有限资源）的约束下，来最大化或最小化目标函数（"好处"或"坏处"）的值。比如：企业想在一定原材料的约束下使得自己的生产安排实现利润最大化。

下面先举一个简单例子加以说明。

【例 9.5】 某企业生产 A 和 B 两种产品，生产每一吨产品所需的煤、劳动日和仓库及利润如表 9-4 所示。

表 9-4 生产 A 和 B 的数据资料

| 项 目 | A | B |
| --- | --- | --- |
| 煤（吨） | 1 | 2 |
| 劳动日 | 3 | 2 |
| 仓库（间） | 0 | 2 |
| 利润（万元） | 40 | 50 |

现因条件限制，该企业仅能提供煤 30 吨、劳动日 60 个、仓库 24 间，试问该企业生产 A 和 B 两种产品各多少吨才能获得最大利润？

显然，该例是一个线性规划问题。先找到该企业的目标，很简单，就是最大化其生产安排的利润。接下来看看该企业生产安排的约束条件是什么？很明显，生产安排所需要的投入不能超过该企业煤、劳动日和仓库的所能提供量。那么，这里的变量是什么呢？就是生产安排，即 A 和 B 的产量，设其分别为 $x_1$ 吨和 $x_2$ 吨。下面用数学形式将上述问题表述一下。

$$MaxZ = 40x_1 + 50x_2$$

$$\begin{cases} x_1 + 2x_2 \leqslant 30 \\ 3x_1 + 2x_2 \leqslant 60 \\ 2x_2 \leqslant 24 \\ x_1 \geqslant 0 \\ x_2 \geqslant 0 \end{cases}$$

下面用 Excel 自带的"规划求解"功能来求解上述线性规划问题。

**(1) 输入参数和公式**

先将相关参数和公式输入到 Excel 中，如图 9-29 所示。

[注意] 除单元格 D11，D17，D18，D19，D20 和 D21 中输入的为如标注所示的公式外，其余单元格中均为直接输入文字或数值。可以先在单元格 E4 和 E5 中任意输入数值，比如 30 和 0。所得到的目标函数值为 1 200，但第二个约束条件并没有得到满足。接

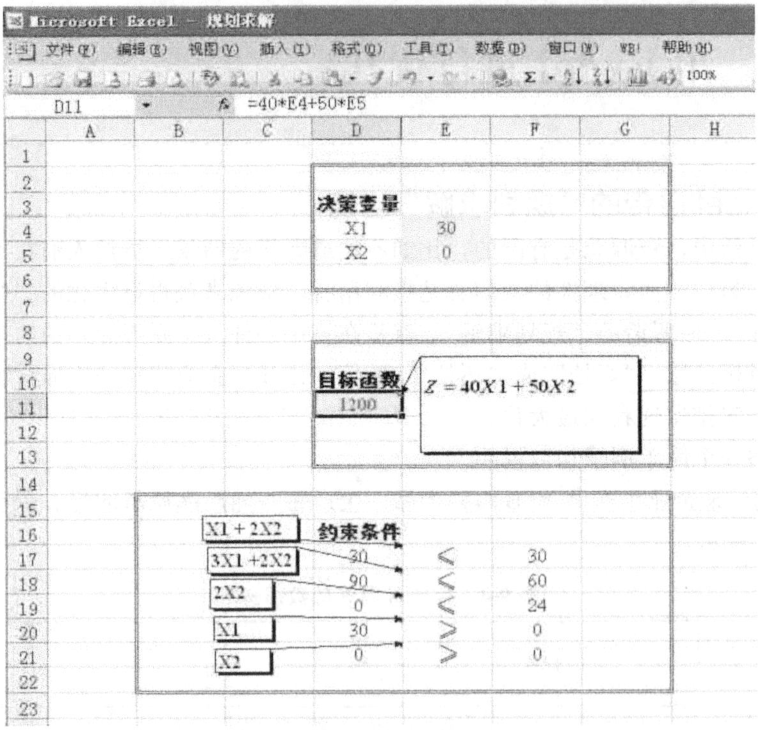

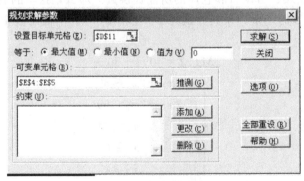

图 9-29 参数和公式输入界面

下来，利用 Excel 自带的"规划求解"功能来获得上述问题的最优解。注意，有些 Excel 里没有安装"规划求解"，可以用"加载宏"的办法将它添加进去。

**(2) 规划求解**

点击菜单"工具" ➡ "规划求解"，在弹出的对话框中（图 9-30），在"设置目标单元格"框中指定利润目标值所在单元格 D11 即"＄D＄11"；在"可变单元格"框中指定变量所在区域 E4：E5 即"＄E＄4：＄E＄5"。

图 9-30 规划求解界面

继续点击"添加"，分别将上述 5 个约束条件添加到"约束"框中（如图 9-31）。

点击"求解"，出现"规划求解结果"对话框后点击"确定"（图 9-32）。

可以看到，最优的生产安排方案为生产 15 吨 A 和 7.5 吨 B，最优利润为 975 万元。

【例 9.6】 类似地，也可以利用"规划求解"的方法来为［例 9.4］中的企业寻找最

图 9-31　添加约束界面

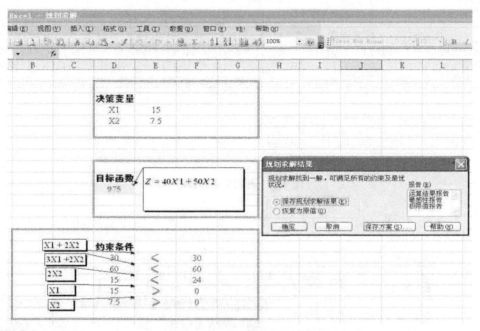

图 9-32　"规划求解结果"界面

优的市场营销策略。

以最后只包括两个自变量的回归模型为依据。假设企业生产单个产品的成本（不含广告）为 700 元，产品价格最高不超过 1 200 元，广告投入最多不超过 50 000 元，目的是使所得的利润最大。该企业应该如何定价、如何决定广告的投入呢？

根据题意，这里的变量应为"价格（$x_1$）"和"广告费（$x_2$）"，目标函数为利润，而约束条件为"产品价格最高不超过 1 200 元"以及"广告投入最多不超过 50 000 元"。因此，我们的规划问题可以表达成：

$$Max\ 利润＝价格×需求－成本$$
$$＝x_1(3\ 053.014－2.367\ 25x_1＋0.008\ 668x_2)$$
$$－700(3\ 053.014－2.367\ 25x_1＋0.008\ 668x_2)－x_2$$
$$\begin{cases} x_1\leqslant 1\ 200 \\ x_2\leqslant 50\ 000 \end{cases}$$

相应地，需要在 Excel 中设定计算利润的关系式，如图 9-33 所示。

然后，点击菜单"工具"➡"规划求解参数"，在弹出的对话框中，在"设置目标单元格"框中指定利润目标值所在单元格 K31 即"＄K＄31"；在"可变单元格"框中指定变量所在区域 H31：I31 即"＄H＄31：＄I＄31"（图 9-34）。

继续点击"添加"，分别将上述两个约束条件填入"添加约束"框中（如图 9-35、图

**方差分析**

| | df | SS | MS | F | gnificance F |
|---|---|---|---|---|---|
| 回归分析 | 2 | 370646.2 | 185323.1 | 107.7944 | 1.34E-13 |
| 残差 | 27 | 46419.13 | 1719.227 | | |
| 总计 | 29 | 417065.4 | | | |

| | Coefficien | 标准误差 | t Stat | P-value | Lower 95% | Upper 95% | 下限 95.0% | 上限 95.0% |
|---|---|---|---|---|---|---|---|---|
| Intercept | 3053.014 | 247.8709 | 12.31695 | 1.36E-12 | 2544.425 | 3561.603 | 2544.425 | 3561.603 |
| 价格（元） | -2.36725 | 0.237374 | -9.97266 | 1.51E-10 | -2.85431 | -1.8802 | -2.85431 | -1.8802 |
| 广告费（ | 0.008668 | 0.000686 | 12.63609 | 7.54E-13 | 0.007261 | 0.010076 | 0.007261 | 0.010076 |

| 价格 | 广告费 | 需求 | 利润 |
|---|---|---|---|
| 1000 | 20000 | 859.1201 | 237736 |

图 9-33  利润关系式截图

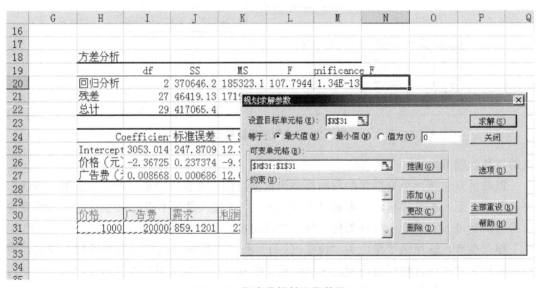

图 9-34  指定目标单元格截图

9-36）。

点击"求解"，出现"规划求解结果"对话框后点击"确定"（图 9-37）。

可以得到求解的结果：优化的价格为 1 086 元，广告费为 50 000 元，预测的需求为 914.668 3，预测的利润为 303 412.9 元。这是一个高广告费的策略。但价格并未达到限定的最大值 1 200 元。这说明该市场对广告很敏感。对价格来说，因为在销售额中有价格的二次函数，一般是在价格取值范围内部达到最优。值得提醒的是，在得到这样策略时，真正实施还要慎重一些。其原因在于需求与价格、广告费的关系一般不是线性关系，而我们用线性关系去拟合。当数值在样本区中心部分时，预测会比较准一些；当数值在样本区边沿时，像广告费超过了历史的最大值，预测的误差会比较大。

图 9-35　添加约束界面

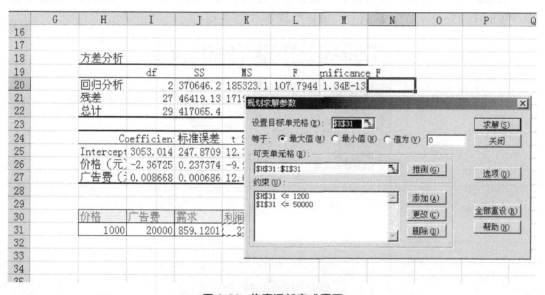

图 9-36　约束添加完成界面

## 9.3.2　What's Best 的 "规划求解" 功能

以上 Excel 自带的 "规划求解" 工具取自于克萨斯大学奥斯汀分校的 Leon Lasdon 和克里夫兰州立大学的 Allan Waren 共同开发的 Generalized Reduced Gradient (GRG2) 非线性最优化代码。线性和整数规划问题则取自 Frontline Systems 企业的 John Watson 和 Dan Fylstra 提供的有界变量单纯形法和分支边界法。

不过，Excel 自带的 "规划求解" 工具来求解复杂问题时，可能会出现得不到最优解的情况。相对于 Excel 自带的 "规划求解" 工具而言，What's Best 是 Lindo 企业发行的一个更为强大的 Excel 规划求解加载宏。它基本上可以应付平时我们所能接触到的任何线性规划、整数规划以及非线性规划问题，而且随着版本的不断改进，功能也越来越强大。下面以 What's Best 7.0 为例进行说明。如果只是偶尔用一下 "规划求解" 的功能，大家

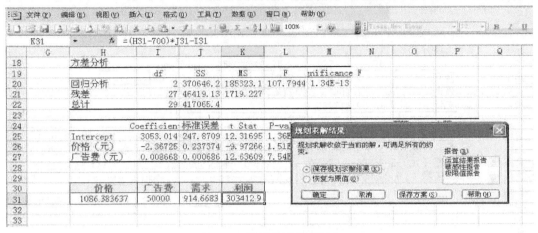

**图 9-37 规划求解结果界面**

可以上 Lindo 企业的主页 www. lindo. com 下载试用版使用。

安装好 What's Best 软件后，点击菜单"工具"➡"加载宏"，在弹出的对话框中选中"What's Best! 7.0"，然后点"确定"即可（图 9-38）。

**图 9-38　加载 What's Best 7.0 界面**

接下来利用 What's Best 7.0 来求解［例 9.5］。步骤如下。

① 先将相关参数和公式输入到 Excel 中，如图 9-39 所示。

其中：单元格 E6，E7，E8 和 C14 中输入的为公式，其他单元格所输入的为文字或数值。（SUMPRODUCT 函数对长度相同的两行或两列的对应元素的积进行求和，具体用法大家可查阅 Excel 的帮助文件。）

② 确定变量。本例中的变量即为 A 和 B 的产量。选中单元格 C12 和 D12 后，点击工具栏上的按钮 ⚟ 即可。可以看到这两个单元格的字体变成蓝色（图 9-40）。

③ 确定目标函数。本例中的目标函数即为最大化总利润。选中单元格 C14 后，点击

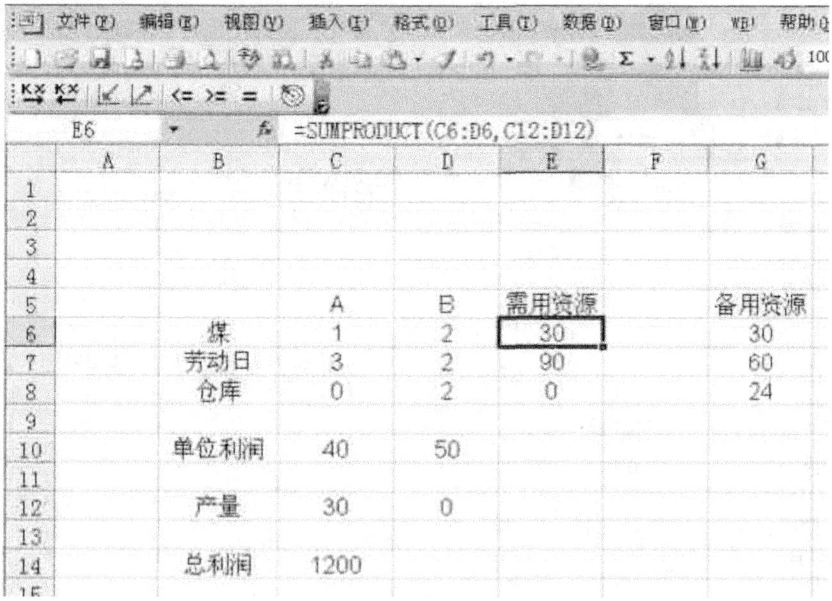

图 9-39 参数与公式截图

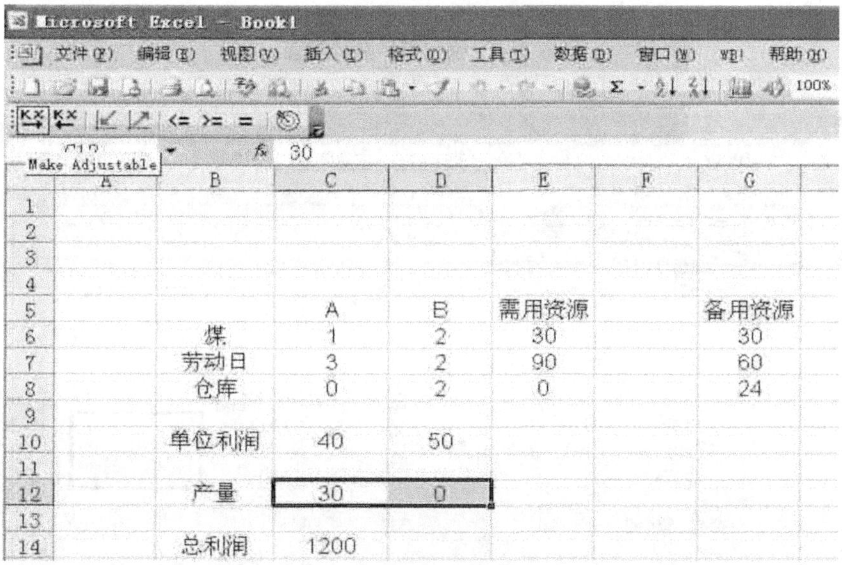

图 9-40 确定变量界面

工具栏上的按钮 ↗ 即可。可以看到该单元格的底色变成蓝色（图 9-41）。

④ 确定约束条件。本例中的约束条件即为三种投入煤、劳动日和仓库的"需用资源"不能超过"备用资源"。与前面利用 Excel 自带的"规划求解"工具不一样的是，"What's Best"默认变量为非负，即 A 和 B 的产量为非负。因此，此处只需定义三个约束条件即可。

选中单元格 F6，F7 和 F8，然后工具栏上的按钮 <= 即可（图 9-42）。

最后，点击工具栏上的按钮 ◎ 即可求解。所得到的结果与［例 9.5］的结果一样，

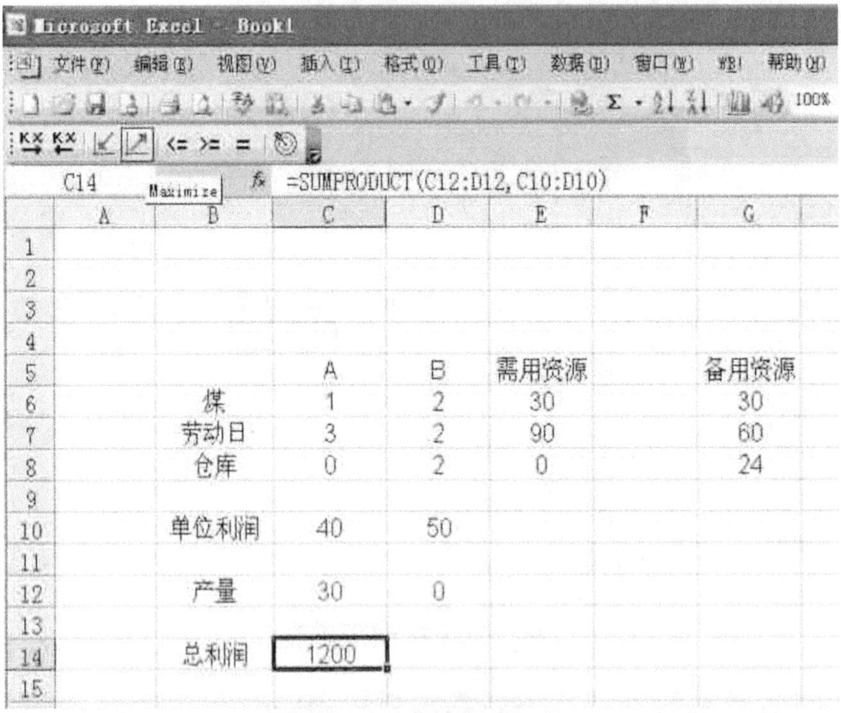

图 9-41　确定目标函数界面

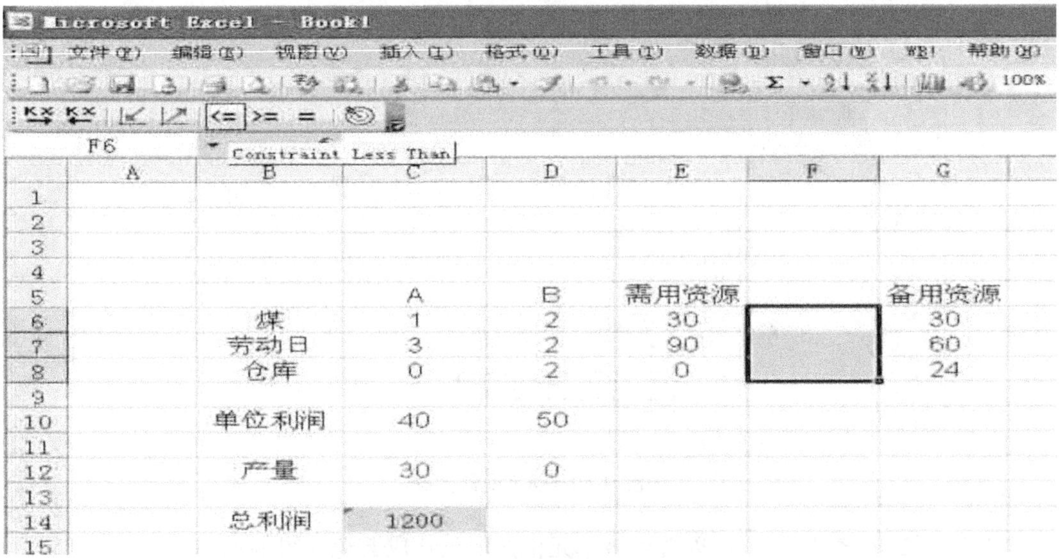

图 9-42　确定约束条件界面

A 和 B 的最优化产量分别为 15 吨和 7.5 吨，最优利润为 975 万元。

## 思　考　题

用 Excel 求解第 8 章各习题，并对前一章结果进行检验。

# 第 5 篇

## 案例分析篇

# 第10章 实战案例分析

本章为实战案例分析，主要让读者快速进入比赛角色，培养比赛意识。

## 10.1 了解你的竞争环境

以下角色需要了解本节：CEO，CFO，COO，CSO，CHO。

企业模拟的比赛可以模拟出各种错综复杂的情况，使得决策者每次面对的企业都是一个状况和宏观环境不同的企业，这主要通过不同场景、参数调整、8 期历史的不同来达到。

① 不同场景：就是指规则的不同，但可以把规则简单地归纳为图 10-1 所示的几部分。一个场景往往定下了一个比赛的基调，对决策具有重要的指导意义。在企业竞争模拟系统中，已经定义好了一些场景，但一般来说全国性的大赛场景都会是专门设置的新场

| 评分权重 | | | | | | | | | 供货情况 | | 投资回报 | |
|---|---|---|---|---|---|---|---|---|---|---|---|---|
| 本期利润 | 市场份额 | 累计分红 | 累计缴税 | 净资产 | 人均利润率 | 资本利润率 | | | 供货系数 | 75% | 国债利率 | 4.0% |
| 0.15 | 0.15 | 0.15 | 0.1 | 0.15 | 0.15 | 0.15 | | | 废品损失 | 40% | 资金时效 | 6.0% |
| | | | | | | | | | | | 税收 | 25.0% |

| 市场1 | 市场2 | 市场3 | 市场4 | 市场1 | 市场2 | 市场3 | 市场4 | | | 融资能力 | |
|---|---|---|---|---|---|---|---|---|---|---|---|
| 产品A | | | | 产品B | | | | 固定运输费用 | | 负债极限 | 50% |
| 1206 | 1294 | 4000 | 5000 | 7882 | 8118 | 12000 | 13000 | | | 每期偿还 | 5.00% |
| 产品C | | | | 产品D | | | | | | 债券利率 | 10% |
| 11882 | 12118 | 16000 | 17000 | 13882 | 14118 | 18000 | 19000 | | | 信用总额 | 8 000 000 |
| 产品A | | | | 产品B | | | | 变动运输费用 | | 贷款利率 | 6% |
| 60 | 65 | 200 | 200 | 394 | 406 | 600 | 600 | | | 紧急贷款利率 | 40% |
| 产品C | | | | 产品D | | | | | | 初始现金 | 3 000 000 |
| 594 | 606 | 800 | 800 | 694 | 706 | 1000 | 1000 | | | 期末现金 | 3 000 000 |

| 生产耗用表 | | | | | 订单缺失 | 产品1 | 产品2 | 产品3 | 产品4 | 原材料采购 | |
|---|---|---|---|---|---|---|---|---|---|---|---|
| 产品 | 产品1 | 产品2 | 产品3 | 产品4 | 市场1 | 30% | 35% | 40% | 40% | 采购量>= | 单价 |
| 机器 | 100 | 180 | 360 | 500 | 市场2 | 30% | 35% | 40% | 40% | 0 | 1 |
| 人力 | 150 | 200 | 250 | 220 | 市场3 | 20% | 25% | 30% | 30% | 1000000 | 0.98 |
| 材料 | 480 | 1620 | 2300 | 3000 | 市场4 | 22% | 28% | 25% | 25% | 1500000 | 0.96 |
| | | | | | | | | | | 2000000 | 0.95 |

| 工资与招聘 | | | | | 机器 | | 采购固定费用 | 5000 |
|---|---|---|---|---|---|---|---|---|
| 新聘效率 | 25% | 第1班正班 | 10 | 第1班加班 | 15 | 机器价格 | 90 000 | 采购变动费用 | 0.02 |

| 工资与招聘 | | | | | | 机器 | | | 原材料采购 | |
|---|---|---|---|---|---|---|---|---|---|---|
| 新聘效率 | 25% | 第1班正班 | 10 | 第1班加班 | 15 | 机器价格 | 90 000 | 采购固定费用 | 5000 |
| 招工限制 | 50% | 第2班正班 | 12 | 第2班加班 | 18 | 每期折旧 | 5% | 采购变动费用 | 0.02 |
| 辞退限制 | 10% | 培训费 | 1500 | 退休费用 | 2000 | 维修费用 | 280 | 原料可用系数 | 50% |
| 退休率 | 3% | | | | | | | | |

| 研发 | 等级1 | 等级2 | 等级3 | 等级4 | 等级5 | 开班固定费用 | | | | 库存费用 | |
|---|---|---|---|---|---|---|---|---|---|---|---|
| | | | | | | | | | | 材料 | 0.05 |
| 产品1 | 100 000 | 200 000 | 300 000 | 400 000 | 500 000 | 产品1第1班 | 10000 | 产品1第2班 | 12000 | 产品A | 40.00 |
| 产品2 | 200 000 | 300 000 | 400 000 | 500 000 | 600 000 | 产品2第1班 | 12000 | 产品2第2班 | 14000 | 产品B | 80.00 |
| 产品3 | 300 000 | 400 000 | 500 000 | 600 000 | 700 000 | 产品3第1班 | 15000 | 产品3第2班 | 18000 | 产品C | 100.00 |
| 产品4 | 500 000 | 600 000 | 700 000 | 800 000 | 900 000 | 产品4第1班 | 20000 | 产品4第2班 | 22000 | 产品D | 120.00 |

图 10-1　规则归纳图

景。虽然场景各不相同，但只要掌握各种历史的特点，便可做到随机应变。在以下各节中将介绍不同常量下所应该采用的不同决策技巧。

② 参数调整：系统后台能对 7 个参数进行调控包括市场容量、研发对销售的影响、工资系数对成品率的影响、广告和促销的作用、价格对需求的影响、基本与相对价格比例和银行信用，调控范围为原效果的 80％～120％，而这些参数只有比赛的管理者知道。

③ 8 期历史的不同：每个企业在提交自己的决策时，首先会获得前面 8 期的历史，即使在相同的场景下，参赛者可以从历史数据分析出季节因素、广告、促销、价格变化的效果。

企业的业务流程：所经营的企业是一个生产性企业，决策涵盖了生产、运输、销售和财务管理 4 个部分（图 10-2）。它们之间环环相扣，互相影响。

图 10-2　企业的业务流程图

## 10.2　生产管理分析

以下角色需要了解本节：CEO，COO，CSO，CHO。

生产运营总监（COO）的核心职责是生产排班，附带人力资源管理、原材料采购。在生产产品之前，必须对产品的构成进行一定的了解。

如表 10-1 所示，一般情况下，产品 1 和产品 2 属于劳动密集型产品，所需要的人力大于机器的用时，而产品 3 和产品 4 属于资本密集型产品，所需要的机器大于人力的用时。但也存在特殊情况，如表 10-2 所示，产品 1～产品 4 的人力都小于机器的用时。它们从总体而言符合一个规律，就是从产品 1～产品 4，机器用时、原材料耗用呈递增趋势，人力用时呈递减趋势。根据这样的特性，COO 应该有明确的思路：当企业人力有剩余时，可以增加产品 1 和产品 2 的产量，当机器有剩余时，可以增加产品 3 和产品 4 的产量。

**表 10-1　产品所需资源一**

| 项　　目 | 产品 1 | 产品 2 | 产品 3 | 产品 4 |
|---|---|---|---|---|
| 机器（时） | 100 | 160 | 450 | 640 |
| 人力（时） | 200 | 250 | 280 | 320 |
| 原材料（单位） | 600 | 1 000 | 1 500 | 3 000 |

**表 10-2　产品所需资源二**

| 项　　目 | 产品 1 | 产品 2 | 产品 3 | 产品 4 |
|---|---|---|---|---|
| 机器（时） | 150 | 250 | 400 | 520 |
| 人力（时） | 125 | 180 | 160 | 150 |
| 原材料（单位） | 500 | 1 500 | 2 400 | 3 500 |

接下来要对企业的生产进行合理的排班，整体而言，企业的稀缺资源一般都是机器，机器需要一次性投入大量资金 8 万元至 10 万元不等，并且机器只有到了下下期才能开始使用。机器的折旧是一个固定值，不随着机器使用时间的长短而变化，为了最大限度地降低机器使用成本，一般选择第 2 班加班满负荷运行。

以上是在生产相同数量的情况下排班的两种方法，表 10-3 是人数需求最少的方案，加班的生产数正好达到第 2 班正班生产数的一半。表 10-4 是人数需求最多的方案，这种情况下，加班的工作时间最少，所付的加班工资最低，却需要更多的招聘费用，但整体而言费用相差不多。介绍这两种生产方法的主要目的不在于评价两种生产方式孰优孰劣，而是用来控制企业的工人数量。

**表 10-3　方案 1（人数需求最少）**

| 生产安排 | 第一班 | | 第二班 | |
| --- | --- | --- | --- | --- |
| | 正班 | 加班 | 正班 | 加班 |
| 产品 1 | 44 | 0 | 0 | 0 |
| 产品 2 | 143 | 0 | 0 | 0 |
| 产品 3 | 104 | 0 | 32 | 16 |
| 产品 4 | 0 | 0 | 112 | 56 |

**表 10-4　方案 2（人数需求最多）**

| 生产安排 | 第一班 | | 第二班 | |
| --- | --- | --- | --- | --- |
| | 正班 | 加班 | 正班 | 加班 |
| 产品 1 | 44 | 0 | 0 | 0 |
| 产品 2 | 143 | 0 | 0 | 0 |
| 产品 3 | 104 | 0 | 48 | 0 |
| 产品 4 | 0 | 0 | 101 | 67 |

人力资源的获得相对于机器来说，要相对容易，但当期招聘的工人只有熟练工人25％的工作效率，在下期的时候，这些工人将转变为熟练工人。公式为：

下期工人增量＝上期招聘人数×75％＋本期招聘人数×25％－退休人数－辞退人数

人员的招聘应具有较强的前瞻性，上期的招聘决策对本期有 75％的影响，而本期招聘人数才 25％。一些新手往往为了达到本期人数的需求，而招了太多的工人，致使下期工人数太多。如果出现辞退工人的情况，将因发生额外的辞退费用而造成利润损失。假如下期要到一批新机器，对工人的需求将增加，就应该在这期尽量多招工人。通过合理的排班，就能达到即达到预期生产目标，又可以合理控制人数。

当生产方案确定后，就应该购买原材料了，首先原材料的购买一定要达到生产的需求，否则将无法生产出足够的产品。原材料根据购买量的不同，有着不同的折扣优惠，合理的购买原材料，也能为企业创造更多的利润。

假定现在企业需求 145 万的原材料，在表 10-5 的情况下，如果购买 150 万材料，只需多支付 5 万材料的库存费用，但是却能节省 150 万每个 0.02 元的购买费用，显然非常合算。但如果购买 200 万的材料的话，相对于 150 万的方案来说，得多支付 50 万每个 0.05 元的库存费用，却只获得 200 万每个 0.01 元的折扣优惠，反而没有 150 万来的实惠。在表 10-6 的情况下，如果购买 200 万的原材料，只用多支付 50 万每个 0.03 元的库存费用，却获得 200 万每个 0.03 元的折扣优惠，可见购买 200 万比购买 150 万更加优惠。如果能将下期的原材料也一起采购的话，还能节省 1 万的采购固定费用。原材料可用系数高的场景下，初期比较适合直接把下期的材料一起购买，也不会对现金流造成太大的压力。

表 10-5　原材料相关参数情景一

| 原材料采购 | |
| --- | --- |
| 采购量≥ | 单价(元) |
| 0 | 1 |
| 100 万 | 0.98 |
| 150 万 | 0.96 |
| 200 万 | 0.95 |
| 采购固定费用 | 5 000 |
| 采购变动费用 | 0.02 |
| 原料可用系数 | 50％ |
| 材料库存费用 | 0.05 |

表 10-6　原材料相关参数情景二

| 原材料采购 | |
| --- | --- |
| 采购量≥ | 单价(元) |
| 0 | 1 |
| 100 万 | 0.97 |
| 150 万 | 0.95 |
| 200 万 | 0.92 |
| 采购固定费用 | 10 000 |
| 采购变动费用 | 0.01 |
| 原料可用系数 | 80％ |
| 材料库存费用 | 0.03 |

# 10.3　运输安排分析

以下角色需要了解本节：CEO，COO，CSO。

产品生产完成后，需要将产品运输到各个市场。CEO，COO 以及 CSO 共同决策工人工资系数和各个细分市场的供货量。

竞赛规则规定：提高工资系数能减少产品的废品率，看似只与工人工资系数相关，而实际上，废品数量是受运输数量及废品率两个因素影响，其中废品率由工资系数决定。公式为：

$$废品数＝运输数量×废品率$$

废品率在不提工资系数的情况下，每个产品都是 95％ 的正品率。如果提高工资系数，正品率将会提升。在低工资的情景下，提高工资系数所带来的成本将很低，往往低于废品减少所带来的收益。由于出现一个废品还需要支付销售价格 40％ 的赔付，再加上原本生产的成本与销售利润，减少一个废品所带来的收益可以按销售价格的 140％ 来计算。但在高工资的场景下，提高工资系数的成本会相对高出很多，对现金流的压力也很大，提工资系数的可行性也将降低。低工资和高工资下的工资系数如表 10-7 和表 10-8 所示。正品率计算公式为：

$$正品率＝上期废品率×上期系数＋[(工资系数－1)×产品系数＋0.95]×(1－上期系数)$$

**表 10-7　低工资下的工资系数**

| 第 1 班正班 | 3 | 第 1 班加班 | 4.5 |
|---|---|---|---|
| 第 2 班正班 | 4 | 第 2 班加班 | 6 |

**表 10-8　高工资下的工资系数**

| 第 1 班正班 | 10 | 第 1 班加班 | 15 |
|---|---|---|---|
| 第 2 班正班 | 12 | 第 2 班加班 | 18 |

上期系数是上期废品率的权重，大概为 0.7 左右，产品系数根据产品不同而各不相同，从产品 1～产品 4 效果递减，且各个场景下系数也各不相同。

表 10-9 是在不提工资系数的情况下的供货，废品率为 0.95，每 20 个产品将出一个废品，由于废品个数的计算是四舍五入的方式，如果是 1.45 个废品将按照 1 个来计算，所以在运输的过程中尽量要注意减少次品。运 30 个实际废品数为 2 和运 29 个实际废品数为 1，运 30 个还得多损失一个废品费用，可见控制废品的重要性。表 10-10 是在提高了工资系数情况下的供货。假如工资系数给得足够高，正品率达到一个较高的数字，在运输的过程中将很难出现废品，我们就可以根据市场的需求状况，任意提供产品。

**表 10-9　不提工资系数下的运输方案**

| 供货量 | 市场 1 | 市场 2 | 市场 3 | 市场 4 |
|---|---|---|---|---|
| 产品 1 | 69 | 69 | 69 | 69 |
| 产品 2 | 69 | 69 | 69 | 69 |
| 产品 3 | 29 | 29 | 29 | 29 |
| 产品 4 | 29 | 29 | 29 | 29 |

**表 10-10　提高工资系数下的运输方案**

| 供货量 | 市场 1 | 市场 2 | 市场 3 | 市场 4 |
|---|---|---|---|---|
| 产品 1 | 57 | 57 | 81 | 81 |
| 产品 2 | 68 | 58 | 70 | 80 |
| 产品 3 | 18 | 21 | 37 | 40 |
| 产品 4 | 17 | 23 | 35 | 41 |

企业的运输费用由两部分组成，分别是固定运输费用和变动运输费用，这里以变动运输费用为例。如表 10-11 所示各个企业的变动运输费用在市场 1 和市场 2 上会有不同，中间的企业在市场 1 和市场 2 的运费比较接近，而靠前和靠后的企业在市场 1 和市场 2 上的运输费用差距比较大，从而形成优势市场和劣势市场。而这些优势市场上的利润率往往会比较高，所以当有产品在基本的运输后有剩余，具有优势市场的企业可以将这些产品运往优势市场，而不具备优势市场的企业可以运往市场 3 和市场 4，一般而言市场 3 和市场 4 的价格较高，利润率也相对较高。

表 10-11　不同企业运输费用

| 企业 | 产品 1 | | | | 产品 2 | | | |
|---|---|---|---|---|---|---|---|---|
| | 市场 1 | 市场 2 | 市场 3 | 市场 4 | 市场 1 | 市场 2 | 市场 3 | 市场 4 |
| 企业 1 | 100 | 25 | 200 | 250 | 500 | 350 | 600 | 650 |
| 企业 2 | 81 | 44 | 200 | 250 | 462 | 388 | 600 | 650 |
| 企业 3 | 62 | 62 | 200 | 250 | 425 | 425 | 600 | 650 |
| 企业 4 | 44 | 81 | 200 | 250 | 388 | 462 | 600 | 650 |
| 企业 5 | 25 | 100 | 200 | 250 | 350 | 500 | 600 | 650 |

| 企业 | 产品 3 | | | | 产品 4 | | | |
|---|---|---|---|---|---|---|---|---|
| | 市场 1 | 市场 2 | 市场 3 | 市场 4 | 市场 1 | 市场 2 | 市场 3 | 市场 4 |
| 企业 1 | 700 | 500 | 800 | 850 | 850 | 600 | 1 000 | 1 050 |
| 企业 2 | 650 | 550 | 800 | 850 | 788 | 662 | 1 000 | 1 050 |
| 企业 3 | 600 | 600 | 800 | 850 | 725 | 725 | 1 000 | 1 050 |
| 企业 4 | 550 | 650 | 800 | 850 | 662 | 788 | 1 000 | 1 050 |
| 企业 5 | 500 | 700 | 800 | 850 | 600 | 850 | 1 000 | 1 050 |

# 10.4　市场营销分析

以下角色需要了解本节：CEO 和 CSO。

当产品运往市场后，就需要想方设法将产品销售出去。产品销售总监（CSO）需要考虑的因素有广告与促销、产品研发等级、价格。

广告与促销是影响一个产品需求的重要因素，其效果遵循边际递减的规律，广告是针对一类产品产生效果，当我们发现某些产品的利润率比较高的时候，就可以侧重某些产品多追加点广告，并且广告具有延期效果，前期广告的积累能对下一期产生有利的影响。促销则是针对一个市场产生效果，当一个市场卖得比较多的时候，便可以多投入一些促销，如前面提到的优势市场。根据前人经验，得出了一个合理的百分比，广告投入约为一个产品销售额的 2.5%，促销投入约为一个市场上的所有产品销售额的 2.5%。

产品研发是提高产品利润率的重要方式，是后期制胜的关键。一直以来，关于怎么评估研发的效果并没有一个很好的准则，但应该树立"早投入早收益"的观念，如果出现加赛的情况，高研发的企业往往更具备优势（表 10-12）。

表 10-12　产品研发所需费用

| 项目 | 等级 1 | 等级 2 | 等级 3 | 等级 4 | 等级 5 |
|---|---|---|---|---|---|
| 产品 1 | 150 000 | 250 000 | 350 000 | 450 000 | 550 000 |
| 产品 2 | 250 000 | 350 000 | 450 000 | 550 000 | 700 000 |
| 产品 3 | 400 000 | 500 000 | 600 000 | 700 000 | 800 000 |
| 产品 4 | 600 000 | 700 000 | 800 000 | 900 000 | 1 000 000 |

产品研发一级的费用相对比较稳定，一般是在 10 万至 15 万之间，根据以往的经验来看，研发的效果在各个历史下也相对比较稳定。如果觉得某些产品比较赚钱，可以针对性地进行研发，生产的量比较大的话，研发的分摊也比较少。如果这个场景前期机器的数量比较多，产品的生产数量较大，那就可以加大研发的力度，多研发几个产品，如果初始的机器数量较少，则只用侧重几个产品的研发。一般可以根据初始的净资产的数额进行判断，数值越高，企业的产能应该越大。

决定了促销、广告、研发之后，最后应该对产品进行合理的定价。广告、促销和研发可以增加产品的需求，一般情况下不会随意降低投入，定价往往最适合作为最后决策变量来调节市场需求。定价最好的参考标准是往期的时间序列数据，时间序列数据标有所有影响需求的因素，根据其他各种决策因素的变化状况以及运输到市场上准备销售的产品数量，综合考虑后再进行定价。

# 10.5　财务管理分析

以下角色需要了解本节：CEO 和 CFO。

企业竞争模拟比赛中的企业是一个快速扩张的企业，现金流就犹如企业的血液，假如血液流动困难了，企业也就面临了巨大的问题。CFO 的职责：根据企业的战略目标进行合理的财务规划。现金流入及流出的顺序在规则中有明确提到，摘录如下。

期初现金＋银行贷款＋发行债券－部分债券本－债券息－培训费－退休费－基本工资（工人至少得到第一班正常班的工资）－机器维护费＋紧急救援贷款－研发费－购原材料－管理费－特殊班工资（第二班差额及加班）－运输费－广告费－促销费＋销售收入－存储费＋上期国债本息－本期银行贷款本息－上期紧急救援贷款本息－税金－买机器－分红－买国债

警告：当资金不足时，将按以上次序支出，并修改决策。如果现金不够支付机器维护费以前的项目，会得到紧急救援贷款。此贷款年利率为 40%，本息需在下期末偿还。

目标是做到合理融资，使得销售收入前的现金池流量贴零，达到现金最高效地利用。融资的方式主要有以下两种。

（1）债券

债券是一种长期融资手段，每期只用偿还所发债券本金的 5%，但债券的利息相对较高，所发行的最大限额为企业净资产的 50%，也就是说随着企业规模的不断扩大，债券的可发行量也会逐渐提高。由于债券的以上特性，当企业进行固定资产购置时，就一定要注意通过债券的方式来进行，否则将会对现金流造成巨大的压力甚至出现现金流断裂。

## （2）银行贷款

银行贷款是一种短期的融资手段，当期借用，当期偿还，它的利率相对较低，但有一个信用额度，当企业累计贷款额超过这个额度的时候，银行将不会再为企业提供贷款。这个额度一般在 600 万至 1 200 万不等。银行贷款主要功能是缓解企业当期的资金周转困难，比如用于购买材料，支付工人工资、广告、促销等。

假如企业在生产安排完成后，在销售收入前的现金出现短缺，即使发放全部债券和全部贷款也无法弥补的时候，企业的现金流就发生了断裂。假如此时现金缺口不是很大，大约 10 万左右，最合适的方法是减少广告和促销的投入，只要略微降价便能弥补广告和促销减少。假如现金流缺口比较大，最理想的处理方法便是减少第 2 班的加班的生产，减产即可以减少工资支出，又可以减少原材料的购买，能节省大量的资金，而且只减少加班可以使企业的员工数量保持相对的稳定，从而确保企业下一期的生产计划得以正常进行。如果撤销所有第 2 班加班仍然无法弥补现金缺口，可以说企业已经岌岌可危了，此时减少或取消第 2 班加班，将会有一部分的机器将会被闲置，可以适当安排第 1 班加班来将这部分机器运用起来。由于第 2 班正班减产，工人将会出现大量闲置，此时不得不进行裁员，从而影响了企业下期的正常生产。

可见断流的后果极其严重，所需要做的就是做好财务管理，避免此类情况的出现。造成现金流断裂的原因主要有三个方面：其一是巨额的亏损；其二是过度的扩张；其三是销售不力。假如一个企业巨额亏损，企业的净资产就相应减少，固定资产每期变化很小，所以流动资产就会大量减少，现金就会短缺；同理，过度扩张的时候，企业的资产形式从流动资产大量地转向固定资产，也会造成现金的短缺。一旦出现不可弥补的现金流断裂，那整个企业的生产和销售都会受到严重影响，即使有大量的机器，却无法运行为企业盈利，反而成为企业的累赘，为企业增加大量的利息负担，可谓得不偿失。一般而言，所经营的企业处于一个比较乐观的宏观环境，所有的企业都可以盈利，只是多与少的区别，所以一般情况下不出现大的失误，很难出现巨额亏损的现象，所以断流一般都是由第二个原因引起的。但是很多高手比赛的时候也经常出现断流的现象，多数情况是由于销售不力造成的，也就是企业的销售收入没有达到预期的目标，大量产品堆积造成固定资产的增加，现金无法回收。同时，企业的盈利也受到影响，从而造成债券发放量缩水，融资能力变差。

为了避免现金流断裂的出现，首先需要避免过度扩张，首先必须对投入资源需要有清晰的认识。

① 机器：最耗用资金，也是最稀缺的资源，是利润的第一源泉。当购买机器时，需要一次性投入大量资金，并且隔期才可以使用。机器是按 20 期，每期 5％来折旧的，也就是说，你的一次性投入，可以使用 20 期。

② 工人：人力资源的获得相对容易，是利润的第二源泉。招聘工人不需要像买机器一样，预先付给工人 20 期的工资，而是当期结算。从招聘使用率上来看，25％当期便可使用，75％滞后一期，相比起机器来说，获得的速度也要快很多。

③ 原材料：原材料的购买也是消耗现金的一个重要部分，由于当期可用比例的存在，本期购买的一半材料将会以固定资产的形式保存。

特别要注意的是，当机器数量增加的时候，工人工资及原材料购买所需要的资金也会相应提升，现金的耗用量也将会提高。特别是高工资的历史下，工资支出将是销售前支出中比例较大的一项。

④ 广告和促销：广告和促销的投入很灵活，可以增加，也可以减少。

⑤ 研发：研发费用一次性投入现金，通过两期分摊成本。当企业运转没有达到预期的时候，可以适当地减少研发的投入。

避免现金流断裂的关键在于合理地计划使用贷款，可以平均地使用贷款。贷款一般分4期，从第3期开始贷款，一直到第6期。每期大约使用200万元左右，200万元资金缺口通过一期便可填平，可以最大限度地避免断流的风险。一般而言在第6期期末便不会再大量购买机器，产品的可供货物系数一般是75%，也就是说，第8期即使到了机器，也只产生了75%的效果，还有25%的产品会以库存的形式存在，而产品的生产成本是明显高于库存价值的，所以又会损失一部分利润。所以第8期到了机器，也不能完全发挥一台机器的效果。

# 10.6 评分计算

以下角色需要了解本节：CEO、CFO、COO、CSO、CHO。

当期评分的计算方法在规则中已经有介绍：评定的方法是先按这些指标分别计算标准分，再按设定的权重计算出综合评分。各项指标的权重分别为：0.1，0.15，0.15，0.15，0.15，0.15，0.15，其中市场份额是按各个产品在各个市场的销售数量的占有率，分别计算标准分后再求平均的。标准分的算法是先求全部企业某指标的均值和标准差，用企业的指标减去均值，再除以该指标的标准差。用一句简单的话来概括就是，假如你在某项评分上超越你对手的平均水平越大，你的分数将越高。当期评分并不是最后的综合评分，计算方法如下：

综合评分＝（上期的综合评分＋本期综合评分）/2。

假定比赛是8期，第1期的评分权重为1/256，第7期的评分权重为1/4，第8期的评分权重为1/2。可见后期的得分是决定比赛胜负的关键，前期适当地铺垫来获得后期的优势是非常必要的，而研发是最好的方式。

## 思 考 题

1. 生产排班时考虑的因素有哪些？常见的排班方式有哪些？

2. 影响废品率的因素有哪些？

3. 在资金链面临即将断裂的情况下，通常有哪些补救措施？

# 第11章 实战复盘分析

本章为决赛实战复盘分析，所有分析将基于 2010 年全国高等院校企业模拟竞争决赛相关背景和数据，所分析队伍为"初露锋芒"队。如果想了解更多当时决赛情景，可以登录 http：//contest. bizsim. cn/进行了解。

**第一期决策思路**：通过仔细分析此次决赛的规则，发现该历史给的是低工资，第一班正班 3 元，第一班加班 4.5 元，第二班正班 4 元，第二班加班 6 元。这样的历史适合提高工资系数来减少废品损失，而 1.3 的工资系数能确保产品 3 和产品 4 在这样的供货下不出现废品。历史上拥有 110 台机器，却只拥有 140 个工人，工人的数量极度匮乏，需要最大量地招聘工人。由于员工人数的匮乏，产品 1 和产品 2 的产量相当有限，而且历史的定价相当低，产品 1 和产品 2 利润相当微薄且缺货数量巨大，历史决策只向市场 1～市场 3 进行供货，市场 4 缺货数量巨大，所以第一期适宜放弃产品 1 和产品 2 的市场 4，并且把所有的产品 1 和产品 2 全面提价，以达到供需平衡，使利润最大化。为了最大限度的缓解工人紧缺，第二班加班安排第二班正班产量的一半。由于研发早投入多受益的特点，每个产

| 价格 | 市场1 | 市场2 | 市场3 | 市场4 | 广告 |
|---|---|---|---|---|---|
| 产品1 | 3600 | 3600 | 3900 | 4000 | 20000 |
| 产品2 | 5800 | 5800 | 6300 | 6500 | 20000 |
| 产品3 | 10000 | 10000 | 10000 | 10300 | 20000 |
| 产品4 | 11400 | 11400 | 11400 | 11700 | 20000 |
| 促销费 | 20000 | 20000 | 20000 | 20000 | |

| 向市场供货量 | 市场1 | 市场2 | 市场3 | 市场4 |
|---|---|---|---|---|
| 产品1 | 48 | 48 | 49 | 0 |
| 产品2 | 68 | 68 | 69 | 0 |
| 产品3 | 23 | 23 | 23 | 23 |
| 产品4 | 20 | 20 | 20 | 20 |

| 生产安排 | 第一班 | | 第二班 | | |
|---|---|---|---|---|---|
| 产品数量 | 正班 | 加班 | 正班 | 加班 | 产品研发费用 |
| 产品1 | 69 | 0 | 0 | 0 | 100000 |
| 产品2 | 198 | 0 | 0 | 0 | 150000 |
| 产品3 | 33 | 0 | 62 | 31 | 300000 |
| 产品4 | 0 | 0 | 72 | 36 | 500000 |
| 发展 | 新雇人数 | 辞退人数 | 买机器数 | 买原材料 | |
| | 70 | 5 | 100 | 1000000 | |
| 财务 | 银行贷款 | 发债券 | 买国债 | 分红 | 工资系数(1~2) |
| | 0 | 5000000 | 0 | 10000 | 1.3 |

图 11-1 "初露锋芒"队第一期决策

品都研发了一级，对产品 3 和产品 4 而言，是第一次进入市场，先进入市场的企业相对于后面进入的企业具有市场优势。由于第一期招了 70 个工人，机器却是在第 3 期到达的，所以第 2 期的工人会有一定富余；如果第一期买太多的机器，则第 2 期就需要招聘大量的工人，造成第 2 期的工人过剩，产品结构不合理，所以权衡再三，决定在第一期只购买 100 台机器。预计期末现金为 350 万元，预留 50 万元的误差空间，如果达到销售目标，第 2 期便可不动用银行贷款。即使出现零需求的意外，预留的 200 万元的债券可以将影响降到最低。假如大家都不选择分红，分红 1 万元便能拿到非常高的分红分，在前期占有一定优势。第一期具体决策参见图 11-1。

**第一期结果分析**：通过对各企业当期利润和研发分析，发现最高与最低的利润差距只有 34 万元，各企业均投入了研发，所以，这场比赛注定了会是一场激烈的比赛。"初露锋芒"队排名第四（图 11-2），完全实现了第一期的销售目标，而且产品 3 和产品 4 出现了大量的未交订货（图 11-3）。

| 公司 | 综合评分 | 总评名次 | 工人数 | 机器数 | 债券 | 工资系数 | 累计研发 | 累计分红 | 净资产 | 人均利润率 | 资本利润率 |
|---|---|---|---|---|---|---|---|---|---|---|---|
| 同济大学MBA中心2队 | 0.512 | 1 | 1 | 1 | 6 | 1 | 1 | 1 | 8 | 1 | 2 |
| 三明竹海 | 0.268 | 2 | 1 | 1 | 2 | 7 | 1 | 2 | 7 | 3 | 4 |
| 梦想 | 0.266 | 3 | 1 | 1 | 10 | 5 | 1 | 7 | 1 | 2 | 1 |
| 初露锋芒 | 0.123 | 4 | 1 | 1 | 8 | 10 | 1 | 5 | 2 | 4 | 3 |
| 宫崎骏小组 | -0.070 | 5 | 10 | 1 | 9 | 3 | 1 | 3 | 3 | 5 | 5 |
| 炎黄 | -0.071 | 6 | 1 | 1 | 2 | 1 | 7 | 4 | 6 | 6 |
| nobody | -0.078 | 7 | 1 | 1 | 7 | 6 | 1 | 5 | 6 | 7 |
| 深蓝守护者 | -0.122 | 8 | 1 | 1 | 3 | 3 | 1 | 7 | 5 | 8 | 8 |
| 褚墨 | -0.401 | 9 | 1 | 1 | 8 | 8 | 1 | 3 | 9 | 9 | 9 |
| yogurt | -0.427 | 10 | 1 | 1 | 3 | 8 | 1 | 3 | 10 | 10 | 10 |

**图 11-2 第一期各企业分项指标排序**

| 产品 | 市场 | 上期预订 | 本期需求 | 本期销售 | 市场份额 | 下期订货 | 期末库存 | 废品 |
|---|---|---|---|---|---|---|---|---|
| 1 | 1 | 7 | 40 | 47 | 9.94% | 0 | 0 | 1 |
| 1 | 2 | 7 | 40 | 47 | 9.89% | 0 | 0 | 1 |
| 1 | 3 | 10 | 48 | 48 | 7.34% | 2 | 0 | 1 |
| 1 | 4 | 35 | 34 | 0 | 0.00% | 7 | 0 | 0 |
| 2 | 1 | 15 | 52 | 67 | 19.71% | 0 | 0 | 1 |
| 2 | 2 | 15 | 52 | 67 | 22.94% | 0 | 0 | 1 |
| 2 | 3 | 20 | 54 | 68 | 14.53% | 1 | 0 | 1 |
| 2 | 4 | 29 | 31 | 0 | 0.00% | 8 | 0 | 0 |
| 3 | 1 | 0 | 23 | 23 | 12.92% | 0 | 0 | 0 |
| 3 | 2 | 0 | 23 | 23 | 12.78% | 0 | 0 | 0 |
| 3 | 3 | 0 | 30 | 23 | 9.96% | 2 | 0 | 0 |
| 3 | 4 | 0 | 33 | 23 | 9.13% | 2 | 0 | 0 |
| 4 | 1 | 0 | 28 | 20 | 11.83% | 3 | 0 | 0 |
| 4 | 2 | 0 | 27 | 20 | 11.49% | 2 | 0 | 0 |
| 4 | 3 | 0 | 43 | 20 | 7.97% | 6 | 0 | 0 |
| 4 | 4 | 0 | 50 | 20 | 7.17% | 7 | 0 | 0 |

**图 11-3 第一期"初露锋芒"队产品市场状况**

"同济大学 MBA 中心 2 队"在第一期取得了很大的优势，利润值遥遥领先，可以推断他们产品缺货数量很少，下期不会因为缺货产生利润损失，并且以 15 万元的分红，保证了中期的绝对优势。10 个企业中有 4 个企业选择了 10 万元以上的分红（图 11-4），在低工资的历史下，企业的期末现金往往会低于 300 万元的最低标准，无法分红，前期选择

| 公司 | 本期收入 (元) | 本期成本 (元) | 本期利润 (元) | 累计纳税 (元) | 累计分红 (元) | 期末现金 (元) | 净资产 (元) | 综合分 |
|---|---|---|---|---|---|---|---|---|
| 褐墨 | 3,053,977.00 | 2,602,750.62 | 451,226.38 | 834,449.51 | 100,000.00 | 3,054,739.85 | 15,453,492.85 | -0.401 |
| 同济大学MBA中心2队 | 3,602,878.00 | 2,816,126.85 | 786,751.15 | 935,106.94 | 150,000.00 | 3,892,764.03 | 15,638,360.19 | 0.512 |
| 初露锋芒 | 3,527,500.00 | 2,832,325.62 | 695,174.38 | 907,633.91 | 10,000.00 | 3,540,585.68 | 15,714,256.45 | 0.123 |
| 炎黄 | 3,593,397.00 | 2,958,694.67 | 634,702.33 | 889,492.30 | 0.00 | 3,543,857.63 | 15,681,926.02 | -0.071 |
| nobody | 3,461,850.00 | 2,850,425.78 | 611,424.22 | 882,508.86 | 10,000.00 | 3,297,865.96 | 15,655,631.34 | -0.078 |
| 深蓝守护者 | 3,295,810.00 | 2,673,447.78 | 622,362.22 | 885,790.26 | 0.00 | 3,987,567.94 | 15,673,287.94 | -0.122 |
| 宫崎骏小组 | 3,311,360.00 | 2,675,148.37 | 636,211.63 | 889,945.09 | 0.00 | 3,799,957.91 | 15,682,982.53 | -0.070 |
| 三明竹海 | 3,583,355.00 | 2,865,419.83 | 717,935.17 | 914,462.15 | 101,001.00 | 3,995,858.00 | 15,639,188.00 | 0.268 |
| 梦想 | 3,514,450.00 | 2,770,830.13 | 743,619.87 | 922,167.56 | 0.00 | 3,531,279.06 | 15,758,168.29 | 0.266 |
| yogurt | 3,059,603.00 | 2,618,512.01 | 441,090.99 | 831,408.90 | 100,000.00 | 3,071,923.54 | 15,446,398.08 | -0.427 |

图 11-4　第一期各企业主要指标

分红的企业将具备很大优势。

**第二期决策思路**：第一期新雇的 79 名员工到位，员工数量充足。另外因为在第一期中，产品 1 的生产数量很低，库存特别少，而产品 3 和产品 4 在第一期的生产后，已经拥有了一部分库存，所以本期决定把生产的重心转向产品 1 和产品 2。同时考虑到要为下期新机器的到来做好准备，这期需要招聘到足够的工人，所以第二班加班在机器全部使用的基础上尽量生产产品 4 使加班人数最少，使整体员工的需求达到最大。由于第一期市场 3 和市场 4 缺货数量大于市场 1 和市场 2 的数量，所以在市场 3 和市场 4 上要供应更多的产品 4。考虑到第一期是刚刚开拓了市场，根据经验在第二期，产品 3 和产品 4 的需求会大幅增加，所以在没有增加产量的情况下，还需较大幅度地提高产品 3 和产品 4 的价格。

在工资系数 1.34 的情况下，产品 1 和产品 2 一般不会出现任何次品。由于第一期保留了一部分债券，所以这一期还能购买 40 台机器，发行债券 150 万元，预留现金 182 万元。虽然这期在销售前现金还剩余很多，但若不发行债券，将会导致期末现金只有 32 万元，那下期期初必须贷款 268 万元来达到 300 万元最低现金要求，对于总共只有 800 万元的信用额度来说，268 万元的第一期贷款将会导致后期贷款额捉襟见肘。产品研发依旧全部投入，为后期利润爆发作铺垫。第二期具体决策参见（图 11-5）。

| 价格 | 市场1 | 市场2 | 市场3 | 市场4 | 广告 |
|---|---|---|---|---|---|
| 产品1 | 3500 | 3500 | 3800 | 3900 | 20000 |
| 产品2 | 5850 | 5850 | 6350 | 6400 | 20000 |
| 产品3 | 10600 | 10600 | 10900 | 11100 | 20000 |
| 产品4 | 12400 | 12400 | 12800 | 13300 | 20000 |
| 促销费 | 20000 | 20000 | 20000 | 20000 | |

| 向市场供货量 | 市场1 | 市场2 | 市场3 | 市场4 |
|---|---|---|---|---|
| 产品1 | 66 | 66 | 66 | 66 |
| 产品2 | 55 | 55 | 55 | 55 |
| 产品3 | 23 | 23 | 23 | 23 |
| 产品4 | 18 | 18 | 22 | 22 |

| 生产安排 | 第一班 | | 第二班 | | 产品研发费用 |
|---|---|---|---|---|---|
| 产品数量 | 正班 | 加班 | 正班 | 加班 | |
| 产品1 | 328 | 0 | 0 | 0 | 100000 |
| 产品2 | 99 | 0 | 128 | 0 | 130000 |
| 产品3 | 0 | 0 | 74 | 4 | 180000 |
| 产品4 | 0 | 0 | 10 | 60 | 100000 |

| 发展 | 薪雇人数 | 薪退人数 | 买机器数 | 买原材料 | |
|---|---|---|---|---|---|
| | 76 | 7 | 40 | 1000000 | |

| 财务 | 银行贷款 | 发债券 | 买国债 | 分红 | 工资系数 (1~2) |
|---|---|---|---|---|---|
| | 0 | 1500000 | 0 | 0 | 1.34 |

图 11-5　"初露锋芒"队第二期决策

**第二期结果分析**："初露锋芒"队成功上升至第二名（图 11-6）。

| 公司 | 综合评分 | 总评名次 | 工人数 | 机器数 | 债券 | 工资系数 | 累计研发 | 累计分红 | 净资产 | 人均利润率 | 资本利润率 |
|---|---|---|---|---|---|---|---|---|---|---|---|
| 同济大学MBA中心2队 | 0.559 | 1 | 1 | 6 | 2 | 7 | 2 | 1 | 5 | 4 | 5 |
| 初露锋芒 | 0.176 | 2 | 10 | 6 | 6 | 3 | 2 | 5 | 2 | 1 | 3 |
| 炎黄 | 0.106 | 3 | 1 | 3 | 8 | 3 | 10 | 7 | 1 | 2 | 1 |
| 深蓝守护者 | 0.085 | 4 | 1 | 6 | 9 | 7 | 2 | 7 | 3 | 3 | 2 |
| 宫崎骏小组 | 0.038 | 5 | 8 | 9 | 10 | 7 | 2 | 7 | 4 | 5 | 4 |
| 三明竹海 | -0.057 | 6 | 1 | 4 | 3 | 6 | 2 | 2 | 8 | 7 | 7 |
| nobody | -0.177 | 7 | 9 | 4 | 1 | 1 | 2 | 5 | 6 | 6 | 6 |
| 梦想 | -0.327 | 8 | 7 | 10 | 7 | 2 | 2 | 7 | 7 | 10 | 10 |
| 褪墨 | -0.579 | 9 | 1 | 1 | 4 | 10 | 1 | 3 | 9 | 8 | 8 |
| yogurt | -0.629 | 10 | 1 | 2 | 5 | 3 | 2 | 3 | 10 | 9 | 9 |

**图 11-6　第二期各企业分项指标排序**

企业的期末现金 172 万元，与当初预计只有 10 万元的差额。预计的销售目标基本实现，产品 1 有一部分库存，产品 3 和产品 4 依旧出现了大量的缺货（图 11-7），造成利润大量损失。

| 产品 | 市场 | 上期预订 | 本期需求 | 本期销售 | 市场占有率 | 下期订货 | 期末库存 | 废品 |
|---|---|---|---|---|---|---|---|---|
| 1 | 1 | 0 | 59 | 59 | 11.66% | 0 | 7 | 0 |
| 1 | 2 | 0 | 59 | 59 | 11.68% | 0 | 7 | 0 |
| 1 | 3 | 2 | 66 | 66 | 8.80% | 0 | 0 | 0 |
| 1 | 4 | 7 | 49 | 56 | 7.16% | 0 | 10 | 0 |
| 2 | 1 | 0 | 55 | 55 | 14.59% | 0 | 0 | 0 |
| 2 | 2 | 0 | 55 | 55 | 13.68% | 0 | 0 | 0 |
| 2 | 3 | 1 | 56 | 55 | 9.27% | 0 | 0 | 0 |
| 2 | 4 | 8 | 42 | 50 | 8.70% | 0 | 5 | 0 |
| 3 | 1 | 0 | 23 | 23 | 12.17% | 0 | 0 | 0 |
| 3 | 2 | 0 | 23 | 23 | 13.85% | 0 | 0 | 0 |
| 3 | 3 | 2 | 32 | 23 | 9.09% | 0 | 0 | 0 |
| 3 | 4 | 2 | 32 | 23 | 7.90% | 2 | 0 | 0 |
| 4 | 1 | 3 | 20 | 18 | 10.53% | 0 | 0 | 0 |
| 4 | 2 | 0 | 20 | 18 | 12.00% | 0 | 0 | 0 |
| 4 | 3 | 6 | 39 | 22 | 9.05% | 6 | 0 | 0 |
| 4 | 4 | 4 | 30 | 22 | 7.83% | 3 | 0 | 0 |

**图 11-7　第二期"初露锋芒"队产品的市场状况**

通过对各企业的主要指标分析（图 11-7），可以判断"炎黄"队至少放弃了 1 个产品的研发，虽然当期利润最高，如果减去 5 万元的研发分摊，在利润上也没有任何优势。除此之外，企业依然采用全研发战略将决胜留在后期。原本以为"褪墨"队在研发上填错了数字，导致利润偏低，后来得知他们只是多了 1 元的研发费用，"同济大学 MBA 中心 2 队"依然凭借第一期的出色表现，远远领先于其他选手。从分项指标排序来看，海事大学的"褪墨"和"yogurt"两队拥有大量的机器和工人，在下期具有一定的产能优势，而"初露锋芒"队机器排名第 6，排名倒数第 2，工人数第 10，排名倒数第 1，在下期的竞争中将处于一定的劣势。

**第三期决策思路**：由于机器的到来，企业的产能大幅提高，所以广告和促销的投入需要增长很多，从 2 万元增到了 5 万～6 万元，并且前期一直有研发，虽然供货数量有大幅增加，但是整体价格有一定的增长。上期购买了 40 台机器，本期需要雇佣一定工人来满足下期需求。基本而言从第三期开始，企业开始进入最大化的负债状态来谋求最快的发展速度，这期把剩余的债券全部发放完毕，开始动用银行贷款来填平资金缺口，使销售前收入贴零运营。由于大家前期都在全力研发，整体的利润额都比较低，投入研发造成的利润减少不会在评分上产生较大的劣势，大量投入研发以获得后期的竞争优势。预留现金 195 万元，将下期的银行贷款使用量控制在 200 万元左右，如图 11-8 所示。

| 价格 | 市场1 | 市场2 | 市场3 | 市场4 | 广告 |
|---|---|---|---|---|---|
| 产品1 | 3580 | 3580 | 3880 | 3980 | 50000 |
| 产品2 | 6000 | 6000 | 6500 | 6500 | 50000 |
| 产品3 | 10600 | 10600 | 10700 | 10900 | 60000 |
| 产品4 | 12200 | 12200 | 12600 | 12900 | 60000 |
| 促销费 | 50000 | 50000 | 50000 | 50000 | |

| 向市场供货量 | 市场1 | 市场2 | 市场3 | 市场4 |
|---|---|---|---|---|
| 产品1 | 68 | 68 | 83 | 54 |
| 产品2 | 57 | 58 | 58 | 58 |
| 产品3 | 39 | 40 | 59 | 59 |
| 产品4 | 36 | 36 | 61 | 62 |

| 生产安排 | 第一班 | | 第二班 | | 产品研发费用 |
|---|---|---|---|---|---|
| 产品数量 | 正班 | 加班 | 正班 | 加班 | |
| 产品1 | 255 | 0 | 0 | 0 | 100000 |
| 产品2 | 232 | 0 | 0 | 0 | 120000 |
| 产品3 | 92 | 0 | 138 | 6 | 120000 |
| 产品4 | 0 | 0 | 120 | 116 | 120000 |
| 发展 | 新雇人数 | 辞退人数 | 买机器数 | 买原材料 | |
| | 77 | 9 | 25 | 2000000 | |
| 财务 | 银行贷款 | 发债券 | 买国债 | 分红 | 工资系数(1~2) |
| | 1879284 | 1317000 | 0 | 0 | 1.34 |

图 11-8　"初露锋芒"队第三期决策

**第三期结果分析**：本期褪墨队凭借其产能的巨大优势，取得了绝对的利润优势，累计纳税已经开始追赶上来，并且第一期分红 10 万元的优势开始体现出来，综合分从 -0.579 一举增长到 0.108，增长量相当惊人，如图 11-9 所示。

| 公司 | 本期收入(元) | 本期成本(元) | 本期利润(元) | 累计纳税(元) | 累计分红(元) | 期末现金(元) | 净资产(元) | 综合分 |
|---|---|---|---|---|---|---|---|---|
| 褪墨 | 8,150,888.00 | 5,507,555.25 | 2,643,332.75 | 1,771,235.27 | 103,530.62 | 2,617,074.57 | 17,565,995.33 | 0.108 |
| 同济大学MBA中心2队 | 6,874,800.00 | 4,744,829.11 | 2,129,970.89 | 1,787,666.89 | 155,295.94 | 3,287,527.95 | 17,543,385.64 | 0.203 |
| 初露锋芒 | 6,987,560.00 | 4,817,281.12 | 2,170,278.88 | 1,773,850.43 | 10,353.06 | 1,708,201.88 | 17,653,308.80 | -0.010 |
| 炎黄 | 7,342,860.00 | 4,894,612.58 | 2,448,247.42 | 1,855,345.01 | 0.00 | 1,466,819.32 | 17,854,279.71 | 0.122 |
| nobody | 7,115,640.00 | 4,807,011.17 | 2,308,628.83 | 1,758,697.38 | 10,353.06 | 2,305,562.16 | 17,621,251.39 | -0.071 |
| 深蓝守护者 | 6,764,250.00 | 4,592,536.79 | 2,171,713.21 | 1,762,257.77 | 0.00 | 2,737,247.56 | 17,637,633.71 | -0.119 |
| 宫崎骏小组 | 5,952,950.00 | 4,290,789.10 | 1,662,160.90 | 1,592,887.43 | 0.00 | 2,814,058.95 | 17,242,928.95 | -0.778 |
| 三明竹海 | 6,822,065.00 | 4,636,945.96 | 2,185,119.04 | 1,726,450.12 | 104,566.97 | 649,203.00 | 17,453,509.15 | -0.121 |
| 梦想 | 7,129,080.00 | 5,108,415.19 | 2,020,664.81 | 1,665,617.79 | 0.00 | 1,236,521.69 | 17,412,714.77 | -0.513 |
| yogurt | 7,938,342.00 | 5,461,916.94 | 2,476,425.06 | 1,711,080.97 | 103,530.62 | 2,983,157.70 | 17,426,164.04 | -0.208 |

图 11-9　第三期各企业主要指标

"炎黄"队由于放弃了大量的研发，机器排名位列第一，估计是想凭借巨大的产能来创造利润。炎黄队当期利润也相当可观，累计纳税排名冲上第 1，但由于他们没有分红，分数上还是要落后于"同济大学 MBA 中心 2 队"。"初露锋芒"队由于第三期的产能落后较多，且大量研发，利润上只能处于中游水平，分红和累税也不存在任何优势，使得综合评分下降得很明显，排名跌落到第 4（图 11-10）。

"初露锋芒"队第二期买了不少机器，产能应逐渐赶上来。同时，该队在第三期实际期末现金为 170 万元（图 11-11），与预计相差 25 万元。

| 公司 | 综合评分 | 总评名次 | 工人数 | 机器数 | 债券 | 工资系数 | 累计研发 | 累计分红 | 净资产 | 人均利润率 | 资本利润率 |
|---|---|---|---|---|---|---|---|---|---|---|---|
| 同济大学MBA中心2队 | 0.203 | 1 | 4 | 5 | 5 | 1 | 3 | 1 | 6 | 9 | 8 |
| 炎黄 | 0.122 | 2 | 2 | 1 | 1 | 9 | 10 | 7 | 1 | 8 | 3 |
| 褐墨 | 0.108 | 3 | 3 | 5 | 8 | 7 | 2 | 3 | 5 | 1 | 1 |
| 初露锋芒 | -0.010 | 4 | 8 | 3 | 2 | 9 | 3 | 5 | 2 | 3 | 7 |
| nobody | -0.071 | 5 | 7 | 4 | 6 | 3 | 3 | 5 | 4 | 2 | 4 |
| 深蓝守护者 | -0.119 | 6 | 6 | 5 | 3 | 5 | 7 | 3 | 7 | 4 | 6 |
| 三明竹海 | -0.121 | 7 | 5 | 2 | 7 | 5 | 9 | 2 | 7 | 6 | 5 |
| yogurt | -0.208 | 8 | 1 | 8 | 9 | 3 | 3 | 8 | 3 | 7 | 2 |
| 梦想 | -0.513 | 9 | 9 | 8 | 4 | 1 | 1 | 7 | 9 | 5 | 9 |
| 宫崎骏小组 | -0.778 | 10 | 10 | 10 | 10 | 3 | 7 | 10 | 10 | 10 | 10 |

**图 11-10  第三期各企业分项指标排序**

| 指　标 | 数　值 | 排　名 |
|---|---|---|
| 工人数 | 342 | 8 |
| 机器数 | 250 | 3 |
| 原材料 | 1,116,400.00 | 3 |
| 现　金 | 1,708,201.88 | 7 |
| 累计折旧 | 6,550,000.00 | 6 |
| 银行信用额度 | 6,120,716.00 | 7 |
| 国　债 | 0.00 | 1 |
| 债　券 | 7,692,000.00 | 2 |
| 累计研发费 | 2,320,000.00 | 3 |
| 本期利润 | 2,170,278.88 | 7 |
| 本期交税 | 651,083.66 | 7 |
| 累计交税 | 1,773,850.43 | 3 |
| 交税信用 | 0.00 | 1 |
| 累计分红 | 10,353.06 | 5 |
| 净资产 | 17,653,308.80 | 2 |
| 人均利润率 | 6,345.84 | 3 |
| 总资本利润率 | 0.0856 | 7 |
| 综合评分 | -0.010 | 4 |

**图 11-11  第三期"初露锋芒"队各指标数值及排名**

　　缺货的情况终于得到缓解，只有产品4还有一定订货，库存则主要集中在市场1和市场2，这也决定了"初露锋芒"队后期会侧重于市场3和市场4（图11-12）。

　　**第四期决策思路**：本期新到了40台机器，"初露锋芒"队产能增加了很多。由于产品1和产品2供需已经比较稳定，产品3和产品4还有一定缺货，所以这期产品3和产品4的供货量需大大提高。另外，因提高了工资系数，并且产品1和产品2比较耗费人时，而产品3和产品4主要是耗用机时，所以提高工资系数增加的工资成本更多地分摊在产品1和产品2上，而且产品3和产品4生产成本高，减少一个废品所带来的收益是相当可观的。广告和促销也随着供货量的增加，每个都提高了1万（图11-13）。由于第三期市场非

| 产品 | 市场 | 上期预订(件) | 本期需求(件) | 本期销售(件) | 市场份额(%) | 下期订货(件) | 期末库存(件) | 废品(件) |
|---|---|---|---|---|---|---|---|---|
| 1 | 1 | 0 | 65 | 65 | 10.00% | 0 | 10 | 0 |
| 1 | 2 | 0 | 65 | 65 | 10.03% | 0 | 10 | 0 |
| 1 | 3 | 0 | 83 | 83 | 8.81% | 0 | 0 | 0 |
| 1 | 4 | 0 | 64 | 64 | 7.03% | 0 | 0 | 0 |
| 2 | 1 | 0 | 55 | 55 | 9.91% | 0 | 2 | 0 |
| 2 | 2 | 0 | 56 | 56 | 9.95% | 0 | 2 | 0 |
| 2 | 3 | 0 | 58 | 58 | 6.90% | 0 | 0 | 0 |
| 2 | 4 | 0 | 63 | 63 | 7.33% | 0 | 0 | 0 |
| 3 | 1 | 0 | 30 | 30 | 9.49% | 0 | 9 | 0 |
| 3 | 2 | 0 | 32 | 32 | 10.22% | 0 | 8 | 0 |
| 3 | 3 | 3 | 56 | 59 | 10.79% | 0 | 0 | 0 |
| 3 | 4 | 2 | 57 | 59 | 10.28% | 0 | 0 | 0 |
| 4 | 1 | 2 | 37 | 36 | 10.84% | 1 | 0 | 0 |
| 4 | 2 | 1 | 38 | 36 | 11.08% | 1 | 0 | 0 |
| 4 | 3 | 6 | 68 | 60 | 10.45% | 4 | 0 | 1 |
| 4 | 4 | 3 | 60 | 61 | 9.98% | 0 | 0 | 1 |

图 11-12 第三期 "初露锋芒" 队产品的市场状况

| 价格 | 市场1 | 市场2 | 市场3 | 市场4 | 广告 |
|---|---|---|---|---|---|
| 产品1 | 3530 | 3530 | 3830 | 3930 | 60000 |
| 产品2 | 5920 | 5920 | 6420 | 6420 | 60000 |
| 产品3 | 10000 | 10000 | 10100 | 10300 | 70000 |
| 产品4 | 12000 | 12000 | 12500 | 12600 | 70000 |
| 促销费 | 60000 | 60000 | 60000 | 60000 | |

| 向市场供货量 | 市场1 | 市场2 | 市场3 | 市场4 |
|---|---|---|---|---|
| 产品1 | 68 | 68 | 99 | 78 |
| 产品2 | 65 | 66 | 73 | 81 |
| 产品3 | 47 | 49 | 88 | 88 |
| 产品4 | 47 | 48 | 83 | 76 |

| 生产安排 | 第一班 | | 第二班 | | |
|---|---|---|---|---|---|
| 产品数量 | 正班 | 加班 | 正班 | 加班 | 产品研发费用 |
| 产品1 | 332 | 0 | 0 | 0 | 100000 |
| 产品2 | 303 | 0 | 0 | 0 | 100000 |
| 产品3 | 89 | 0 | 145 | 50 | 120000 |
| 产品4 | 0 | 0 | 160 | 100 | 130000 |
| 发展 | 新雇人数 | 辞退人数 | 买机器数 | 买原材料 | |
| | 72 | 11 | 38 | 1500000 | |
| 财务 | 银行贷款 | 发债券 | 买国债 | 分红 | 工资系数(1~2) |
| | 2177571 | 1134000 | 0 | 0 | 1.39 |

图 11-13 "初露锋芒" 队第四期决策

常好，利润值达到了 217 万，企业可以发行 100 多万的债券，可见市场的发展空间还是非常巨大的，购买机器的力度较大。工资系数由于产品 3 和产品 4 供货量的提升，又提升到了 1.39，确保不出现废品。产品依然全部研发，这样可以提高后面几期资本利润率，获得更多的后期得分。本期预留现金 214 万，下期贷款控制在 200 万左右。

**第四期结果分析**：这期"三明竹海"凭借着超高的利润，从上一期的第 7 名迅速冲上了第 2 名，比赛竞争相当激烈。"同济大学 MBA 中心 2 队"虽然依旧保持第 1 名，但是他们机器排名第 9，产能相对不足，领先优势已经非常微弱，然而"同济大学 MBA 中心 2 队"依然保持着一定优势，他们是分数为正的企业中唯一还保持全部研发的队伍，有着较强的后劲。"褪墨"依旧表现强劲，但是由于期末现金较低，所以当期分数受到了很大的影响，排名下滑。"初露锋芒"队此次下滑到了第 7 名，各个指标都只处于中游水平，前景堪忧。各企业主要指标及分项指标排序见图 11-14 和图 11-15。

| 公司 | 本期收入（元） | 本期成本（元） | 本期利润（元） | 累计纳税（元） | 累计分红（元） | 期末现金（元） | 净资产（元） | 综合分 |
|---|---|---|---|---|---|---|---|---|
| 褐墨 | 8,781,713.00 | 5,854,346.49 | 2,927,366.51 | 2,680,441.84 | 105,342.41 | 1,455,374.76 | 19,615,151.89 | 0.144 |
| 同济大学MBA中心2队 | 9,311,090.00 | 6,330,243.66 | 2,980,846.34 | 2,713,204.96 | 158,013.62 | 2,595,491.16 | 19,629,978.08 | 0.310 |
| 初露锋芒 | 9,140,310.00 | 6,308,723.80 | 2,831,586.20 | 2,654,368.67 | 10,534.24 | 2,125,762.22 | 19,635,419.14 | -0.102 |
| 炎黄 | 9,490,050.00 | 6,454,144.42 | 3,035,905.58 | 2,798,585.23 | 0.00 | 2,474,771.38 | 19,979,413.62 | 0.197 |
| nobody | 8,926,120.00 | 6,026,915.00 | 2,899,205.00 | 2,659,236.09 | 10,534.24 | 2,542,227.20 | 19,650,694.89 | -0.034 |
| 深蓝守护者 | 8,970,630.00 | 6,018,844.23 | 2,951,785.77 | 2,678,633.01 | 0.00 | 2,664,855.29 | 19,703,883.76 | -0.016 |
| 宫崎骏小组 | 7,951,300.00 | 5,599,780.89 | 2,351,519.11 | 2,326,218.69 | 0.00 | 1,527,910.01 | 18,888,992.32 | -1.352 |
| 三明竹海 | 9,430,250.00 | 6,321,821.13 | 3,108,428.87 | 2,689,191.66 | 106,396.89 | 2,659,807.82 | 19,629,409.36 | 0.266 |
| 梦想 | 8,414,920.00 | 5,614,564.01 | 2,800,355.99 | 2,534,872.90 | 0.00 | 799,665.65 | 19,372,963.96 | -0.595 |
| yogurt | 8,695,955.00 | 6,030,815.79 | 2,665,139.21 | 2,540,566.65 | 105,342.41 | 975,088.22 | 19,291,761.49 | -0.512 |

图 11-14　第四期各企业主要指标

| 公司 | 综合评分 | 总评名次 | 工人数 | 机器数 | 债务 | 工资系数 | 累计研发 | 累计分红 | 净资产 | 人均利润率 | 资本利润率 |
|---|---|---|---|---|---|---|---|---|---|---|---|
| 同济大学MBA中心2队 | 0.310 | 1 | 3 | 9 | 6 | 2 | 2 | 1 | 5 | 6 | 3 |
| 三明竹海 | 0.266 | 2 | 4 | 8 | 7 | 5 | 9 | 2 | 6 | 1 | 1 |
| 炎黄 | 0.197 | 3 | 1 | 1 | 8 | 9 | 10 | 7 | 1 | 8 | 2 |
| 褐墨 | 0.144 | 4 | 5 | 7 | 9 | 10 | 7 | 4 | 7 | 4 | 5 |
| 深蓝守护者 | -0.016 | 5 | 8 | 5 | 3 | 2 | 2 | 7 | 2 | 2 | 4 |
| nobody | -0.034 | 6 | 9 | 6 | 4 | 7 | 2 | 5 | 3 | 3 | 6 |
| 初露锋芒 | -0.102 | 7 | 6 | 3 | 2 | 1 | 2 | 5 | 4 | 5 | 8 |
| yogurt | -0.512 | 8 | 2 | 8 | 8 | 8 | 1 | 3 | 9 | 10 | 9 |
| 梦想 | -0.595 | 9 | 7 | 3 | 5 | 6 | 8 | 9 | 8 | 7 | 7 |
| 宫崎骏小组 | -1.352 | 10 | 10 | 10 | 10 | 5 | 2 | 7 | 10 | 9 | 10 |

图 11-15　第四期各企业分项指标排序

"初露锋芒"队虽然这期销售达到了预期目标，实际期末现金 212 万，只有少量库存，但是缺货较多，造成一定利润损失，见图 11-16。

| 产品 | 市场 | 上期预订 | 本期需求 | 本期销售 | 市场份额 | 下期订货 | 期末库存 | 成品 |
|---|---|---|---|---|---|---|---|---|
| 1 | 1 | 0 | 79 | 78 | 10.83% | 0 | 0 | 0 |
| 1 | 2 | 0 | 79 | 78 | 10.88% | 0 | 0 | 0 |
| 1 | 3 | 0 | 99 | 99 | 8.59% | 0 | 0 | 0 |
| 1 | 4 | 0 | 78 | 78 | 7.07% | 0 | 0 | 0 |
| 2 | 1 | 0 | 67 | 67 | 9.96% | 0 | 0 | 0 |
| 2 | 2 | 0 | 68 | 68 | 10.09% | 0 | 0 | 0 |
| 2 | 3 | 0 | 71 | 71 | 7.02% | 0 | 0 | 0 |
| 2 | 4 | 0 | 80 | 80 | 7.42% | 0 | 0 | 0 |
| 3 | 1 | 0 | 60 | 56 | 12.96% | 1 | 0 | 0 |
| 3 | 2 | 0 | 61 | 57 | 13.04% | 1 | 0 | 0 |
| 3 | 3 | 0 | 107 | 88 | 11.92% | 5 | 0 | 0 |
| 3 | 4 | 0 | 104 | 88 | 11.44% | 4 | 0 | 0 |
| 4 | 1 | 0 | 56 | 47 | 10.73% | 0 | 0 | 0 |
| 4 | 2 | 1 | 56 | 48 | 10.91% | 3 | 0 | 0 |
| 4 | 3 | 4 | 89 | 83 | 11.51% | 3 | 0 | 0 |
| 4 | 4 | 0 | 93 | 76 | 10.00% | 0 | 0 | 0 |

图 11-16　第四期"初露锋芒"队产品的市场状况

**第五期决策思路：**本期"初露锋芒"队新到 25 台机器，产能只有小幅提升，由于此前产品 1 和产品 2 出现了短缺，所有增加了产品 1 和产品 2 的供货。由于上期落后较多，此后的每期成绩对最后成绩的影响将越来越大，所以这期决策整体倾向于追分。由于上期缺货，本期的产品 3 和产品 4 价格都有一定幅度上涨。产品 1 和产品 2 已经到达满级，产品 3 和产品 4 不再研发，提高当期利润。一般分红主要集中在最后两期，但是为了追回前期分红劣势，"初露锋芒"选择了提前分红的战略，在分红上占据主动。由于上期成品率对本期的滞后影响，这期适当地降低了一点工资率，也能保证产品不出现废品。由于供需已经基本平衡，广告和促销基本没有变化，只通过价格来对需求进行调整，这样能控制变量，保证误差处于较小的范围。这期的关键是购买机器的数量，如果没有加赛，这是最后一次购买机器的机会，考虑到下期的信用额度已经比较少，只有 140 万元，所以在购买机器上有一点收敛，很保守地买了 27 台（图 11-17）。预留现金为 330 万元。

| 价格 | 市场1 | 市场2 | 市场3 | 市场4 | 广告 |
|---|---|---|---|---|---|
| 产品1 | 3480 | 3480 | 3780 | 3880 | 70000 |
| 产品2 | 5850 | 5850 | 6350 | 6350 | 70000 |
| 产品3 | 10250 | 10250 | 10350 | 10550 | 70000 |
| 产品4 | 12250 | 12250 | 12750 | 12850 | 70000 |
| 促销费 | 60000 | 60000 | 60000 | 60000 | |

| 向市场供货量 | 市场1 | 市场2 | 市场3 | 市场4 |
|---|---|---|---|---|
| 产品1 | 89 | 89 | 112 | 92 |
| 产品2 | 80 | 81 | 85 | 96 |
| 产品3 | 51 | 52 | 100 | 97 |
| 产品4 | 50 | 49 | 83 | 88 |

| 生产安排 | 第一班 | | 第二班 | | 产品研发费用 |
|---|---|---|---|---|---|
| 产品数量 | 正班 | 加班 | 正班 | 加班 | |
| 产品1 | 399 | 0 | 0 | 0 | 0 |
| 产品2 | 355 | 0 | 0 | 0 | 0 |
| 产品3 | 78 | 0 | 218 | 10 | 0 |
| 产品4 | 0 | 0 | 124 | 150 | 0 |

| 发展 | 新雇人数 | 辞退人数 | 买机器数 | 买原材料 | |
|---|---|---|---|---|---|
| | 40 | 13 | 27 | 2574000 | |
| 财务 | 银行贷款 | 发债券 | 买国债 | 分红 | 工资系数(1~2) |
| | 2294487 | 1420000 | 0 | 500000 | 1.38 |

图 11-17 "初露锋芒"队第五期决策

**第五期结果分析**：这期的竞争依然胶着，每个小组表现都极其出色，利润都高得惊人，"三明竹海"队和"同济大学 MBA 中心 2 队"是两个极端。"同济大学 MBA 中心 2 队"290 万元的利润远远落后于小组平均水平（图 11-18），导致各项指标下滑严重，分数更是一落千丈，排名第 7（图 11-19）。

| 公司 | 本期收入 (元) | 本期成本 (元) | 本期利润 (元) | 累计纳税 (元) | 累计分红 (元) | 期末现金 (元) | 净资产 (元) | 综合分 |
|---|---|---|---|---|---|---|---|---|
| 褪墨 | 9,278,688.00 | 5,972,933.23 | 3,305,754.77 | 3,719,076.01 | 107,185.90 | 2,213,231.35 | 21,929,180.23 | 0.021 |
| 同济大学MBA中心2队 | 9,067,580.00 | 6,172,548.85 | 2,895,031.15 | 3,629,195.39 | 160,778.85 | 2,454,776.81 | 21,656,499.89 | -0.409 |
| 初露锋芒 | 9,275,740.00 | 6,024,323.08 | 3,251,416.92 | 3,676,245.20 | 10,718.59 | 3,000,074.06 | 21,911,410.99 | -0.098 |
| 炎黄 | 10,145,720.00 | 6,715,972.05 | 3,429,747.95 | 3,876,484.85 | 50,000.00 | 4,502,542.85 | 22,330,237.18 | 0.275 |
| nobody | 9,514,210.00 | 6,196,223.72 | 3,317,986.28 | 3,701,168.60 | 10,718.59 | 1,057,543.74 | 21,973,285.28 | 0.002 |
| 深蓝守护者 | 9,811,850.00 | 6,498,229.46 | 3,313,620.54 | 3,719,595.25 | 0.00 | 2,263,335.05 | 22,023,418.13 | 0.069 |
| 宫崎骏小组 | 9,722,250.00 | 6,716,659.95 | 3,005,590.05 | 3,268,604.53 | 0.00 | 2,190,639.20 | 20,992,905.35 | -1.250 |
| 三明竹海 | 10,183,510.00 | 6,637,557.50 | 3,545,952.50 | 3,800,038.26 | 1,408,258.83 | 4,677,541.50 | 20,811,576.11 | 0.562 |
| 梦想 | 8,822,025.00 | 5,539,597.25 | 3,282,427.75 | 3,563,961.50 | 12,879.00 | 3,000,000.96 | 21,657,784.39 | -0.473 |
| yogurt | 9,473,270.00 | 6,275,513.25 | 3,197,756.75 | 3,544,353.59 | 107,185.90 | 2,310,099.33 | 21,530,191.22 | -0.541 |

图 11-18 第五期各企业主要指标

"同济大学 MBA 中心 2 队"决策上应该出现了比较大的失误。"三明竹海"队凭借当

| 公司 | 综合评分 | 总评名次 | 工人数 | 机器数 | 债券 | 工资系数 | 累计研发 | 累计分红 | 净资产 | 人均利润率 | 资本利润率 |
|---|---|---|---|---|---|---|---|---|---|---|---|
| 三明竹海 | 0.562 | 1 | 7 | 8 | 5 | 5 | 7 | 1 | 10 | 1 | 1 |
| 炎黄 | 0.275 | 2 | 1 | 5 | 1 | 8 | 10 | 5 | 1 | 8 | 2 |
| 深蓝守护者 | 0.069 | 3 | 9 | 8 | 2 | 1 | 2 | 9 | 2 | 2 | 6 |
| 褐墨 | 0.021 | 4 | 4 | 1 | 7 | 9 | 8 | 3 | 4 | 6 | 5 |
| nobody | 0.002 | 5 | 6 | 7 | 3 | 5 | 5 | 7 | 3 | 4 | 4 |
| 初露锋芒 | -0.098 | 6 | 9 | 4 | 6 | 1 | 5 | 7 | 5 | 3 | 8 |
| 同济大学MBA中心2队 | -0.409 | 7 | 3 | 6 | 4 | 2 | 2 | 2 | 7 | 10 | 10 |
| 梦想 | -0.473 | 8 | 5 | 1 | 8 | 1 | 9 | 6 | 6 | 5 | 3 |
| yogurt | -0.541 | 9 | 2 | 1 | 9 | 7 | 4 | 3 | 8 | 9 | 7 |
| 宫崎骏小组 | -1.250 | 10 | 8 | 8 | 10 | 10 | 1 | 9 | 9 | 7 | 9 |

**图 11-19　第五期各企业分项指标排序**

期第 1 名的利润，除了累计纳税第 2，净资产第 10，其他指标都排名小组第 1，毫无悬念地排名小组第 1。"三明竹海"采取了分红领先战略，130 万元的分红使得分数更是暴涨。"初露锋芒"队这期完全没有达到预期的目标，实际期末现金只有 300 万元，以致于无法分红，导致分数依然无法爆发。这期期末库存数量巨大，经过前期的分析，如果是提高工资系数的情景，撤研发的当期需求将会下降，这点在历史上也可以看出。虽然"初露锋芒"有意识地预防了一下，但是由于上期缺货很多，提价过猛导致库存量很多，完全没有到达预期的决策效果。不过由于没有分红成功，没有对现金流产生太多的压力，下期依然可以正常生产，见图 11-20。

| 产品 | 市场 | 上期预订 | 本期需求 | 本期销售 | 市场份额 | 下期订货 | 期末库存 | 废品 |
|---|---|---|---|---|---|---|---|---|
| 1 | 1 | 0 | 89 | 89 | 10.92% | 0 | 0 | 0 |
| 1 | 2 | 0 | 89 | 89 | 11.00% | 0 | 0 | 0 |
| 1 | 3 | 0 | 102 | 102 | 8.08% | 0 | 10 | 0 |
| 1 | 4 | 0 | 87 | 87 | 6.97% | 0 | 5 | 0 |
| 2 | 1 | 0 | 73 | 73 | 9.57% | 0 | 7 | 0 |
| 2 | 2 | 0 | 74 | 74 | 9.80% | 0 | 7 | 0 |
| 2 | 3 | 0 | 75 | 75 | 6.64% | 0 | 12 | 0 |
| 2 | 4 | 0 | 82 | 82 | 6.93% | 0 | 15 | 0 |
| 3 | 1 | 1 | 45 | 46 | 10.24% | 0 | 5 | 0 |
| 3 | 2 | 1 | 45 | 46 | 10.31% | 0 | 6 | 0 |
| 3 | 3 | 5 | 83 | 88 | 11.58% | 0 | 12 | 0 |
| 3 | 4 | 4 | 80 | 84 | 10.38% | 0 | 13 | 0 |
| 4 | 1 | 4 | 43 | 47 | 10.42% | 0 | 3 | 0 |
| 4 | 2 | 3 | 42 | 45 | 9.93% | 0 | 4 | 0 |
| 4 | 3 | 3 | 75 | 78 | 10.39% | 0 | 5 | 0 |
| 4 | 4 | 4 | 77 | 81 | 10.20% | 0 | 7 | 0 |

**图 11-20　第五期"初露锋芒"队产品的市场状况**

**第六期决策思路**：本期产品 1 和产品 2 的供货趋于稳定，新增的产能主要投放于产品 3 和产品 4，由于上期产品库存量巨大，广告和促销的投入量增加了不少，配合以降价，应该能将库存消化掉。由于上期没有分红成功，本期的分红 260 万元，即使没有领先优势，也不至于落后太多（图 11-21）。考虑到可能不加赛，所以这期没有购买机器。但是债券还是计划全额发行，由于期末分红还会产生大量的现金流出，假如企业期末现金低于销售成本，会遭到扣分处罚，这对于处于追分阶段的"初露锋芒"队而言，少扣分就等于多追分。本期预计期末现金 615 万元，下期不需要贷款便可继续生产。

| 价格 | 市场1 | 市场2 | 市场3 | 市场4 | 广告 |
|---|---|---|---|---|---|
| 产品1 | 3440 | 3440 | 3750 | 3850 | 80000 |
| 产品2 | 5630 | 5630 | 6130 | 6130 | 90000 |
| 产品3 | 9700 | 9700 | 9800 | 10000 | 90000 |
| 产品4 | 11700 | 11700 | 12200 | 12300 | 90000 |
| 促销费 | 70000 | 70000 | 70000 | 70000 | |

| 向市场供货量 | 市场1 | 市场2 | 市场3 | 市场4 |
|---|---|---|---|---|
| 产品1 | 96 | 96 | 101 | 92 |
| 产品2 | 88 | 88 | 86 | 91 |
| 产品3 | 72 | 71 | 105 | 102 |
| 产品4 | 64 | 62 | 97 | 98 |

| 生产安排 | 第一班 | | 第二班 | | 产品研发费用 |
|---|---|---|---|---|---|
| 产品数量 | 正班 | 加班 | 正班 | 加班 | |
| 产品1 | 380 | 0 | 0 | 0 | 0 |
| 产品2 | 353 | 0 | 0 | 0 | 0 |
| 产品3 | 134 | 0 | 229 | 2 | 0 |
| 产品4 | 0 | 0 | 158 | 179 | 0 |

| 发展 | 新雇人数 | 辞退人数 | 买机器数 | 买原材料 | |
|---|---|---|---|---|---|
| | 40 | 13 | 0 | 2500000 | |

| 财务 | 银行贷款 | 发债券 | 买国债 | 分红 | 工资系数(1~2) |
|---|---|---|---|---|---|
| | 1579959 | 1640000 | 0 | 2600000 | 1.38 |

图 11-21 "初露锋芒"队第六期决策

**第六期结果分析**：比赛开始进入胶着状态，前 4 名的分数都很接近，最终鹿死谁手都难以预料。

"梦想"队虽然拿到了本期最高利润，但由于前期分数落后较多，还是无法赶超上来。"褪墨"队取得了 426 万元的利润，名列第 2，见图 11-22。

| 公司 | 本期收入(元) | 本期成本(元) | 本期利润(元) | 累计纳税(元) | 累计分红(元) | 期末现金(元) | 净资产(元) | 综合分 |
|---|---|---|---|---|---|---|---|---|
| 褪墨 | 11,707,099.00 | 7,444,741.48 | 4,262,357.52 | 5,062,867.09 | 669,061.66 | 7,422,935.78 | 24,352,830.49 | 0.184 |
| 同济大学MBA中心2队 | 12,090,598.00 | 8,002,663.62 | 4,087,934.38 | 4,919,086.63 | 3,025,146.48 | 5,399,832.27 | 21,656,499.96 | -0.273 |
| 初露锋芒 | 11,827,800.00 | 7,624,557.91 | 4,203,242.09 | 5,001,552.12 | 2,610,906.17 | 6,150,361.99 | 22,253,680.45 | 0.199 |
| 炎黄 | 10,753,560.00 | 6,749,387.38 | 4,004,172.62 | 5,145,575.13 | 2,853,795.00 | 5,948,619.86 | 22,330,238.02 | 0.160 |
| nobody | 11,149,260.00 | 7,171,231.68 | 3,978,028.32 | 4,959,347.55 | 810,906.17 | 5,439,215.88 | 23,957,905.11 | -0.200 |
| 深蓝守护者 | 10,608,000.00 | 6,799,054.19 | 3,808,945.81 | 4,927,371.91 | 0.00 | 3,947,774.81 | 24,689,680.20 | -0.300 |
| 宫崎骏小组 | 10,592,660.00 | 6,899,520.35 | 3,693,139.65 | 4,433,747.01 | 0.00 | 2,722,000.80 | 23,578,103.11 | -1.231 |
| 三明竹海 | 10,320,230.00 | 6,613,197.93 | 3,707,032.07 | 4,978,648.55 | 4,027,825.36 | 6,057,068.10 | 20,811,576.56 | 0.147 |
| 梦想 | 12,309,820.00 | 7,952,574.21 | 4,357,245.79 | 4,933,504.56 | 3,063,176.38 | 6,642,984.86 | 21,657,784.44 | 0.061 |
| yogurt | 10,359,634.00 | 6,471,331.73 | 3,888,302.27 | 4,772,870.46 | 2,609,061.66 | 3,999,785.66 | 21,752,002.81 | -0.502 |

图 11-22 第六期各企业主要指标

"褪墨"队由于没有分红，在分红和资本利润率的分数上都处于落后状态，由于工人数量较多，人均利润率也处于相对落后的水平，但"褪墨"队拥有着巨大的产能，下期有着很强的爆发力。"炎黄"队虽然占据着累计纳税第 1 名的宝座，但是由于研发放弃得比较早，后期的利润提升，其他指标上不占优势。"初露锋芒"队凭借着人均利润率和资本利润率的优势，暂列第 1 名，见图 11-23。

虽然"初露锋芒"队本期做出了比较高的利润，但由于上期大量的库存，本期的降价有点过，出现了大量的订货，造成了大量的利润损失。由于期末没有任何库存，期末现金达到预期的 615 万元，如图 11-24 所示。

**第七期决策思路**：这一期是最关键的一期，因为有可能在这一期就决定了冠军的归

| 公司 | 综合评分 | 总评名次 | 工人数 | 机器数 | 债务 | 工资系数 | 累计研发 | 累计分红 | 净资产 | 人均利润率 | 资本利润率 |
|---|---|---|---|---|---|---|---|---|---|---|---|
| 初露锋芒 | 0.199 | 1 | 10 | 5 | 4 | 2 | 5 | 5 | 6 | 1 | 2 |
| 褪墨 | 0.184 | 2 | 3 | 3 | 3 | 9 | 8 | 8 | 2 | 5 | 5 |
| 炎黄 | 0.160 | 3 | 4 | 5 | 8 | 10 | 10 | 4 | 5 | 6 | 4 |
| 三明竹海 | 0.147 | 4 | 9 | 10 | 10 | 2 | 7 | 1 | 10 | 3 | 6 |
| 梦想 | 0.061 | 5 | 8 | 9 | 5 | 2 | 9 | 2 | 8 | 2 | 1 |
| nobody | -0.200 | 6 | 2 | 1 | 2 | 2 | 5 | 7 | 3 | 10 | 8 |
| 同济大学MBA中心2队 | -0.273 | 7 | 1 | 4 | 1 | 6 | 4 | 3 | 9 | 9 | 3 |
| 深蓝守护者 | -0.300 | 8 | 5 | 2 | 1 | 1 | 2 | 9 | 1 | 8 | 10 |
| yogurt | -0.502 | 9 | 6 | 4 | 7 | 7 | 4 | 6 | 7 | 4 | 7 |
| 宫崎骏小组 | -1.231 | 10 | 7 | 7 | 7 | 7 | 9 | 9 | 4 | 7 | 9 |

图 11-23　第六期各企业分项指标排序

| 产品 | 市场 | 上期预订(件) | 本期需求(件) | 本期销售(件) | 市场份额(%) | 下期订货(件) | 期末库存(件) | 质品(件) |
|---|---|---|---|---|---|---|---|---|
| 1 | 1 | 0 | 105 | 96 | 10.50% | 2 | 0 | 0 |
| 1 | 2 | 0 | 105 | 96 | 10.62% | 2 | 0 | 0 |
| 1 | 3 | 0 | 111 | 111 | 7.59% | 0 | 0 | 0 |
| 1 | 4 | 0 | 97 | 97 | 6.59% | 0 | 0 | 0 |
| 2 | 1 | 0 | 105 | 95 | 10.54% | 3 | 0 | 0 |
| 2 | 2 | 0 | 105 | 95 | 10.57% | 3 | 0 | 0 |
| 2 | 3 | 0 | 105 | 98 | 7.45% | 1 | 0 | 0 |
| 2 | 4 | 0 | 117 | 106 | 7.62% | 3 | 0 | 0 |
| 3 | 1 | 0 | 81 | 77 | 13.25% | 1 | 0 | 0 |
| 3 | 2 | 0 | 81 | 77 | 13.34% | 1 | 0 | 0 |
| 3 | 3 | 0 | 136 | 117 | 12.69% | 5 | 0 | 0 |
| 3 | 4 | 0 | 134 | 115 | 11.88% | 4 | 0 | 0 |
| 4 | 1 | 0 | 72 | 67 | 12.55% | 2 | 0 | 0 |
| 4 | 2 | 0 | 72 | 66 | 12.36% | 2 | 0 | 0 |
| 4 | 3 | 0 | 109 | 102 | 11.47% | 2 | 0 | 0 |
| 4 | 4 | 0 | 115 | 105 | 11.04% | 2 | 0 | 0 |

图 11-24　第六期 "初露锋芒" 队产品的市场状况

属。由于 "初露锋芒" 队产能上落后于 "褪墨" 队，在利润上肯定无法进行超越。由于后期企业不再扩张，资金上已经没有压力，所以大家都会最大化分红。这一期是一个博弈的过程，如果认为这期可能会是最后一期，一些企业就会大量地购买原材料尽量增加利润，但是前提是期末现金要高于期初现金或者当期成本，否则会被扣分，反而得不偿失。"初露锋芒" 队认为这期不适宜发债券来购买材料，因为发行债券虽然是下期才支付利息，但是会降低资本利润率，反而不一定能拿到更高的分数。广告和促销没有变化，由于上期缺货数量较多，所以 "初露锋芒" 队本期略微提价，但非常保守，从而能保证将所有的货全部卖出，使得利润最大化。预留现金为 787 万，而成本达到 744 万，见图 11-25。

**第七期结果分析**：结果让人费解的是，"三明竹海" 队的各项指标都不是很突出，却最终能远远领先利润第 1 的 "褪墨" 队，而 "初露锋芒" 队的利润还比他们略高，累税方面也有优势，却和他们相差了 0.073 分，如图 11-26 所示。

唯一的可能性便是他们的资本利润率和人均利润率都排名第一，而 "初露锋芒" 队的排名是相当靠后的。但上天眷顾了 "初露锋芒" 队一次，结果加赛，也就意味着 "初露锋芒" 队还有机会进行反超。"三明竹海" 队给他们很大的信心，告诉他们，即使利润和累税指标不占优势，也可以取得好的名次，这也决定了 "初露锋芒" 队最后期的主要策略。本期产品 1 和产品 2 还是出现了一些订货，期末现金 787 万。第七期各企业主要指标和 "初露锋芒" 队产品的市场状况如图 11-27 和图 11-28 所示。

| 价格 | 市场1 | 市场2 | 市场3 | 市场4 | 广告 |
|---|---|---|---|---|---|
| 产品1 | 3460 | 3460 | 3770 | 3870 | 80000 |
| 产品2 | 5750 | 5750 | 6250 | 6250 | 90000 |
| 产品3 | 9850 | 9850 | 9950 | 10150 | 90000 |
| 产品4 | 11740 | 11740 | 12240 | 12340 | 90000 |
| 促销费 | 70000 | 70000 | 70000 | 70000 | |

| 向市场供货量 | 市场1 | 市场2 | 市场3 | 市场4 |
|---|---|---|---|---|
| 产品1 | 96 | 96 | 101 | 87 |
| 产品2 | 87 | 87 | 87 | 98 |
| 产品3 | 71 | 71 | 131 | 130 |
| 产品4 | 70 | 70 | 107 | 114 |

| 生产安排 | 第一班 | | 第二班 | | 产品研发费用 |
|---|---|---|---|---|---|
| 产品数量 | 正班 | 加班 | 正班 | 加班 | |
| 产品1 | 380 | 0 | 0 | 0 | 0 |
| 产品2 | 360 | 0 | 0 | 0 | 0 |
| 产品3 | 166 | 0 | 217 | 32 | 0 |
| 产品4 | 0 | 0 | 200 | 168 | 0 |
| 发展 | 新雇人数 | 裁退人数 | 买机器数 | 买原材料 | |
| | 26 | 14 | 0 | 2117200 | |
| 财务 | 银行贷款 | 发债券 | 买国债 | 分红 | 工资系数(1~2) |
| | 0 | 300000 | 0 | 3000000 | 1.39 |

图 11-25 "初露锋芒"队第七期决策

| 公司 | 综合评分 | 总评名次 | 工人数 | 机器数 | 债券 | 工资系数 | 累计研发 | 累计分红 | 净资产 | 人均利润率 | 资本利润率 |
|---|---|---|---|---|---|---|---|---|---|---|---|
| 三明竹海 | 0.308 | 1 | 10 | 10 | 10 | 2 | 7 | 1 | 10 | 1 | 1 |
| 褪墨 | 0.284 | 2 | 3 | 4 | 8 | 8 | 8 | 8 | 3 | 6 | 4 |
| 初露锋芒 | 0.235 | 3 | 9 | 6 | 6 | 1 | 5 | 4 | 7 | 3 | 5 |
| 炎黄 | 0.216 | 4 | 6 | 6 | 7 | 10 | 10 | 5 | 6 | 4 | 6 |
| 梦想 | 0.195 | 5 | 8 | 9 | 5 | 2 | 9 | 3 | 8 | 2 | 3 |
| nobody | -0.012 | 6 | 5 | 3 | 3 | 4 | 5 | 7 | 4 | 5 | 7 |
| 同济大学MBA中心2队 | -0.195 | 7 | 4 | 2 | 9 | 9 | 2 | 6 | 9 | 8 | 2 |
| 深蓝守护者 | -0.199 | 8 | 1 | 1 | 1 | 5 | 2 | 9 | 2 | 7 | 8 |
| yogurt | -0.878 | 9 | 7 | 4 | 4 | 6 | 4 | 6 | 5 | 10 | 10 |
| 宫崎骏小组 | -1.064 | 10 | 1 | 2 | 2 | 6 | 1 | 10 | 1 | 9 | 9 |

图 11-26 第七期各企业分项指标排序

| 公司 | 本期收入(元) | 本期成本(元) | 本期利润(元) | 累计纳税(元) | 累计分红(元) | 期末现金(元) | 净资产(元) | 综合分 |
|---|---|---|---|---|---|---|---|---|
| 褪墨 | 12,777,743.00 | 8,087,933.50 | 4,689,809.50 | 8,084,875.19 | 7,326,949.50 | 8,489,142.39 | 24,352,831.61 | 0.279 |
| 同济大学MBA中心2队 | 11,897,680.00 | 7,555,889.76 | 4,341,790.24 | 7,767,532.02 | 9,286,203.06 | 7,325,055.95 | 21,742,562.87 | -0.326 |
| 初露锋芒 | 12,326,470.00 | 7,786,148.13 | 4,540,321.87 | 7,892,933.24 | 8,933,812.47 | 7,897,253.64 | 22,355,692.10 | 0.331 |
| 炎黄 | 12,182,440.00 | 7,743,136.57 | 4,439,303.43 | 8,006,499.55 | 8,809,313.80 | 8,992,316.43 | 22,720,242.36 | 0.173 |
| nobody | 13,304,052.00 | 8,469,159.21 | 4,834,892.79 | 8,024,117.33 | 7,582,107.05 | 8,572,624.98 | 23,957,906.52 | 0.221 |
| 深蓝守护者 | 13,817,730.00 | 8,643,102.75 | 5,174,627.25 | 8,075,210.84 | 6,299,281.50 | 8,379,454.64 | 25,318,430.02 | 0.125 |
| 宫崎骏小组 | 12,274,680.00 | 7,605,548.37 | 4,669,131.63 | 7,312,006.20 | 4,253,707.50 | 7,372,248.96 | 25,640,771.27 | -1.052 |
| 三明竹海 | 10,976,900.00 | 6,912,939.31 | 4,063,960.69 | 7,723,768.46 | 9,863,804.77 | 8,012,519.35 | 21,107,753.96 | -0.030 |
| 梦想 | 11,780,720.00 | 7,388,543.63 | 4,392,176.37 | 7,809,183.72 | 9,298,348.65 | 9,087,420.97 | 21,831,216.16 | 0.131 |
| yogurt | 12,332,215.00 | 7,793,672.30 | 4,538,542.70 | 7,379,959.51 | 7,125,427.84 | 7,983,426.74 | 23,000,793.87 | -0.522 |

图 11-27 第七期各企业主要指标

**第八期决策思路**：由于人均利润率是由期末利润除以期末人数来计算的，所以"初露锋芒"队当时决定最后期大量裁人，由于利润的数值比较高，虽然只多裁了 10 个人，却

| 产品 | 市场 | 上期预订 | 本期需求 | 本期销售 | 市场份额 | 下期订货 | 期末库存 | 废品 |
|---|---|---|---|---|---|---|---|---|
| 1 | 1 | 2 | 99 | 96 | 10.11% | 1 | 0 | 0 |
| 1 | 2 | 2 | 100 | 96 | 10.18% | 1 | 0 | 0 |
| 1 | 3 | 0 | 108 | 101 | 6.74% | 1 | 0 | 0 |
| 1 | 4 | 0 | 94 | 87 | 5.79% | 1 | 0 | 0 |
| 2 | 1 | 3 | 91 | 87 | 9.29% | 2 | 0 | 0 |
| 2 | 2 | 3 | 91 | 87 | 9.31% | 2 | 0 | 0 |
| 2 | 3 | 1 | 94 | 87 | 6.53% | 2 | 0 | 0 |
| 2 | 4 | 3 | 104 | 98 | 6.95% | 2 | 0 | 0 |
| 3 | 1 | 1 | 73 | 71 | 10.68% | 1 | 0 | 0 |
| 3 | 2 | 1 | 73 | 71 | 10.74% | 1 | 0 | 0 |
| 3 | 3 | 5 | 126 | 131 | 12.60% | 0 | 0 | 0 |
| 3 | 4 | 4 | 126 | 130 | 11.73% | 0 | 0 | 0 |
| 4 | 1 | 2 | 68 | 70 | 11.04% | 0 | 0 | 0 |
| 4 | 2 | 2 | 69 | 70 | 11.08% | 0 | 0 | 0 |
| 4 | 3 | 2 | 108 | 107 | 10.15% | 0 | 0 | 0 |
| 4 | 4 | 2 | 115 | 114 | 10.32% | 0 | 0 | 0 |

图 11-28　第七期 "初露锋芒" 队产品的市场状况

能将人均利润率的指标提高非常多。虽然大量裁人可能会对利润上造成一定损失，但是相对于分数的提升，利润是不重要的。最大化分红，既能使分红的分数得到提高，又能使资本利润率的指标得到提升。在保证期末现金的前提下，购买 350 万的原材料，使利润得到提升，见图 11-29。

| 价格 | 市场1 | 市场2 | 市场3 | 市场4 | 广告 |
|---|---|---|---|---|---|
| 产品1 | 3480 | 3480 | 3790 | 3890 | 80000 |
| 产品2 | 5800 | 5800 | 6300 | 6300 | 90000 |
| 产品3 | 9800 | 9800 | 9900 | 10100 | 90000 |
| 产品4 | 11700 | 11700 | 12230 | 12320 | 90000 |
| 促销费 | 70000 | 70000 | 70000 | 70000 | |

| 向市场供货量 | 市场1 | 市场2 | 市场3 | 市场4 |
|---|---|---|---|---|
| 产品1 | 93 | 94 | 103 | 90 |
| 产品2 | 85 | 85 | 90 | 100 |
| 产品3 | 76 | 77 | 131 | 131 |
| 产品4 | 71 | 72 | 108 | 117 |

| 生产安排 | 第一班 | | 第二班 | | 产品研发费用 |
|---|---|---|---|---|---|
| 产品数量 | 正班 | 加班 | 正班 | 加班 | |
| 产品1 | 380 | 0 | 0 | 0 | 0 |
| 产品2 | 360 | 0 | 0 | 0 | 0 |
| 产品3 | 166 | 0 | 172 | 77 | 0 |
| 产品4 | 0 | 0 | 240 | 128 | 0 |

| 发展 | 新雇人数 | 辞退人数 | 买机器数 | 买原材料 | |
|---|---|---|---|---|---|
| | 1 | 23 | 0 | 3500000 | |
| 财务 | 银行贷款 | 发债券 | 买国债 | 分红 | 工资系数（1~2） |
| | 0 | 0 | 0 | 3190000 | 1.39 |

图 11-29　"初露锋芒" 队第八期决策

**第八期结果分析**：根据比赛模拟规则，评分指标除了当期利润权重为 0.1 外，其他指标的权重都为 0.15。"初露锋芒" 队虽然最后一期的利润才排名第 5，累税才排名第 4，分红排名第 4，市场份额上肯定不占绝对优势，估计也只能排名中游，净资产更是排名第 7，但是资本利润率和人均利润率都排名第 1，可见最后胜出的关键还是这两个指标，见图 11-30。

| 公司 | 综合评分 | 总评名次 | 工人数 | 机器数 | 债券 | 工资系数 | 累计研发 | 累计分红 | 净资产 | 人均利润率 | 资本利润率 |
|---|---|---|---|---|---|---|---|---|---|---|---|
| 初露锋芒 | 0.331 | 1 | 9 | 6 | 7 | 1 | 5 | 4 | 7 | 1 | 1 |
| 褪墨 | 0.279 | 2 | 5 | 4 | 9 | 8 | 8 | 7 | 3 | 7 | 4 |
| nobody | 0.221 | 3 | 3 | 3 | 3 | 1 | 5 | 6 | 4 | 6 | 2 |
| 炎黄 | 0.173 | 4 | 6 | 6 | 8 | 10 | 10 | 5 | 6 | 5 | 8 |
| 梦想 | 0.131 | 5 | 8 | 9 | 5 | 3 | 9 | 2 | 8 | 4 | 5 |
| 深蓝守护者 | 0.125 | 6 | 1 | 1 | 1 | 5 | 2 | 9 | 2 | 8 | 3 |
| 三明竹海 | -0.030 | 7 | 10 | 10 | 10 | 5 | 7 | 1 | 10 | 2 | 9 |
| 同济大学MBA中心2队 | -0.326 | 8 | 3 | 6 | 6 | 9 | 2 | 3 | 9 | 10 | 7 |
| yogurt | -0.522 | 9 | 7 | 4 | 4 | 5 | 4 | 8 | 5 | 3 | 6 |
| 宫崎骏小组 | -1.052 | 10 | 2 | 2 | 2 | 4 | 1 | 10 | 1 | 9 | 10 |

**图 11-30　第八期各企业分项指标排序**

由于此次比赛大家的实力都非常强劲，利润指标上的竞争几乎白热化，差距非常小，决定胜负的关键则转向了人均利润率和资本利润率，从最后两期第1名的企业指标都能看出这一点，如图11-31所示。

| 公司 | 本期收入 | 本期成本 | 本期利润 | 累计纳税 | 累计分红 | 期末现金 | 净资产 | 综合分 |
|---|---|---|---|---|---|---|---|---|
| 褪墨 | 12,777,743.00 | 8,087,933.50 | 4,689,809.50 | 8,084,875.19 | 7,326,949.50 | 8,489,142.39 | 24,352,831.61 | 0.279 |
| 核心科技 | 11,897,680.00 | 7,555,889.76 | 4,341,790.24 | 7,767,532.02 | 9,286,203.06 | 7,325,055.95 | 21,742,562.87 | -0.326 |
| 初露锋芒 | 12,326,470.00 | 7,786,148.13 | 4,540,321.87 | 7,892,933.24 | 8,933,812.47 | 7,897,253.64 | 22,355,692.10 | 0.331 |
| 炎黄 | 12,182,440.00 | 7,743,136.57 | 4,439,303.43 | 8,006,499.55 | 8,809,313.80 | 8,992,316.43 | 22,720,242.36 | 0.173 |
| 而已队 | 13,304,052.00 | 8,469,159.21 | 4,834,892.79 | 8,024,117.33 | 7,582,107.05 | 8,572,624.98 | 23,957,906.52 | 0.221 |
| 深蓝守护者 | 13,817,730.00 | 8,643,102.75 | 5,174,627.25 | 8,075,210.84 | 6,299,281.50 | 8,379,454.64 | 25,318,430.02 | 0.125 |
| 宫崎骏小组 | 12,274,680.00 | 7,605,548.37 | 4,669,131.63 | 7,312,006.20 | 4,253,707.50 | 7,372,248.96 | 25,640,771.27 | -1.052 |
| 落草为冠 | 10,976,900.00 | 6,912,939.31 | 4,063,960.69 | 7,723,768.46 | 9,863,804.77 | 8,012,519.35 | 21,107,753.96 | -0.030 |
| 梦想 | 11,780,720.00 | 7,388,543.63 | 4,392,176.37 | 7,809,183.72 | 9,298,348.65 | 9,087,420.97 | 21,831,216.16 | 0.131 |
| yogurt | 12,332,215.00 | 7,793,672.30 | 4,538,542.70 | 7,379,959.51 | 7,125,427.84 | 7,983,426.74 | 23,000,793.87 | -0.522 |

**图 11-31　第八期各企业主要指标**

虽然此次比赛可能人均利润率和资本利润率这两个指标很关键，但不同的比赛环境，评分权重的变化，选手指标侧重点的不同，可能会造成关键指标的不同，切忌机械照搬。

## 思　考　题

1. 简述"初露锋芒"队的历史分析思路。
2. 试分析"初露锋芒"队各期决策的优、缺点。

# 决策模拟与五行学说

## 一、 企业竞争模拟团队的组建

在中国，企业家是一种稀缺的特殊人力资源，他们是企业振兴和发展的领袖。成功的企业家所属的企业高层管理团队，通常都是在各自尽责尽力的前提下，既能充分发挥自身特长，又能配合默契，这是企业在市场竞争中能够取胜的关键因素之一。对于一个企业来讲，若将高层管理者视为一个团队，其企业的成功不仅是企业家本人优秀，更重要的是他所在企业高层管理者团队的搭配。企业竞争模拟中的团队组建与团队精神的培养，其目的就是造就未来的中国企业家和未来的企业高层管理团队。

### 1. 团队的内涵及组建团队的重要性

什么是团队？有人将其定义为：在特定的可操作范围内，为实现特定目标而共同合作的人的共同体。团队的建设要获得成功，一般需要 3～5 年。随着经济的全球化和信息化，企业处在国内外日趋复杂和不确定性变化的竞争环境中，不管经营者自己的能力如何优秀，单凭其个人有限的知识和经验，在战略管理上往往很容易犯这样或那样的错误，因为各种能力皆具备、十全十美的企业家在现实中是非常少见的。随着就业人员知识水平的提高，独裁和一言堂的领导方式，对众人来讲是难以接受的。正如世界著名的管理学家彼得·德鲁克在 1990 年所说："企业越成功，就越需加强团队的力量"。

### 2. 西方管理学者对企业高层管理团队建设的研究

关于团队组建的人数问题，美国沃顿商学院的珍妮费·S·缪勒（Jennifer S. Mueller）回忆，在西方社会心理学初创时期，法国学者马克西米利安·林格尔曼（Maximilian Ringelmann）通过拉绳子的实验发现，在多人拉一根绳子时，人数越多，人均出力越少。为此，缪勒对由 3～20 人组成的 26 个团队进行了研究。研究发现团队规模在大于 5 个人之后，人们在团队中发挥的作用就会发生效益递减，甚至产生个人绩效与团队规模成反比的现象。

英国心理学家梅雷迪思·贝尔滨（R. Meredith Belbin），通过 20 多年来对团队成员采用一系列心理测量后发现：完全由做大事、聪明人组建的团队，其团队不具有创造力；由性格相似的成员组建的团队，其优势和弱点共存。由此归纳得到：团队要具有创造力，不是让所有的成员都去想主意，而是由通过测试将得分高者来担任出点子的角色，其他的角色由不同性格的人员组成，并从事相适应的行政职务。如果知道某支团队成员各自的天性和能力，以及他们在团队中充当的角色，就能大体预测他们在完成既定目标的过程中是否容易获得成功。

### 3. 五行学说的理论基础及基本内容

国际管理学家协会联盟中国委员会主席苏东水教授说："我们在学习引进西方管理思

想的同时，应该珍惜我们祖先遗留的管理文化精华……"本着古为今用，洋为中用的原则，和人类向自然学习的理念，我们可以应用中国古代五行学说的思想理论来组建企业的高层管理团队。

五行学说的思维属于中国原创的象思维。象思维通常是以具体物象、符号对被研究对象进行抽象的一种思维活动。五行是人们根据日常生活里最熟识的木、火、土、金、水五类物质的运动和变化来解释世界上的万物起源，以及相互间的生克制化关系。因此，五行的哲学观侧重讲整体的联系。从系统论来认识五行学说，五行是个系统。根据奇素数原理，由 5 个基本单位所构成的五行结构是有极性的稳定系统，即五行系统是一种多体稳定系统，正常人体的 5 个手指头和 5 个脚趾头就说明了这一点。另外，五行系统中有两套自行调节机制：一套是正常情况下生的机制；另一套是克的机制。这两套机制的作用是保障和维持五行系统的循环运动和动态平衡。五行学说把"互利"关系称为"相生"，"互害"关系称为"相克"，其中"相生"是指事物间相互促进、助长、资生的关系，次序是木生火、火生土、土生金、金生水、水生木；"相克"是指事物间相互抑制、制约、克制的关系，次序是木克土，土克水，水克火，火克金，金克木；乘是指以强凌弱的意思，即指主克一方太强，造成克制太过；侮是指被克一方太强盛，反而克原来的主克。图 A-1 即为五行生克乘侮图。

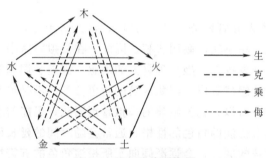

**图 A-1 五行生克乘侮图**

### 4. 以五形人来设计组建企业高层管理团队

（1）五形人的由来。在中医经典著作《黄帝内经》中，根据人的禀赋不同，结合五音、五色等，以五行分类了五形人的不同气质类型，展现出人类既存在个体差异，也有群体差异，指出了他们的肤色、面形、形体、性格和神态等特征。可见，五形人是古人在对生活实践的观察思考和在社会活动中，基于人与人必须了解的需要，而产生的归纳性的总结，是中华民族在悠久的历史中创造的独特的文化遗产。中医理论认为：人的精神思维、性格特征、肢体运动和五官形态等受人体内的五脏所调节。

（2）依五形人类比模拟团队成员的角色。职务分析是现代组织实行科学管理的重要手段之一，它有利于企业对人才的甄选和人力资源规划。竞争模拟的团队成员角色通常是：总经理（CEO）——把握战略和统筹全局，协调各部门工作；市场经理（CMO）——市场影响因素分析、行业及对手市场状况分析、营销策略制定；财务经理（CFO）——内部财务计算、规划与分析、投资与筹资决策；生产经理（COO）——生产决策优化、产量扩张与质量提高规划；人力资源经理（CHO）——工人招聘与解聘与生产计划紧密结合，辅助协调其他各个部门工作以及对手情报获取。企业整体发展战略规划由领导层集体会议决定。结合五形人的描述，并将其应用在企业竞争模拟的团队组建中，具有一定的价值。

① 管理团队中木形人分管市场。"木为肝",肝开窍于目,两目精明,光彩有神,稳重不呆,眉毛竖起。"木为仁",木形人为人正派耿直。因此,在模拟团队中,以木形人来承担团队中市场经理的角色,易于发挥他(她)胸怀开阔、明智可靠、善于与人共事合作等个性。

② 管理团队中火形人为首领。"火为心",心开窍于舌,心神灵,能言善辩,口才好。"火为礼",火形人为人恭敬威仪,质淳朴。因此,在模拟团队中,以火形人来承担团队中总经理的角色,易于发挥他(她)思维超常、富于创新、敢冒风险、精力充沛和较强的人格魅力等个性。

③ 管理团队中土形人分管人力资源。"土为脾",脾开窍于口,其华在唇,脾主肌肉,为气血之海。"土为信",土形人为人诚实、宽厚,言行相顾。因此,在模拟团队中,以土形人来承担团队中力资源经理的角色,易于发挥他(她)慎重、稳定、客观、坚毅等个性。

④ 管理团队中金形人分管生产。"金为肺",肺开窍于鼻,肺气壮则魄壮,魄壮则工作能力强,有气魄。"金为义",金形人为人仗义疏财,勇敢豪杰,知廉耻。因此,在模拟团队中,以金形人来承担团队中生产经理的角色,易于发挥他(她)坚定、独立,处事果断等个性。

⑤ 管理团队中水形人分管财务。"水为肾",肾开窍于耳,听力良好,易获得信息。"水为智",水形人为人不卑不亢,聪明多智。因此,在模拟团队中,以水形人来承担团队中财务经理的角色,易于发挥他(她)理财上的敏感、谦虚、调和等个性。

需要说明的是,上述组建五形人团队成员的角色分配,不是绝对的,这是由于一个人的性格往往是多重性的。所以,先天组建的模拟管理团队,可能与本文所描述扮演的角色不符,但是,团队成员所扮演的角色的性格,通常会随时间的延长而改变。研究发现,团队通过多次参加模拟比赛的磨合,会逐渐倾向于所扮演角色的五行性格。

(3)团队成员之间的五行关系。下面依照五行学说的原理,围绕五形人正常生克关系的模拟管理团队成员之间的合作进行介绍。

生:木生火,市场经理以本企业产品在市场的占有率、销售增长率业绩和企业对市场的分析数据等,来帮助总经理进行战略管理;火生土,总经理以企业战略思想和决策才能指导人力资源经理做好协调关系;土生金,人力资源经理配合生产经理完成生产任务的决策;金生水,生产经理将其所使用的资源状况,报给财务经理以便进行成本核算;水生木,财务经理以企业运营成本利润核算,提供给市场经理以便帮助营销策略的实施。

克:木克土,市场经理制约人力资源经理,即制约那些不适合市场需求的人事组织行为;火克金,总经理制约着生产经理,即制约那些在产品生产或营运中的不和谐行为;土克水,人力资源经理在制约着财务经理,即制约那些在理财上不合理的开支行为;金克木,生产经理制约着市场经理,即制约那些在产品销售上的不良行为;水克火,财务经理制约总经理,即制约那些使企业资金盲目流失行为。

从以上五人正常合作的团队来看,他(她)们中的每一位成员都应与其他四位发生关系,即被人帮助,帮助别人,被人制约和制约别人。如市场经理,与其他四位成员的助克关系见销售经理与其他四位成员的生克关系图如图 A-2。当五人职位生克出现不和谐时,如某人本职工作能力过强，可以去协助其他弱者，如果其不愿协助别人，可考虑调换角色或者调离该团队；对工作能力较弱者，除加强本人的能力外，还须防止主克对象的减弱，如销售经理工作能力弱，会导致人力资源经理的能力减弱，这时在加强本人的工作能力和求助他人帮助的同时，还要注意提高人力资源经理的工作能力，而对工作能力太弱者，可考虑相宜者给以协助或者调出该团队。当然，将原有模拟团队中的成员调出团队，无疑是一个极差的决策。

**图 A-2　市场经理与其他四位成员的生克关系图**

（4）团队成员的属性分析。为了保证模拟管理团队组建的合理性和提高模拟决策的质量，需要避免团队成员心理和性格上的同质化，同时，还要缩短团队成员之间的磨合期，由此来提高团队在模拟决策中的决策质量。可以尝试填写参加企业竞争模拟大赛调查表（表 A-1）。

**表 A-1　参加企业竞争模拟调查表**

| |
|---|
| 1. 您在比赛的团队角色中担任是_____经理。<br>　(A)市场(B)老总(C)人力资源(D)生产(E)财务 |
| 2. 您出生的_____年_____月_____日。 |
| 3. 您在近 15 年主要生活在哪个省、市？_____ |
| 4. 您最喜欢的五音是_____。<br>　(A)角 mi(B)徵 Sol(C)宫 do(D)商 re(E)羽 la |
| 5. 您最喜欢的口味是_____。<br>　(A)酸(B)苦(C)甜(D)辛(含葱姜蒜薄荷等)(E)咸 |
| 6. 您最喜欢的颜色是_____。<br>　(A)绿(B)红(C)黄(D)白(E)黑 |
| 7. 您最喜欢的动物是_____。<br>　(A)鸡(B)羊(C)牛(D)马(E)猪 |
| 8. 您最喜欢的数字是_____。<br>　(A)八(B)七(C)五(D)九(E)六 |
| 9. 您最喜欢吃的水果是_____。<br>　(A)李子(B)杏子(C)枣子(D)桃子(E)板栗 |
| 10. 您最喜欢的气候是_____。<br>　(A)春风(B)夏热(C)湿润(D)秋爽(E)冬冷 |
| 11. 您在生活和工作的情绪容易_____。<br>　(A)愤怒(B)高兴(C)忧愁忧郁(D)悲伤(E)恐惧 |
| 12. 一天当中，您最喜欢学习(或者工作)的时间段是在_____。<br>　(A)1～5 点(B)6～10 点(C)11～15 点(D)16～20 点(E)21～24 点 |
| ［注意］<br>① 此表需要五位参赛成员，每人填写；<br>② 以上 4～12 的选择题，只能选择其中的一个答案。 |

（5）其他有关模拟团队组建的综合考虑。除了上述从中医心理学的角度考虑外，在现实中，还可以根据年龄大小、教育程度、阅历资本、专业背景和文化背景等因素进行考虑。模拟的管理团队组建，也可以考虑由自然科学与人文科学不同的学科交叉来进行组建，如计算机专业、数学专业、物理专业、化学专业、企业管理专业、会计学专业、信息管理专业、工商管理专业等不同的专业背景的学员组成。也可以考虑结合学员自己的工作阅历来进行组建，如 MBA 学员在企业中担任过财务管理，就在模拟中担任财务管理的角色，依此类推。也可以考虑结合不同的文化背景来进行组建，通常来讲，某人长期生活在一个地区，就会受当地的文化影响，因此，也可以由跨越东、西、南、北、中的不同区域来的人担任模拟团队中不同的角色。当然，结合不同性别来组建团队，由性别差异来担任团队成员不同的角色，也是一个非常好的模式，因为，"男女搭配，干活不累"。

（6）建立竞争模拟团队档案。为了掌握参加竞争模拟团队的成员情况，便于模拟的网络后台管理，保持与参赛者的联系，同时，也有利于登记学员的课程成绩，需要学员填写竞争模拟团队的组建情况表（表 A-2）。关于表中的投资额（万元；所占％）栏，是为了增加模拟竞争的趣味性，对于投资额的百分比，可以设定为学员成绩的百分比，以促使学员提高对决策的责任心。

**表 A-2　竞争模拟团队的组建情况表**

| 企业序号 | | | 企业名称 | | |
|---|---|---|---|---|---|
| 学员学号 | 姓名 | 职务 | 投资额(万元;所占％) | 电子邮箱 | 联系电话 |
| | | 总经理 | | | |
| | | 人力资源 | | | |
| | | 生产经理 | | | |
| | | 财务经理 | | | |
| | | 市场经理 | | | |

## 二、 企业竞争战略的选择

在现代西方战略思想家中，法国的安德烈·博弗尔（André. Beaufre）是第一个认识到哲学对战略起着重要性作用的人。他认为，战略只是一种用来达到目的的手段，决定目的者是政策，而政策又受到基本哲学的支配。这里反映了哲学与战略之间存在着双向的影响关系，而哲学占据着战略的主导地位。

**1. 中医的阴阳五行哲学思想**

中医哲学的核心，就是阴阳五行理论。中医的阴阳五行理论是我国古代先哲们在"阴阳观"和"天人合一观"等理论思想指导下逐步形成，是先哲们用他们无比深邃和敏锐的直觉所创立的学说。阴阳五行理论可以说是一个简单的模型，并且这个简单模型具有经济思维的功能，同时可以用来解释错综复杂的各种现象。需要说明的是，中医的阴阳、五行，不是指两种或五种实体，而是用来明确概念外延的一种划分法，在当今的实验里找不出它们的物质。

（1）阴阳。从上古时期看狭义的阴阳，指物体对于日光的向背，即向日为阳，背日为阴。广义的阴阳是从天文历法中抽象出来，用以标示事物属性的一对哲学范畴。中医理论体系的基石是阴阳逻辑，这种逻辑关系无论演绎归纳、推理联系或数理推算等都围绕阴阳这个符号展开。中医的阴阳内涵有三个方面：其一，是对自然界存在的消长共存规律的概括，在一定条件下，阴阳属性双方可以向其相反方向转化；其二，阴阳还代表着不同功能，以及以功能为单位的物质和信息交换；其三，阴阳属性双方的关键是要达成一种动态的相对平衡状态，才能维持事物正常的发生、发展、变化。所以，中医认为阴阳一方的耗损也必然影响到另一方，可以导致阴阳俱虚。

（2）阴阳五行。由于阴阳学说在解释世界万物之间复杂关系上存在着局限性，如人与自然的关系，母与子之间相生、相养的人伦社会关系等，无法仅用阴阳学说来解释。从而古人根据北斗七星的斗柄指向，和对天地自然运动变化规律的理解，又形成了五行学说。可以说阴阳五行理论解决了方法论和认识论的交融问题。阴阳是平衡调和的方法，包含两极与平衡点，即阴、阳、和，在两极之间存在连续的状态群；五行是对网络模式的认识，由完成目标功能的若干子系统构成，显示了特质相异者在生克制化的复杂相互作用中形成的、动态统一的自组织机能基础。

## 2. 阴阳五行与竞争战略

著名战略学家迈克尔·波特，从经济学的视角提出，面对不同的市场目标，企业可以选择5个基本竞争战略，即：成本领先战略、差异化战略、最佳价值战略、基于成本领先的集中化与基于差异化的集中化战略（见图A-3）。图中的5种基本竞争战略都代表不同的市场定位，其中每一种战略的模式在商业竞争和经营方式上是完全不同的。由此，依据中医的阴阳功能含义，成本领先战略为"阴"，其理由是：相对差异化战略而言，产品的研发往往是"止静"状态的发展，战略的着重点主要是为了降低运营成本，而扩大生产规模，具体讲就是企业全力提高产品制造数量和工艺水平（这种提高，会降低产品本身的研发活动）；差异化战略为"阳"，其理由是：相对成本领先战略而言，产品的研发往往是以"拉动"状态的发展，战略的着重点主要是追求产品或者服务与众不同的特色性，具体讲是企业渴望提高产品功能的研发和创新能力（这种提高，会降低产品工艺的研发活动）。依此类推，可得其他三种竞争战略。将5种基本竞争战略与阴阳五行系统进行归纳型假设，从而得到5种基本竞争战略与阴阳五行系统关系的表述（见图A-4）。图A-4说明了企业竞争战略的选择原则："企业在选择竞争战略时，首先应该坚持原先选择运作好的竞争战略；而在改变原先不好的竞争战略时，应该尽量选择相生（相邻）的竞争战略；而选

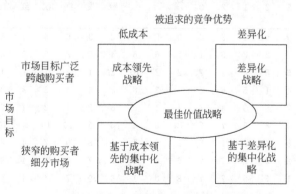

**图A-3 五种一般竞争战略的结构图**

择相克（相隔）的竞争战略是最差的决策"。

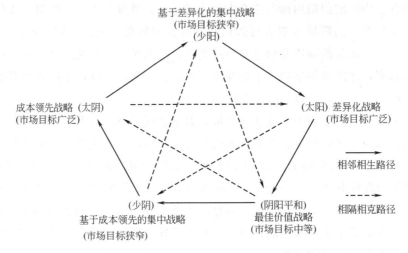

**图 A-4　五种基本竞争战略间的系统图**

## 三、　决策模拟中的竞争战略选择分析

### 1. 某赛区后阶段两期情况

从基本竞争战略选择的角度，可以采用阴阳五行的竞争战略方法对企业竞争模拟进行量化分析。例如，某赛区从第 9 期开始模拟，如表 A-3 和表 A-4 所示为 10 家企业在 13 期和 14 期模拟的名次排名表（说明：由于第 15 期是参加模拟者共知的结束期，非远期竞争战略故而放弃对第 15 期的分析），表 A-5 和表 A-6 中的数据是 13 期和 14 期各企业生产的产品在各市场销售价格与相应所占市场的份额比值，即每个产品的销售价格/市场份额，根据中医阴阳五行理论与企业竞争战略的内容，分析企业 3 为什么由排名第 1 下降到排名第 3；分析企业 4 为什么由排名第 3 上升为第 1；分析企业 8 为什么由排名 9 变化到排名为 4。

**表 A-3　第 13 期末各企业分项指标排序**

| 企业编号 | A市场1 | A市场2 | A市场3 | B市场1 | B市场2 | B市场3 | C市场1 | C市场2 | C市场3 | 工人数 | 机器数 | 债券 | 工资系数 | 累计研发 | 本期利润 | 累计交税 | 累计分红 | 净资产 | 人均利润率 | 资本利润率 | 综合评分 | 总评名次 |
|---|---|---|---|---|---|---|---|---|---|---|---|---|---|---|---|---|---|---|---|---|---|---|
| 1 | 4 | 9 | 6 | 8 | 9 | 9 | 1 | 2 | 4 | 5 | 5 | 5 | 2 | 8 | 6 | 6 | 4 | 6 | 6 | 6 | 0.006 | 6 |
| 2 | 8 | 8 | 8 | 4 | 5 | 2 | 2 | 3 | 1 | 7 | 6 | 6 | 4 | 3 | 2 | 5 | 2 | 5 | 1 | 1 | 0.426 | 2 |
| 3 | 7 | 6 | 5 | 6 | 3 | 6 | 4 | 1 | 2 | 2 | 10 | 2 | 1 | 4 | 1 | 1 | 1 | 5 | 5 | 5 | 0.701 | 1 |
| 4 | 3 | 7 | 3 | 1 | 1 | 5 | 9 | 8 | 3 | 8 | 4 | 9 | 3 | 2 | 3 | 4 | 3 | 3 | 3 | 3 | 0.318 | 3 |
| 5 | 5 | 5 | 2 | 7 | 6 | 3 | 4 | 3 | 1 | 1 | 9 | 4 | 6 | 1 | 4 | 2 | 4 | 4 | 2 | 2 | 0.238 | 5 |
| 6 | 9 | 9 | 9 | 9 | 4 | 8 | 5 | 7 | 10 | 3 | 4 | 6 | 5 | 10 | 10 | 5 | 10 | 10 | 10 | 10 | −2.015 | 10 |
| 7 | 1 | 1 | 7 | 2 | 7 | 4 | 5 | 5 | 3 | 7 | 1 | 9 | 7 | 1 | 9 | 8 | 9 | 7 | 9 | 9 | −0.196 | 8 |
| 8 | 3 | 3 | 1 | 5 | 2 | 1 | 8 | 6 | 7 | 4 | 5 | 3 | 7 | 6 | 5 | 7 | 5 | 4 | 4 | 4 | −0.284 | 9 |
| 9 | 6 | 2 | 4 | 3 | 1 | 7 | 5 | 7 | 8 | 2 | 7 | 8 | 7 | 9 | 7 | 4 | 8 | 2 | 7 | 7 | 0.290 | 4 |
| 10 | 2 | 1 | 9 | 9 | 3 | 9 | 9 | 2 | 8 | 10 | 1 | 6 | 10 | 8 | 7 | 8 | 7 | 8 | 8 | 8 | −0.158 | 7 |

**表 A-4　第 14 期末各企业分项指标排序**

| 企业编号 | A市场1 | A市场2 | A市场3 | B市场1 | B市场2 | B市场3 | C市场1 | C市场2 | C市场3 | 工人数 | 机器数 | 债券 | 工资系数 | 累计研发 | 本期利润 | 累计交税 | 累计分红 | 净资产 | 人均利润率 | 资本利润率 | 综合评分 | 总评名次 |
|---|---|---|---|---|---|---|---|---|---|---|---|---|---|---|---|---|---|---|---|---|---|---|
| 1 | 4 | 9 | 6 | 7 | 7 | 8 | 1 | 4 | 4 | 6 | 6 | 5 | 2 | 8 | 4 | 5 | 5 | 5 | 4 | 4 | 0.129 | 5 |
| 2 | 8 | 8 | 8 | 4 | 5 | 3 | 3 | 3 | 1 | 7 | 5 | 4 | 3 | 3 | 3 | 3 | 2 | 2 | 2 | 2 | 0.563 | 2 |
| 3 | 6 | 5 | 7 | 5 | 4 | 4 | 2 | 5 | 2 | 2 | 2 | 10 | 2 | 1 | 6 | 2 | 3 | 2 | 5 | 6 | 0.359 | 3 |
| 4 | 7 | 4 | 5 | 1 | 2 | 2 | 2 | 1 | 2 | 3 | 4 | 8 | 5 | 1 | 1 | 4 | 1 | 1 | 1 | 1 | 0.771 | 1 |
| 5 | 5 | 3 | 3 | 8 | 9 | 7 | 4 | 6 | 5 | 1 | 1 | 9 | 6 | 2 | 5 | 4 | 5 | 4 | 6 | 5 | 0.047 | 6 |
| 6 | 9 | 9 | 9 | 8 | 8 | 9 | 4 | 7 | 5 | 10 | 8 | 4 | 6 | 5 | 10 | 10 | 5 | 10 | 10 | 10 | −2.010 | 10 |
| 7 | 3 | 7 | 4 | 6 | 10 | 6 | 3 | 4 | 7 | 4 | 7 | 4 | 4 | 5 | 8 | 9 | 8 | 9 | 9 | 8 | −0.341 | 9 |
| 8 | 1 | 6 | 1 | 2 | 1 | 1 | 5 | 5 | 3 | 6 | 3 | 7 | 6 | 2 | 7 | 1 | 7 | 3 | 3 | 4 | 0.135 | 4 |
| 9 | 9 | 2 | 2 | 5 | 6 | 5 | 4 | 7 | 5 | 9 | 8 | 6 | 7 | 6 | 7 | 5 | 6 | 6 | 7 | 7 | −0.069 | 7 |
| 10 | 2 | 1 | 9 | 3 | 3 | 9 | 4 | 7 | 5 | 8 | 10 | 1 | 6 | 10 | 9 | 9 | 5 | 8 | 8 | 9 | −0.318 | 8 |

**表 A-5　第 13 期各产品在各市场的价格与相应市场份额的比值**

| 企业编号 | A产品 | | | B产品 | | | C产品 | | |
|---|---|---|---|---|---|---|---|---|---|
| | 市场1 | 市场2 | 市场3 | 市场1 | 市场2 | 市场3 | 市场1 | 市场2 | 市场3 |
| 1 | 21 120 | NO | 47 415 | 143 610 | NO | NO | 15 150 | 49 746 | 70 262 |
| 2 | 475 000 | 185 714 | 61 475 | 50 000 | 62 174 | 47 115 | 34 657 | 62 739 | 37 226 |
| 3 | 190 000 | 51 493 | 36 449 | 51 908 | 63 964 | 69 643 | 2 375 000 | 34 680 | 43 033 |
| 4 | NO | 52 879 | 47 375 | 46 503 | 58 824 | 31 933 | NO | 139 535 | 286 667 |
| 5 | 27 973 | 34 639 | 23 387 | 64 901 | 89 620 | 64 000 | 54 314 | 74 727 | 52 174 |
| 6 | NO | NO | NO | NO | NO | 430 769 | NO | NO | NO |
| 7 | 12 304 | 47 284 | 27 000 | 85 320 | 159 068 | 53 669 | NO | 82 043 | 120 930 |
| 8 | 18 478 | 31 193 | 15 487 | 29 054 | 36 538 | 47 857 | NO | NO | NO |
| 9 | 80 968 | 12 097 | 18 301 | NO | 30 000 | 77 922 | NO | NO | NO |
| 10 | 9 200 | 8 777 | NO | 38 255 | 42 857 | NO | NO | NO | NO |

**表 A-6　第 14 期各产品在各市场的价格与相应市场份额的比值**

| 企业编号 | A产品 | | | B产品 | | | C产品 | | |
|---|---|---|---|---|---|---|---|---|---|
| | 市场1 | 市场2 | 市场3 | 市场1 | 市场2 | 市场3 | 市场1 | 市场2 | 市场3 |
| 1 | 19 643 | NO | 44 182 | 86 100 | 93 320 | 156 843 | 15 236 | 55 860 | 64 481 |
| 2 | 3 800 000 | 243 750 | 82 609 | 58 974 | 80 000 | 49 673 | 45 561 | 52 632 | 27 807 |
| 3 | 83 333 | 35 417 | 50 000 | 62 385 | 60 870 | 73 333 | NO | 51 759 | NO |
| 4 | 142 857 | 25 397 | 36 842 | 27 510 | 48 966 | 39 691 | 37 548 | 33 013 | 35 065 |
| 5 | 33 895 | 24 030 | 24 007 | NO | 168 000 | 99 740 | NO | 226 744 | NO |
| 6 | NO | NO | NO | NO | 96 226 | NO | NO | NO | NO |
| 7 | 16 172 | 106 030 | 28 454 | 77 635 | 273 038 | 89 400 | NO | 131 156 | 66 875 |
| 8 | 13 189 | 56 349 | 15 319 | 28 326 | 30 045 | 31 385 | NO | NO | NO |
| 9 | NO | 12 397 | 15 909 | NO | 80 899 | 57 692 | NO | NO | NO |
| 10 | 10 455 | 9 622 | NO | 44 882 | 41 958 | NO | NO | NO | NO |

## 2. 竞争战略分析

（1）13 期各企业的竞争战略。表 A-7 为第 13 期各企业各产品的市场平均比值，经过分五档（5 个区间）计算得表 A-8 的企业 3，4，8 企业所选择的竞争战略。

表 A-7　13 期各企业各产品的市场平均比值

| 企业编号 | A 产品 | B 产品 | C 产品 |
| --- | --- | --- | --- |
| 1 | 34 267 | 143 610 | 45 053 |
| 2 | 240 730 | 53 096 | 44 874 |
| 3 | 92 647 | 61 838 | 817 571 |
| 4 | 50 127 | 45 753 | 213 101 |
| 5 | 28 666 | 72 840 | 60 405 |
| 6 | NO | 430 769 | NO |
| 7 | 28 863 | 99 352 | 101 486 |
| 8 | 21 719 | 37 817 | NO |
| 9 | 37 122 | 53 961 | NO |
| 10 | 8 989 | 40 556 | NO |

求得各产品比值的极差和区间段：

A 产品，$\Delta A=231741$，$\Delta A/5=46348$；

B 产品，$\Delta B=392953$，$\Delta B/5=78591$；

C 产品，$\Delta C=772697$，$\Delta C/5=154539$。

则 A 产品 5 个判断区间为 8989—55337—101685—148033—194382—240730；

则 B 产品 5 个判断区间为 37817—116407—194998—273588—352179—430769；

则 C 产品 5 个判断区间为 44874—199413—353953—508492—663032—817571。

由此推出各区间各个企业所选择对应的竞争战略，即：成本领先战略（水）、基于成本领先的集中战略（金）、最佳价值战略（土）、基于差异化的集中战略（木）、差异化战略（火）。由此判断第 13 期企业 3，4，8 各产品的竞争战略（见表 A-8）。

表 A-8　企业 3，4，8 所选择的竞争战略

| 13 期 | A 产品 | B 产品 | C 产品 |
| --- | --- | --- | --- |
| 企业 3 | 基成集中 | 低成本 | 差异化 |
| 企业 4 | 低成本 | 低成本 | 基成集中 |
| 企业 8 | 低成本 | 低成本 | NO |

（评注 1：此处所说的 5 种战略的顺序与上段数字出现的顺序相反，容易产生误解。）

（评注 2："价格/市场份额"越大，说明定价偏高引起分子大，或除价格以外的其他营销手段不利引起市场份额小。但是，如果是定价偏高还能卖得不错，还可以说是"基于差异化的集中战略"，如果原因是"其他营销手段不利"，如促销、广告、研发等偏弱，与"基于差异化的集中战略"不符，因为"基于差异化的集中战略"对重视的产品要加大研发等投入。

以上划分的疏忽是：波特剔除的 5 种战略都是根据情景做出的正确战略选择，而模拟中有的企业其决策可能是错误的判断，比如，给质量不高、没有其他营销策略配合的产品

定高价，结果不好，这种策略不在 5 种战略选择之内。

基于以上原因，以下分析几个企业名次下降的原因时，理由有些牵强。）

（2）14 期各企业的竞争战略。表 A-9 为第 14 期各企业各产品的市场平均比值，经过分 5 档（5 个区间）计算得表 A-10 的企业 3，4，8 所选择的竞争战略。

表 A-9　14 期各企业各产品的市场平均比值

| 企业编号 | A 产品 | B 产品 | C 产品 |
|---|---|---|---|
| 1 | 31 912 | 112 088 | 45 193 |
| 2 | 1 375 453 | 62 883 | 42 000 |
| 3 | 56 250 | 65 529 | 51 759 |
| 4 | 68 365 | 38 722 | 35 209 |
| 5 | 27 310 | 133 870 | 226 744 |
| 6 | NO | 96 226 | NO |
| 7 | 50 219 | 146 691 | 99 015 |
| 8 | 28 286 | 29 919 | NO |
| 9 | 14 153 | 69 296 | NO |
| 10 | 10 038 | 43 420 | NO |

同理，求得各产品比值的极差和区间段：

A 产品，$\Delta A=1365415$，$\Delta A/5=273083$；

B 产品，$\Delta B=116772$，$\Delta B/5=23354$；

C 产品，$\Delta C=191536$，$\Delta C/5=38307$。

则 A 产品 5 个判断区间为 10038—283121—556204—829287—1102370—1375453；

则 B 产品 5 个判断区间为 29919—53273—76628—99982—123337—146691；

则 C 产品 5 个判断区间为 35209—73516—111823—150130—188437—226744。

同上理，推出各区间各个企业所选择对应的竞争战略，即：成本领先战略、基于成本领先的集中战略、最佳价值战略、基于差异化的集中战略、差异化战略。由此判断第 14 期企业 3、4、8 各产品的竞争战略（见表 A-10）。

表 A-10　企业 3、4、8 所选择的竞争战略

| 14 期 | A 产品 | B 产品 | C 产品 |
|---|---|---|---|
| 企业 3 | 低成本 | 基成集中 | 低成本 |
| 企业 4 | 低成本 | 低成本 | 低成本 |
| 企业 8 | 低成本 | 低成本 | NO |

（3）将两期的竞争战略比较。如表 A-11 所示。

将表 A-11 与表 A-10 汇总（见表 A-11），比较各个企业的产品竞争战略变化分析。

① 企业 3 名次下降原因。企业 3 之所以从第 1 变为第 3，主要原因是在 C 产品的竞争战略选择上，在 13 和 14 两期采用了相克的竞争战略。低成本战略属水，差异化战略属火，水克火，水火不相容。尽管 A，B 两产品战略的变化属于相邻相生，但 C 产品相克的战略变化，最终使得企业 3 由第 1 名下降为第 3 名。

**表 A-11　企业 3，4，8 各产品竞争战略比较表**

| 企业编号 | 期数 | A 产品 | B 产品 | C 产品 | 名次变化 |
|---|---|---|---|---|---|
| 企业 3 | 13 期 | 基成集中(金) | 低成本(水) | 差异化(火) | 1 |
| | 14 期 | 低成本(水) | 基成集中(金) | 低成本(水) | 3 |
| 企业 4 | 13 期 | 低成本(水) | 低成本(水) | 基成集中(金) | 3 |
| | 14 期 | 低成本(水) | 低成本(水) | 低成本(水) | 1 |
| 企业 8 | 13 期 | 低成本(水) | 低成本(水) | NO | 9 |
| | 14 期 | 低成本(水) | 低成本(水) | NO | 4 |

（评注：原来的上图中与企业 4 的划分线应该向下移一行。已经移过。）

② 企业 4 名次上升原因。企业 4 的竞争战略运用则相当好，A，B 两产品的竞争战略维持不变，C 产品由中小批量变为大批量生产，竞争战略由基于成本领先的集中战略变化为成本领先战略，属于相邻相生的战略选择变化。对于企业稳步发展很有帮助，并最终由第 3 名上升为第 1 名。

③ 企业 8 名次上升原因。企业 8 采用主要生产 A，B 二个产品，放弃了生产 C 产品，并且在 A，B 二个产品上均坚持采用原来的成本领先战略，保持了原有的竞争战略优势，所以从排名 9 上升为排名 4 名。

由 13 期与 14 期企业 3，4，8 竞争战略的比较，可以推出假设后的结论：企业在选择竞争战略时，首先应该坚持原先好的竞争战略；当企业不得已要改变自己原来的竞争战略时，选择相邻相生的竞争战略，比选择相隔相克的竞争战略好。该结论，不妨也可以作为在模拟中企业竞争战略选择的原则。

**补充说明：**

以上对决策模拟中的竞争战略选择分析前提有三点：一，通常是基于高手的模拟比赛；二，参赛者在选择竞争战略时是十分理性的；三，分析阶段要选择在模拟比赛临将结束的前期（如果前 8 期为比赛背景，从第 9 期开始模拟，第 16 期结束，最好选择第 14 期和第 15 期进行分析，这个阶段的企业竞争战略逐步形成，并且相对稳定）。

从经济学的角度来看竞争的市场，某产品的功能在不变的情况下，价格和需求变化规律是：价格的上升，将会导致需求数量的减少。如果企业采取是高价策略（排除非理性的定价），通常可以认为是差异化战略或者基于差异化的集中战略，因为企业为了保证高价位产品的销售数量，必须追求产品功能的独特性，从而就会加大促销、广告、研发等能力，但是，市场的认可也不会是一帆风顺，因为加大促销、广告、研发也存在着成本的边际效益，而且市场还有许多的竞争者，他们不会拭目以待把有利可图的市场给放弃，甚至而盲目地去把自己的成本提高。

另外，由于现实中的行业里企业处于竞争始终动态之中，所以，一个企业选择一种竞争战略是受制于其他企业的战略选择与实施，也就是说，竞争战略的选择不是企业自己原先认为的差异化战略，就是现实而实施的"差异化战略"，而是取决于动态的市场情境。模拟也一样，企业所选择的竞争战略是本企业自己的设想，并非是结果，每次交单所选择的竞争战略结果，常常由其他众多企业选择不同的竞争战略所决定的。

# 附录 B 决策模拟与传统文化

附录 B 是合肥工业大学管理学院历届本科生，在参加《模拟企业创业实践》课程结束后，撰写实践报告的部分内容。基于胡锦涛主席在 2011 年 4 月 24 日清华大学百年校庆大会提出的："全面提高高等教育质量，必须大力推进文化传承创新"的精神，以及国家自然科学基金委员会管理科学部主任郭重庆院士，在 2008 年 3 月第 1 届"管理学在中国"学术研讨会上提出：中国管理学的创建要从对西方管理经典的"照着说"，到向中国管理的"接着讲"转变，以及"接着讲"的一个重要路径就是"接着中国传统文化讲"。从而，笔者选取了他（她）们在企业竞争模拟比赛后撰写的结合传统文化的部分感想和体会，以供大家分享。

## 一、 决策模拟与五行团队

通过参加北京大学光华管理学院组织的企业竞争模拟比赛，我们对企业的竞争环境和经营有了进一步的理解。比赛引导我们全面、灵活地运用管理学各学科的知识，提高了我们分析、判断和应变能力，培养了我们在变化莫测的经营环境下，面对多个竞争对手，能正确制定企业的决策，从而提升了实施企业战略目标的能力，同时也培养了我们的团队合作精神。而企业竞争模拟中的决策模拟，它所具有的竞争性、趣味性、实用性，是其他课堂教学形式难以比拟的。

本次比赛所用 9 天的时间，经多期竞争模拟后，我们的"覃志军等"参赛队，获得综合绩效的排名第一。

在企业战略管理的课程上，老师经常用中国古代的思想来给我们解释现代企业管理的思想。常常用到五行的思想，利用五行的相生相克来解释企业在经营决策中的相互关系问题，并形象地把五行中的木、火、土、金、水用来比喻作企业的高层管理团队。而我们的模拟团队的组建，也是这么实现的，不知道我们能够获得第一，是否存在巧合。

### 1. 团队组建

首先，根据同学们的性格特征，组建了我们的团队（当然也不是完全符合，我们只是借鉴这个大概相似）。成员有游泽林、林榜、覃志军、晏国林、丁娟 5 位同学组成，团队称为"覃志军等"参赛队。根据五形人的特征，我们对团队的成员进行了性格分析。

游泽林——木形人。木形性格的人，本性柔软，性情随和，感情丰富，举止洒脱，心胸宽广，生活乐观，善交朋友。游泽林同学正是这样：心地善良、好施舍，性格倔强，意志力坚定不移，颇有"宁愿站着死，不愿跪着生"的性格。所以我们让游泽林做市场经理。

林榜——火形人。火形性格的人，思维超常、富于创新、敢冒风险、精力充沛。林榜同学是我们这组人当中最接近火形人的了。火形人的一举一动都如火焰狂热，虽说这点林榜不太符合，但他如果对别人不满意，会直截了当地提出，即使得罪人也在所不惜，并且也有火形人善辩和思维超常的特质。他不会对别人搞阴谋诡计，对别人的成功总是会衷心地祝贺，所以他在我们组里面是当之无愧的总经理。

覃志军——土形人。土形性格的人，讲信用，有言行一致、说一不二、忠孝至诚、严守信誉、好敬神佛的特点。另外，对人宽宏大量，有忍劲和耐力，做事总是坚持不懈，有始有终，同时为人质朴，勤劳节约，办事踏实肯干。覃志军同学是相对最符合人力资源管理的一位经理，尤其是他为人不虚伪，待人忠厚老实，宽宏大量。

晏国林——金形人。金形性格的人，有英雄豪杰、仗义疏财，讲究礼义廉耻、性格好强、刚愎自用的特点。晏国林同学就非常讲义气，重视名誉，办事认真，自尊心也很强。所以我们让晏国林做生产经理。

丁娟——水形人。丁娟同学是我们这组当中唯一的女性，女性是水做的，水形人当然非她莫属了。书上这样写：水形性格的人，水命人足智多谋，聪明好学，有谋略，好思索，坐不住，灵活多变，能刚能柔，软中有硬，以柔克刚，刚柔相济。作为财务经理的候选人是相对适合的一位了。

总经理相当于五行中的"火"，人力资源经理相当于五行中的"土"，生产经理相当于五行中的"金"，财务经理相当于五行中的"水"，市场经理相当于五行中的"木"。

## 2. 模拟决策

我们在比赛做决策的时候，发现市场环境很复杂，需要考虑的东西很多，它们交织在一起，但确实也是相互依存，并且相互制约的，与中医五行的关系很相似。

在第一次交单后，排名是第 10 位，比预期要差一些，不过我们也没有慌。因为在这之前，就买了很多机器，为了就是能在后面大规模地生产产品。由于在决策的时候，发现计算量太大，为了简化计算量，当天下午总经理和生产经理就用 Excel 做了一个便于计算的电子表格（这里体现了林榜的精力旺盛和晏国林性格好强的特性），从而大大缩短了我们今后几次的计算时间。

在第二次交单以后，我们的名次就上升到了第 6 位，但还是比我们原来想象的情况要差，而且我们的决策还是被软件给改动了。这时候我们的存货已经有很多了，和其他企业的价格相比，我们的价格制定得高了一些。但总经理敏锐地觉察到，我们不能大幅降价，后来的事实证明了他的判断（这里体现了林榜的思维超常）。

之后，我们的排名就一直向前，也和我们的预期一样，慢慢地上升到了第一名。除了第一期，我们都是用的那个电子表格计算的，以后每期也有稍微的修改，到最后就相当完善了。其他队的同学也对我们设计的电子表格给予了肯定。

在考虑生产的时候，生产经理会计算出大致需要生产的量，包括所有的 A，B，C，D 四种产品。在生产安排的时候，会考虑到每种产品研发所需要的资金，以及生产的成本还有需要购买的机器数量等，这些数据都需要传给财务经理，以便她计算成本，控制资金。财务经理以她对新产品制作的成本核算提供给市场经理，以便销售经理在营销策略的实施。确实，我们的资金都是比较紧张的，必须有所制约地使用，尽量将资金用到刀刃上。他们之间的相互制约就像他们五行的相克一样。在决策过程中，当然也并不是谁就一定克制着谁，只是在相互制约的时候，让企业能够更好地利用资源。这和经济学中的资源稀缺是同一个道理。谁能充分地利用资源，谁就能占上风。

**3. 心得感悟**

阴阳五行理论是中国传统文化的精华，是中医理论的基础。她创造了灿烂的中医文化，为中华民族的繁衍昌盛，为世界人民的心身健康做出了重要的贡献。阴阳五行的哲学思想，是祖先留给我们一个既简单、又先进的系统管理模式。通过在企业竞争模拟中的应用，使我们能够依靠团队的智慧，在变化多端的经营环境下，面对多个竞争对手，通过系统全面的分析问题，选择正确的决策，从而达到企业战略目标。同时，我们也意识到了在团队成员的合作中，确实可以用五行理论解释。我们的理解，虽然不是特别的深刻，但还是能体会一些其中的奥秘，促使我们能够在现实中，对于企业高层管理团队的组建，应用中医的五行进行思考，如：木元性仁肝东——市场管理；火元神礼心南——总经理；土元气信脾中——人力资源管理；金元情义肺西——生产管理；水元精智肾北——财务管理。具体到企业管理的五行，有：

木主责任、目标。市场管理肩负整个企业提升的责任，任重道远。要从企业的基础抓起，要有所为，但也不要好高骛远。要充分运用目标管理，通过量化的目标来改善。

火主整体、战略。高层管理需要树立社会和企业整体发展的观念，以战略思想为主导，充分利用企业内部和外部的资源，做好合理配置，制定和实施战略。

土主沟通、诚信。人力资源管理要与营销职能的市场信息、与生产职能的产品信息、与财务部门的成本信息等要沟通、传递、反馈。并且，必须要做到诚信务实，因为诚信是我们经商之本，是立人、立企、立国之本。万物土中生，没有诚信寸步难行。如果虚伪狡诈靠侥幸来做事情，可能得一时之利，但长久会失信于人，注定要失败的。

金主创新、细实。生产管理要加强执行力，建设合理化建议制度，持续改善等是企业工作的重要内容。质量管理，质量策划，组织管理，组织规划等工作都要扎实细致。工作不细化，我们的工作效率就没有保证。

水主理财、智能。财务管理需要掌握企业成本管理的技能，进行理财，同时通过不断的学习提高自己的技能，要根据本企业的情况，学习本领域国际、国内的有效成果和管理技术。

以上五大职能，每一个职能都必须要抓"仁、义、礼、智、信"这五个内容，贯穿到目标管理、战略管理、沟通协作、创新细实、理财智能中。但也要根据五行属性的特点、职能的特点有所侧重。

总之，企业管理一定要有系统观。五行模型告知我们：五行相生，是整体进步；五行相克，是协调发展。五行理论运用得好，我们就能象中医给人看病一样，预防解决企业产生的疾病，使企业健康有序地向前发展。企业发展好了，中国的经济基础就有了坚实的保障，中华民族崛起于世界，指日可待。

2006级工商管理2班：覃志军等队，覃志军、游泽林、林榜、晏国林、丁娟。

## 二、 模拟决策与孙子兵法

由于这已是大家第三次参加这项比赛了，大家对比赛规则和各部门职责都已经比较熟悉。在团结协作的前提下，面对变化多端的经营环境和15个竞争对手，制定出企业的经营决策，以达到企业整体、协调、持续发展的战略目标。"所有的事都不是不可能做的，只要有一个支点就可以撑起地球"。这次比赛，我们亚特兰蒂斯队的企业支点，就是大家团结协作，明确分工，每次决策都进行多次沟通。同时，根据各部门的情况，制定相应的模板，在比赛中及时修改模板，这一切最后都使我们受益。

**1. 乐中学**

首先，最大的收获就是"真正地把书本的东西装入大脑里"。使我们将所学各种管理知识，在"游戏"般紧张愉悦的情绪里，不知不觉地运用到虚拟的企业经营中。如在分析企业经营状况进行决策时，你要将经济学、战略管理、市场营销、成本会计、财务会计、运筹学等各门知识进行综合。它们有的是提供一种思想（如在具体产品的市场营销中采用"优质优价"的差异化还是"低成本市场份额"），有的是告诉你一些方法（如估计每个产品的成本是用作业成本法好，还是其他方法更好），而在建立模型过程中，又需要对统计学和运筹学的分析方法有所掌握，还需要对相关工具软件，如 Excel 的熟悉操作，这都需要多多练习。

其次，提高了我们团队协作的能力。比赛要求队伍里队员之间有着高效合理的分工与合作（这一点可以参考以五形人来组建团队）。团队中每个人，各司其职，才能保证在最短的时间里做出相对最优的决策。一些重大问题，大家一起讨论，通过这种形式的锻炼，也提高了自己说服别人的能力和乐于听取别人意见的意愿。

再次，比赛中应用《孙子兵法》其乐无穷。孙子曰："凡治众如治寡，分数是也；斗众如斗寡，形名是也；三军之众，可使必受敌而无败者，奇正是也；兵之所加，如以碬投卵者，虚实是也"。比赛就是竞争，就是你所在企业与另外所有企业相互竞争，这个竞争就如同残酷性的战争，要想不被别的企业打败，就必须建立起自己的作战体系，使自己做到"善攻者，敌不知其所守；善守者，敌不知其所攻"。作战体系包括"正兵"和"奇兵"，"正"即成本优势，"奇"即标新立异。通过成本控制，建立起自己有韧性的系统，与其他企业既在一般层面上竞争，又通过有意识地培育自己的某一产品或市场，磨亮锋利的矛，随时准备出击，以虚虚实实的产品投放，或库存产品掩盖自己的优劣势，储备自己的竞争力量，避免与任何单一对手展开拉锯战，陷入"螳螂捕蝉、黄雀在后"的败局，这是"兵贵速，而不贵久"的道理。另外，要建立自己的竞争优势，就必须有所取舍。历史资料给参赛者的资源都是一样的，如何协调统筹运用这些可用资源，既不大肆削弱企业原有的各方面优势，又能建立起新的独特的有别于其他企业的竞争优势，是对企业的严峻考验。

**2. 学中用**

每一次提交决策单前，我们通常都运用所学到的分析工具，其中有：SWOT 分析、五力竞争模型和预测模型等，并且经过小组成员们的反复讨论而最终决策。

（1）SWOT 分析。在比赛中，根据企业的内、外环境现状进行综合的分析，我们首先选择的是 SWOT 分析工具（见表 B-1）。

（2）五力模型分析。我们应用了"五力模型"进行分析，即引用著名的美国战略学家迈克尔·波特（Michael Porter）提出了的行业竞争结构分析模型，从供应商的议价能力、购买者的议价能力、替代品的威胁、潜在进入者的威胁和现有竞争对手的竞争程度 5 个方面，对行业的竞争环境进行分析（见图 B-1）。

**表 B-1　亚特兰蒂斯队的 SWOT 分析**

| | |
|---|---|
| S(优势) | ①企业在市场 2 中 A,B 产品的固定运费和运输变动费用均低于各个企业的平均运费。<br>②产品 A,B 占用机时、人时、原材料都比较少,由于规模经济的特点,可通过增加产量来降低成本,取得比较高的市场占有率。<br>③产品 C,D 各个企业在各个市场中目前均未投放,市场价格高,可以先发制人,抢先占领市场,获取高额利润。 |
| W(劣势) | ①企业在市场 1 中产品 A 和 B 的固定运费和运输变动费用均高于各个企业的平均运费。<br>②若要快速占领产品 C,D 的市场,在前期投入大量的研发费用,且 C 和 D 的生产成本较高 |
| O(机会) | 一部分企业产品 A,B 采取成本领先战略,走规模经济效益道路,让出了产品 C,D 的一些市场份额,为赚取高额利润提供了机会。 |
| T(威胁) | ①一旦与打差异化战略的企业所研发的产品投放市场产生相撞,将会面临风险。<br>②A、B 产品被其他采取成本领先的企业制约,产品 C 和 D 的利润空间与市场份额与其他企业分享 |

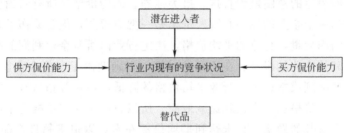

**图 B-1　五力模型图**

在模拟比赛初期,最主要的是分析潜在进入者这个基本力量。由于各个企业均生产 A,B 产品,且初期市场份额基本一样,基于此点,我们主要对 C,D 产品潜在进入者进行分析。我们对 C,D 采取差异化战略,抢先占领市场,夺得优势性的市场占有率,因此潜在的进入者,就是对企业最大的威胁。我们预计企业的 C,D 产品将在随后的决策中占有一定的市场份额,潜在的进入者会带来新的竞争能力,从而对已有的市场份额的格局进行重新分配。我们若想取胜,就要利用已有的资源优势,对潜在的进入者进行强有力的冲击,因此我们要加大研发投入,形成产品的差异化,潜在进入者往往要花费较长时间才能攻克这一壁垒。另外,要购买机器,扩大 C,D 的产量,使单位成本趋于下降,这样其他企业以较小的规模进入时,将会忍受着产品成本过高的劣势。

正是基于以上这些分析,我们回避了其他企业的锋芒,采取大力投入研发费用的做法,以大力开发 C 和 D 市场,作为企业的利润基础(采用差异的集中化战略),而 A 和 B 又要努力保持一定市场份额,并根据生产能力进行调整(采用成本领先战略)。同时,也应注意"奇兵"的运用,但使用奇兵时需要特别注意的是,不要因为想使用奇兵而使用,不要因为想打败某一个竞争对手而用,心中一定要有最高的目标,那就是能使自己企业的相对利润最多,那样才能有助于企业的发展。由于企业所处的环境随时都在变化,什么时候使用"奇兵",什么时候使用"正兵",就需要总经理与大家协商,仔细审视。

(3)预测模型。从对本次比赛规则的分析我们发现,企业的首要任务应该是盈利。所以利润必须要比别的企业盈利更多,才可以取胜。如何使利润比别的企业更多呢?核心竞争力的构建与策略的运用就成为关键了。从企业的营销角度来分析企业核心竞争力的构建,主要来源于以下两个方面:一是市场的开拓——客户的支持,这也是企业生存的支柱;二是成本的控制——内部的管理。

在市场开拓方面，首先是以发展为主的市场开拓，加上营销要素的组合。开拓市场的目的是获得更多的利润，而利润＝销量×（价格－成本）。于是，提高利润的方法有三种方法：增大销量、提高价格、减少成本。由于初始资源都是一样，鱼与熊掌不可兼得。在历史资料的背景下，对于 A，B 产品产量的增加，几乎都要增加成本，并且是 0.5 倍。于是只有依靠加大成本投入，进行市场开拓，以使销量一定的情况下，价格提高或者价格一定的情况下销量提高；或者降低价格以获取更多的市场。几乎每个企业都在寻求这种放大效应，但同时由于营销要素的边际递减性，当投入的增加不能带来收益的增加时，它们便又具有缩小效应。谁能找到各种营销要素组合后，在适合自己企业的规模下的临界点，谁的利润就会在同等规模下的企业中达到最高。但规模在变化，营销组合又具有滞后性，所以这个临界点永远不可能找到，只能说谁能规划好各期的营销组合，使各期综合最接近临界点，谁的利润就能做到最好。价格的降低有助于市场的开拓。但价格不要轻易降低。价格在市场竞争中，所表达的意图最为直接，最为强烈。因为价格是所有营销要素中最为重要的因素，最能表达一个企业的战略心智。价格是一把双刃剑，很容易伤了别人，又伤了自己。价格是利润的因变量，行业的平均价格，决定行业内所有企业利润的高低。价格的降低，很容易引起其他企业的跟进。在比赛的时候，个别期由于有些企业规模的盲目扩大，大幅度降价，甚至降到成本以下，行业平均价格的降低，市场开拓虽有一定的进展，但市场毕竟不是无限的，价格也具有边际递减效应。所以自己企业在价格上采取投入促销和加大研发，提高工资系数的做法，只求达到平均份额左右，以追求每件产品的利润为主导，避免和别的企业打价格战而使竞争模拟形成"红海"。根据经验（在不考虑价格的情况），不同行业研发、促销、广告也会不一样，而比赛参数的变化决定了行业的变化。"夫兵形象水。水之形，避高而趋下，兵之形，避实而击虚，水因地而制流，兵因敌而制胜。故兵无常势，水无常形，能因敌变化取胜者，谓之神。"此处的"敌"是指我们需要攻克的市场。无常势的兵和无常形的水，就是参数变化的市场。好钢要用到刀刃上。知道了广告、促销、研发等谁重要，就在某一方面下一些功夫。考虑到企业广告对市场的影响有滞后作用，而产品促销及时性稍强。因此，为建立品牌效应，应加大对企业促销，同时保持质量略有提高（见图 B-2）。

（评注：文中说"广告对其他企业也有正面影响"，不符合模拟规则。）

成本控制方面，面对混沌和难以清晰预测市场的量化数据，必须将自己的企业治理得井井有条，不让任何外来不测风雨的袭击使企业遭受损失。营销成本，包括销售成本与管理费用。通过分析，可以找出一些在销售成本与管理费用中比例较大的费用，分析其组成要素，找出可控的变量。在销售成本中，可控成本是工人的工资及产品运输费用，可以通过生产哪种产品控制人时来减少工人工资，而在运输费用方面，则一方面要考虑各市场的运输成本，销售数量等，另一方面可通过合理投放市场数量来减少运输成本。具体到销售预测方面，主要是用的线性趋势外推法的一个推广，即多考虑一个边际贡献率的问题，同时根据市场容量变化、市场平均价格、供求关系等来确定，用简单的直线预测模型来预测未来某期的预测值，具体的模型为：

$$Y = a + bt$$
$$b = \sum ty / \sum t$$
$$a = \sum y / n$$

式中，$y$ 为每一期的实际销售量；$t$ 为时间参数；$n$ 为数据资料总期数。

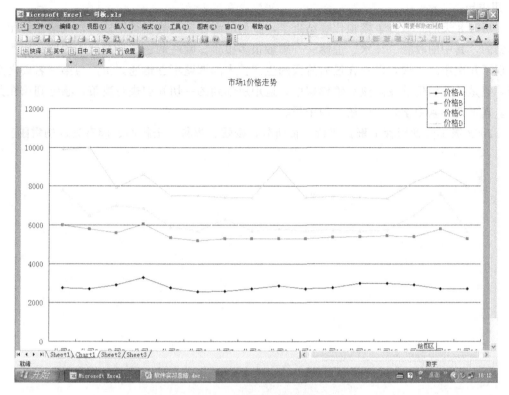

图 B-2　价格调整模版图

但根据该公式计算出的预测值往往不够准确，故需要根据上述因素进行修正。同时，企业的机时和资金等生产能力是有限的，所以，我们一般会在以上预测值的基础上，综合考虑生产、财务等部门的因素，站在全企业利益的战略高度与其他各部门协调，最终达成一致意见，再调整数据（见图 B-3）。

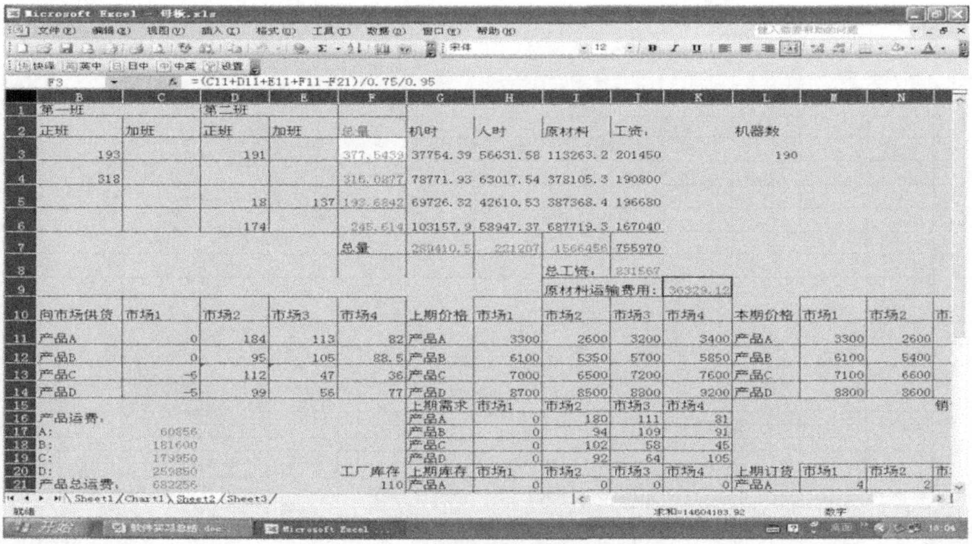

图 B-3　销售预测模板图

**3. 用中乐**

历时 8 天的企业竞争模拟比赛结束了，我们的参赛队最终获得第二名，成绩还是相当不错的，其中的收获、汗水、遗憾——感触很多很多。唯一的遗憾，莫过于我们在比赛中出现了几次小的失误，以及在最后阶段的生产扩大的调整不够迅速。虽然与第一名失之交臂，但是，我们仍然在企业竞争模拟中，运用所学到的一切知识进行决策，感觉到乐在其中。真可谓：乐中学，学中用，用中乐。

2002 级工商管理管 1 班：亚特兰蒂斯队，杨骥、程科、王树明、廖春光、杨雷刚。

# 参 考 文 献

[1] 王其文. 决策模拟讲义. 北京大学光华管理学院，2004.

[2] 王其文，向重伦，陈宝福，李东，张不同，李北平. 经济管理计算机基础教程（下册）. 北京：高等教育出版社. 2000.

[3] 文理，谢武，孙超平. 企业战略管理——原理、实例、分析. 合肥：中国科学技术大学出版社，2011.

[4] 王新玲等. ERP 沙盘模拟学习指导书. 北京：电子工业出版社，2006.

[5] 夏远强，叶剑明. 企业管理 ERP 沙盘模拟教程. 北京：电子工业出版社，2007.

[6] 刘树良. 企业沙盘模拟决策理论与实战. 北京：电子工业出版社，2008.

[7] 刘柏，尹铁岩. 企业竞争模拟实验教程. 长春：吉林大学出版社，2008.

[8] 陈冰. 企业经营实战——电子沙盘教程. 北京：经济科学出版社，2008.

[9] 赵新泉，彭勇行. 管理决策分析. 第 2 版. 北京：科学出版社，2010，

[10] 张健，王晖，陈元凤. 管理决策模型与应用. 北京：机械工业出版社，2010.

[11] Gentry, J. W. Guide to Business Gaming and Experiential Learning. London：Nichols/GP Pbulishing. 1990.

[12] 宁凌，唐楚生. 现代企业管理. 北京：机械工业出版社，2011.

[13] 孙红靖，臧其刚. 对管理科学决策模拟的认识与思考. 科技情报开发与经济. 2006，16（23）：202-203.

[14] 尹铁岩，王珏辉，姚国权. 管理决策模拟方法及其应用研究. 嘉兴学院学报. 2005，17（S1）：117-118.

[15] 刘柏. 模拟决策对于提高管理者国际化能力的效用分析. 现代管理科学. 2006，1：51-52.

[16] 李晓明，张倩，孙永波. 企业管理决策模拟及内在机理探寻. 商业研究. 2007，12：51-57.

[17] Halpin, A. L. A decision support system for planning sales, production, and plant addition with manager：a computer simulation. Developments in Business Simulation and Experiential Learning. 2006，33：289-292.

[18] Honaiser, E. Decision support system for demand forecasting in business games. Developments in Business Simulation and Experiential Learning. 2006，33：223-231.

[19] Stainton, A. J., Johnson, J. E., Borodzicz, E. P. Educational validit of business gaming simulation：a research methodology framework. Simulation & Gaming. 2010，41（5）：705-723.

[20] McKenney, J. L. An evaluation of a decision simulation as a learning environment. Management Technology. 1963，3（1）：56-67.

[21] Bacon, D. R., Stewart, K. A., Anderson, E. S. Mehtods of assigning players to teams：a review and novel approach. Simulation & Gaming. 2001，32：6-17.

[22] James, P. Education as a simulation game：a critical hermeneutic. Journal of Thought. 1979，14（3）：220-227.

[23] Hwarng, H. B. A modern simulation course for business students. Interfaces. 2001，31（3）：66-75.

[24] Bertsche, D., Crawford, C. Macadam, S. E. Is simulation better than experience? The McKinsey Quarterly. 1996，1：50-57.

[25] Mayer, B. W., Dale, K. M., Fraccastoro, K. A., Moss, G. Improving transfer of learning：relationship to methods of using business simulation. Simulation & Gaming. 2011，42（1）：64-84.

[26] 梁烨，柏芳. Excel 统计分析与应用. 北京：机械工业出版社，2009.

[27] 郑小玲. Excel 数据处理与分析应用教程. 北京：人民邮电出版社，2010.

[28] 戴维 R. 安德森等著. 数据、模型与决策. 侯文华等译. 北京：机械工业出版社，2009.